# Python
## 统计分析

[奥]托马斯·哈斯尔万特(Thomas Haslwanter) 著　李锐 译　张志杰 审

人民邮电出版社

北 京

图书在版编目（CIP）数据

Python统计分析 /（奥）托马斯·哈斯尔万特
(Thomas Haslwanter) 著；李锐译. -- 北京：人民邮
电出版社，2018.12（2022.7重印）
ISBN 978-7-115-49384-2

Ⅰ. ①P… Ⅱ. ①托… ②李… Ⅲ. ①统计分析－应用
软件 Ⅳ. ①C819

中国版本图书馆CIP数据核字(2018)第214278号

## 版权声明

◆ 著　　　　[奥] 托马斯·哈斯尔万特(Thomas Haslwanter)
　　译　　　　李　锐
　　审　　　　张志杰
　　责任编辑　王峰松
　　责任印制　焦志炜
◆ 人民邮电出版社出版发行　　北京市丰台区成寿寺路 11 号
　　邮编　100164　　电子邮件　315@ptpress.com.cn
　　网址　http://www.ptpress.com.cn
　　固安县铭成印刷有限公司印刷
◆ 开本：720×960　1/16
　　印张：15.25　　　　　　　　2018 年 12 月第 1 版
　　字数：295 千字　　　　　　 2022 年 7 月河北第 15 次印刷
　　著作权合同登记号　图字：01-2017-5035 号

定价：79.00 元

读者服务热线：(010)81055410　印装质量热线：(010)81055316
反盗版热线：(010)81055315
广告经营许可证：京东市监广登字20170147号

# 内容提要

本书以基础的统计学知识和假设检验为重点，简明扼要地讲述了 Python 在数据分析、可视化和统计建模中的应用。本书主要包括 Python 的简单介绍、研究设计、数据管理、概率分布、不同数据类型的假设检验、广义线性模型、生存分析和贝叶斯统计学等从入门到高级的内容。

本书利用 Python 这门开源语言，不仅在直观上对数据分析和统计检验提供了很好的讲解，而且在相关数学公式的讲解上也能够做到深入浅出。本书所讲内容的可操作性很强，配套提供相关的代码和数据，方便读者动手练习。

本书适合对统计学和 Python 有兴趣的读者，特别是在实验学科中需要利用 Python 的强大功能来进行数据处理和统计分析的学生和研究人员。

献给我的家人：我的妻子 Jean，Felix 及他的妹妹 Jessica。

# 作者简介

托马斯·哈斯尔万特（Thomas Haslwanter）在学术机构中有超过 10 年的教学经验，是林茨上奥地利州应用科学大学（University of Applied Sciences Upper Austria in Linz）医学工程系的教授，瑞士苏黎世联邦理工学院讲师，并曾在澳大利亚悉尼大学和德国图宾根大学担任过研究员。他在医学研究方面经验丰富，专注于眩晕症的诊断、治疗和康复。在深入使用 Matlab 软件 15 年后，他发现 Python 非常强大，并将其用于统计数据分析、声音和图像处理以及生物仿真应用。

# 译者简介

李锐，复旦大学公共卫生学院流行病与生物统计专业博士生，Python、R 和 Lisp 语言的爱好者，主要研究方向为统计学习和机器学习建模以及组学数据的数据挖掘。先后以第一作者身份发表学术论文 6 篇，其中 SCI 论文 4 篇。参编中文专著 2 本。

# 审校者简介

张志杰，复旦大学公共卫生学院副教授，多本国际医疗卫生期刊的特邀编辑，研究方向为统计建模和医学领域的统计分析方法。参与并完成国家重大科技专项、"863"计划项目、国家"十五"科技攻关课题、自然科学基金重大项目等多项国家级课题的研究，研究成果先后获 2010 年全国百篇优秀博士学位论文、2012 年上海市医学奖二等奖、上海市科技进步奖二等奖以及中华医学奖三等奖，2011 年入选复旦大学首批"卓学人才计划"，2013 年入选上海市第二批新优青人才计划。

# 前　言

在我自己的研究工作中，当我进行数据分析时，有两件事情经常让我深陷泥沼：（1）我了解的统计学知识不够多；（2）市面上的书籍大多是理论性的，缺少一些实践上的帮助。你手上拿着的（或者在你的平板电脑或笔记本电脑上的）这本书就是要解决这两个关键问题。这本书将为你提供足够的统计学领域知识，这样你就不会迷失，与此同时，这本书也会教你使用统计学分析所需要的工具。我认为 Python 提供的解决方案能够解决生物学家、物理学家、医学博士们在他们的工作中遇到的 90% 的问题。如果你正在攻读研究生学位，或者是一个正在分析最近实验数据的医学研究者，那么你将会在本书中找到你所需要的工具和它们的使用说明及源代码。

基于上述原因，本书将重点讲解统计学的基础知识和假设检验，并简单地介绍其他的统计学方法。我明白本书中介绍的大多数统计学检验也可以使用统计学建模的方法来完成。但是在大多数情况下，统计学建模并不是生命科学领域的期刊所使用的方法论。高级的统计分析超出了本书的范围，并且坦率地说，也超出了我对统计学的了解。

本书主要使用 Python 语言进行统计学检验和数据分析，主要是基于下面两点原因：首先，我希望这些方法能够被所有人使用。尽管市面上有一些商业的解决方案，比如 Matlab、SPSS、Minitab 等，它们提供了强大的分析工具，但是这些软件大多数只能在学术环境中合法使用[1]，而 Python 则是完全免费的[2]（"像啤酒一样免费"经常能够在 Python 社区中听到）。另一个原因是，Python 是我见过的最优美的编程语言之一，大约在 2010 年，Python 及其文档就发展得较为成熟了，这使得一个业余的编码人员也能够轻松地使用它。配合这本书一起使用，Python 和 Python 生态系统提供的优美又免费的工具包，将覆盖大多数研究者一辈子所需要了解的所有统计学分析。

## 这本书是为谁写的

这本书的前提条件如下：

■ 你有一些基本的编程经验。如果你之前从来没有接触过编程，你最好先从学习 Python 语言开始，在书中我提供了一些非常好的 Python 学习参考链

---

接给你。同时学习编程和学习统计学可能有点拔苗助长了。

■ 你不必是一个统计学专家。如果你有高级的统计学分析的经验，那么借助 Python 和 Python 包的在线帮助文档，你马上就能够进行大部分的数据分析。尽管本书会让你熟悉 Python 编程，但主要还是聚焦在统计学的基本概念和假设检验上，只有在本书的最后一个部分才会涉及线性回归建模和贝叶斯统计学等内容。

本书旨在提供所有（至少大部分）你需要的统计学分析工具。我在本书中会提供足够的理论背景知识帮助你明白你正在做什么。如非必要，我不会证明任何的定理或应用数学。对于本书中提到的所有统计学检验，我都会提供一个能够正常运行的 Python 程序。总的来说，你只需要定义好你的问题，选择合适的程序，稍微修改一下程序让它符合你的需求。这样的话，就算你没有太多的 Python 编程经验，你也能快速上手。我并没有提供给你单独的 Python 包，因为我希望你能够根据你自己的需求对每个程序进行修改以适应你的设置（数据类型、自定义的绘图的标签和返回值等）。

全书共分为 3 个部分。

**第一部分**　简单介绍 Python：如何安装和配置 Python 运行环境，运行一些简单的 Python 程序；为了防止你犯一些常见错误，我们也提供了一些小建议。这部分也会介绍如何从不同的数据源读取数据到 Python 中，并对数据进行可视化。

**第二部分**　介绍统计学分析：如何进行研究设计，如何分析数据，概率分布的基本知识，概述常见的重要假设检验方法。尽管现代统计学扎根于统计学建模，但是假设检验仍然占据着生命科学领域的主导地位。对于每一个检验方法，我们都会提供一个 Python 程序来展示该检验是如何用 Python 语言完成的。

**第三部分**　介绍统计建模的知识并简单介绍高级统计分析的步骤。因为 logistic 回归等离散型数据检验方法使用了一种叫作"广义线性模型"的高级统计学方法，所以在这个部分中，也会包含这些内容。在本书的最后，将会展示贝叶斯统计学中的基本概念。

## 补充材料

随本书出版的还有大量的 Python 程序和示例数据，均可以在网上获取。这些程序包括：所有书中的程序，每章末尾示例的答案，每个检验方法的示例代码。此外还包括书中插图的绘图代码，运行代码所需要的数据，等等。

本书附带的 Python 程序和数据集可以在 Github 代码库上下载（https://github.com/thomas-haslwanter/statsintro_python），所有的材料都可以在 http://www.springer.com/de/book/9783319283159 下载。

## 致谢

Python 是由许多用户社区做出的贡献组成的，本书中的一些章节也基于互联网上的优秀信息（已获得作者同意在本书中引用他们的内容）。

我要特别感谢下面这些人。

- Paul E Johnson 阅读了全书书稿，并对全书的内容组织和统计细节方面提出了很有价值的反馈建议。

- Connor Johnson 写了篇博客解释了 statsmodels OLS（最小二乘法）命令的结果，这篇博客是本书"统计学模型"的基础。

- Cam Davidson Pilon 写了一本名叫《Probabilistic-Programming-and-Bayesian-Methods-for-Hackers》的开源电子书，我从中借鉴了 Challenger disaster 的例子用来阐述贝叶斯统计学。

- 多亏了 Fabian Pedregosa 的一篇关于有序 logistic 回归的博客，让我在本书中加入了相关的内容，因为我对这部分内容并不熟悉。

我还想感谢 Carolyn Mayer，他阅读了我的手稿并将一些口语化的语言润色为正式的书面语。此外我还要特别感谢我的妻子，她不仅对全书的组织结构提出了重要的建议，还提出了很多编程教学的小技巧，并且本书中和茶有关的主题都有她的支持和协助。

如果你有任何建议或者勘误，请给我的工作邮箱（thomas.haslwanter@fh-linz.at）发电子邮件。除非另有通知，如果我基于你的反馈建议对本书做出了改变，我会将你加入到贡献者名单中。如果你愿意附上错误出现位置的句子，哪怕只有一部分，也能让我更容易定位错误。页码和章节名也很好，但不如句子容易定位。非常感谢！

Thomas Haslwanter

奥地利林茨

2015 年 12 月

# 缩　写

| | |
|---|---|
| ANOVA | 方差分析 |
| CDF | 累积分布函数 |
| CI | 置信区间 |
| DF/DOF | 自由度 |
| EOL | 行末 |
| GLM | 广义线性模型 |
| HTML | 超文本标记语言 |
| IDE | 集成开发环境 |
| IQR | 四分位数间距 |
| ISF | 逆生存函数 |
| KDE | 核密度估计 |
| MCMC | 马尔可夫链蒙特卡洛 |
| NAN | 不是数字 |
| OLS | 普通最小二乘法 |
| PDF | 概率密度函数 |
| PPF | 百分比点函数 |
| QQ-Plot | 分位数—分位数图 |
| ROC | 受试者操作特征 |
| RVS | 随机变数样本 |
| SD | 标准差 |
| SE/SEM | （均值的）标准误 |
| SF | 生存函数 |
| SQL | 结构化查询语言 |
| SS | 平方和 |
| Tukey HSD | Tukey 显著差异检验 |

# 资源与支持

本书由异步社区出品，社区（https://www.epubit.com/）为您提供相关资源和后续服务。

## 配套资源

本书提供如下资源：

■ 书中彩图文件。

要获得以上配套资源，请在异步社区本书页面中单击 配套资源 ，跳转到下载界面，按提示进行操作即可。注意：为保证购书读者的权益，该操作会给出相关提示，要求输入提取码进行验证。

## 提交勘误

作者和编辑尽最大努力来确保书中内容的准确性，但难免会存在疏漏。欢迎您将发现的问题反馈给我们，帮助我们提升图书的质量。

当您发现错误时，请登录异步社区，按书名搜索，进入本书页面，单击"提交勘误"，输入勘误信息，单击"提交"按钮即可。本书的作者和编辑会对您提交的勘误进行审核，确认并接受后，您将获赠异步社区的 100 积分。积分可用于在异步社区兑换优惠券、样书或奖品。

## 扫码关注本书

扫描下方二维码，您将会在异步社区微信服务号中看到本书信息及相关的服务提示。

## 与我们联系

我们的联系邮箱是 contact@epubit.com.cn。

如果您对本书有任何疑问或建议，请您发邮件给我们，并请在邮件标题中注明本书书名，以便我们更高效地做出反馈。

如果您有兴趣出版图书、录制教学视频，或者参与图书翻译、技术审校等工作，可以发邮件给我们；有意出版图书的作者也可以到异步社区在线提交投稿（直接访问 www.epubit.com/selfpublish/submission 即可）。

如果您是学校、培训机构或企业，想批量购买本书或异步社区出版的其他图书，也可以发邮件给我们。

如果您在网上发现有针对异步社区出品图书的各种形式的盗版行为，包括对图书全部或部分内容的非授权传播，请您将怀疑有侵权行为的链接发邮件给我们。您的这一举动是对作者权益的保护，也是我们持续为您提供有价值的内容的动力之源。

## 关于异步社区和异步图书

“**异步社区**”是人民邮电出版社旗下 IT 专业图书社区，致力于出版精品 IT 技术图书和相关学习产品，为作译者提供优质出版服务。异步社区创办于 2015 年 8 月，提供大量精品 IT 技术图书和电子书，以及高品质技术文章和视频课程。更多详情请访问异步社区官网 https://www.epubit.com。

“**异步图书**”是由异步社区编辑团队策划出版的精品 IT 专业图书的品牌，依托于人民邮电出版社近 30 年的计算机图书出版积累和专业编辑团队，相关图书在封面上印有异步图书的 LOGO。异步图书的出版领域包括软件开发、大数据、AI、测试、前端、网络技术等。

异步社区

微信服务号

# 目　录

# 第一部分
# Python和统计学

本书的第一部分将基于 Python 介绍统计学。我们不可能用三四十页的内容覆盖一门编程语言的所有内容，所以如果你是个 Python 的初学者，我推荐你到互联网上找一些出色的 Python 入门资料来学习该语言的具体细节。

该部分的第 2 章是 Python 的快速入门，将会介绍如何在 Windows、MacOS（译者注：应该是 macOS）、Linux 下安装 Python，并教你如何运行一些程序示例。在此过程中会给出一些提示，避免学习者在学习 Python 时遇到的常见问题。

因为大多数统计分析的数据都是从文本文件、Excel 文件、Matlab 预处理过的文件中获得的，所以第 3 章将会介绍一些简单的方法将这些数据导入 Python。

该部分的最后一章（第 4 章）展示了在 Python 中进行数据可视化的各种方法。由于 Python 在进行交互性数据分析时具有很高的灵活性，这种灵活性带来了一定的复杂性，让 Python 新手感到沮丧，在第 3 章中，我们提供了不同类型的交互式绘图的代码示例，希望能给未来的 Python 程序员提供帮助，让他们免于这些问题的困扰。

# 第1章
# 为什么学习统计学

统计学是对那些尚未被解释的事情的变异情况进行解释的学科。

我们每天都要面对一些未知结果的情况，而且还必须基于不完整的数据做决定："我是否要跑着追上那辆公交？我应该买哪只股票？我该和哪个男人结婚？我是否要接受药物治疗？我该不该给我的孩子接种疫苗？"这其中一些问题超出了统计学的范围（"我该和谁结婚？"），因为它们涉及了太多的未知因素。但是在大多数情况下，统计学能够从已有的信息中挖掘出最多的知识，并且清楚地告诉我们，哪些我们知道，哪些我们不知道。例如，它能够将模糊的陈述变得清晰具体，比如将"这个药物可能会造成恶心"变为"1000个服用这个药物的人中，有3个人会觉得恶心"，或者是将"你要是不吃这个药你就会死"这样的陈述变为"如果你不服用这个药物，你有95%的可能会死去"。

如果没有统计学，对数据的解读将很快变得漏洞百出。举例来说，估计第二次世界大战期间德军坦克数量的问题，被叫作"德军坦克问题"，从标准情报数据来估计，德军每月生产的坦克数量为1550辆；然而，根据观察到的坦克进行统计估计的数据为327辆，这个数字和实际数字342非常接近（参见维基百科 German_tank_problem 词条）。

类似地，使用错误的检验方法也会导致错误的结果。

总的来说，统计学能帮我们：

- 弄清楚问题所在；
- 弄清楚能够回答我们问题的变量和变量的测量方法；
- 决定样本量的大小；
- 描述变异程度；
- 对估计的参数做出定量的陈述；
- 基于你的数据做出预测。

**阅读本书** 正如许多其他的事物一样，统计学最初也是由著名的数学家 C.F. Gauss 发明的。关于他的工作他是这么说的："我不得不努力工作，如果你也努力工作，你也会成功的。"只是阅读一本弹奏钢琴的书不会把你变成一个伟大的钢琴家，只是简单地阅读本书也不能教会你统计数据分析。如果你自己没有数据用来分析，你需要完成书中包含的练习。当你感觉到困惑和卡壳的时候，你可以查看本书末尾提供的示例解答。

**练习** 书中练习的解答能够在本书末尾找到。以我的经验来看，大部分人都不能独自完成大量的练习，所以我并没有在本书中包含额外的练习题。

如果你认为书中的信息不够，你也可以到其他统计书籍或者互联网上找到补充材料。

**书籍** 市面上有许多关于统计学的好书。我最喜欢的是 Altman 的这本（1999）。该书没有详细介绍计算机和建模，但是对该领域进行了非常有用的导论，尤其是对生命科学和医学应用等方面。本书中的许多公式和例子都出自该书。此外还有更现代的一本书，在我看来它篇幅更长也有一点难读，这本书是 Riffenburgh（2012）写的。Kaplan（2009）的书简单介绍了现代回归建模。如果你有统计学的基础知识，Dobson 和 Barnett（2008）的书中对广义线性模型进行了非常好的介绍，该书对统计学建模进行了深入浅出的讲解。

**万维网** 在互联网上，你可以找到许多用英语写的关于统计学的网站：statsref、vassarstats、biostathandbook、onlinestatbook 等。

一个很好的德文网页 reiter1 介绍了统计学和监管问题。

希望我能让你相信，针对大多数你会遇到的统计学问题，Python 都提供了清晰明了且灵活的工具，希望你乐在其中。

# 第2章

# Python

Python 是一门非常流行的开源编程语言。在我写这本书的时候，codeeval 连续第 4 年将 Python 评为"最流行的语言"。我从其他编程语言转向 Python 是基于下面 3 点原因：

（1）这是我知道的最优美的语言；

（2）它是免费的；

（3）它功能强大。

## 2.1 开始

### 2.1.1 惯例

在这本书中，将会使用下面一些惯例。

- 命令行语句中的可选文字将会以方括号加下划线的形式表示，例如，[_ InstallationDir_]\bin。（我额外加上了下划线是因为有时候方括号会在命令语句中使用。）

- 本书所有示例代码都可以免费使用。完整的程序列表、生成图表的 Python 代码可以在 github 的这个仓库找到：https://github.com/thomas-haslwanter/statsintro_python.git。在目录 ISP（代表"Introduction to Statistics with Python"的缩写）下面有这些子目录。

  Exercise_Solutions 包含了书中练习的解答，也被印刷在本书的末尾。

  Listings 包含了在本书中明确列出的程序。

  Figures 列出了所有生成本书中图表的代码。

  Code_Quantlets 包含了按照章节组织的，所有带有"代码"标志的代码。

在 github 上的包被叫作"仓库"，它很容易就能复制到你的电脑上。如果你电脑上安装了 git，只需要简单地输入：

```
git clone [_RepositoryName_]
```

这样，整个"仓库"——代码和数据都会被"克隆"到你的系统里。（参考 2.4.4 节，介绍了更多关于 git、github 和代码版本的信息）

## 2.1.2　发行版和包

### 1. 关于统计学的 Python 包

Python 的核心发行版只包含了通用编程的基础特性。例如，它竟然没有包含一个专门为高效率处理向量和矩阵的模块！这些专业化的包是由有奉献精神的志愿者开发的。这些和统计应用有关的最重要的包之间的关系如图 2.1 所示。

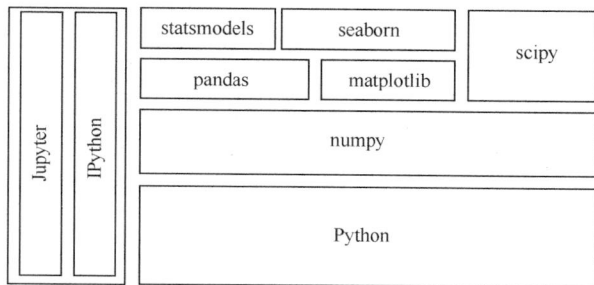

图 2.1　关于统计应用的最重要的 Python 包的结构关系

为了方便 Python 的使用，一些 Python 发行版会汇总一些相匹配版本的重要包，我强烈建议你一开始就使用这些发行版中的一个，否则的话你会很快淹没在大量可用的 Python 包的海洋中。我最喜欢的 Python 发行版有以下这些。

- WinPython，推荐 Windows 用户使用。在我写作本书的时候，最新版本是 3.5.1.3（更新的版本也可以）。
- Continuum 出品的 Anaconda、Windows、Mac 和 Linux 用户都可以使用。甚至可以同时安装 Python 2.x 和 Python 3.x。在写作本书时最新的版本是 4.0.0（更新的版本也可以）。

这两个发行版都不需要管理员权限。我目前正在用的是 WinPython，它不仅免费而且方便定制。Anaconda 最近变得非常流行，而且出于教育需要的话是免费的。

除非你对 64 位版本有特殊需求，你最好还是安装 32 位版本的 Python：这会让你在许多需要汇编各个模块的时候更容易一些，例如，贝叶斯统计（PyMC）或者你想要用 Cython 加速你的程序。由于本课程中用到的 Python 包都支持 Python 3.x，所以我在本书中会使用 Python 3。然而，本书中包含的所有代码也能在 Python 2.7 下工作。确保你使用了最新版的 IPython/Jupyter（4.x），因为本书中提供的 Jupyter Notebook 不能在 IPython 2.x 下工作。[1]

本书中用到的程序都在 Windows 和 Linux 平台的 Python 2.7.10 和 Python 3.5.1

---

1　在写作本书期间，原先集成的 IPython 被分成了两个不同的项目：Jupyter 提供前端显示（笔记本、qt 控制台和控制台）；IPython 提供背后的运算核心，用来运行 Python 命令。

环境测试通过，这些程序的版本信息如下。

- IPython 4.1.2 用于交互式工作。
- numpy 1.11.0 用于向量和数组。
- scipy 0.17.1 所有基础的科学算法，包括基础的统计学。
- matplotlib 1.5.1 绘图和可视化的事实标准。
- pandas 0.18.0 给 Python 加上数据框（想象成一个强大的电子表格）。
- patsy 0.4.1 用于统计学公式。
- statsmodels 0.8.0 用于统计学建模和高级分析。
- seaborn 0.7.0 针对统计数据进行可视化。

除了上面这些相当常规的包之外，本书中也使用了下面这些专门的包。

- xlrd 0.9.4 用于读写微软 Excel 文件。
- PyMC 2.3.6 用于贝叶斯统计，包括马尔可夫链蒙特卡洛模拟。
- scikit-learn 0.17.1 用于机器学习。
- scikits.bootstrap 0.3.2 为 scipy 提供自助法置信区间算法。
- lifelines 0.9.1.0 在 Python 中进行生存分析。
- rpy 2.7.4 提供一个在 Python 中运行 R 函数的包装器。

大部分这些包都随 WinPython 和 Anaconda 发行版提供，或者能够很容易用 pip 或 conda 进行安装。要让 PyMC 运行，你可能需要安装一个 C 编译器。在我的 Windows 平台上，我安装了 Visual Studio 15，并且把环境变量设置为 SET VS90COMNTOOLS=%VS14COMNTOOLS%。

为了在 Python 中使用 R 的函数，你需要安装 R。像 Python 一样，R 也是免费的，可以在 Comprehensive R Archive Network 上下载，我写本书时最新的版本是 R-3.3.0。

### 2. PyPI：Python 包目录

Python 包目录（PyPI）是 Python 编程语言的软件仓库，目前它有超过 80000 个包！

在 Windows 的命令提示符（cmd）或 Linux 的终端下，用下面的命令可以很容易地安装来自 PyPI 的包：

```
pip install [_package_]
```

想要更新包，用这个命令：

```
pip install [_package_] -U
```

列出安装在你电脑上的所有 Python 包，输入：

```
pip list
```

Anaconda 使用了一个更强大的安装管理器，叫 conda。不过 pip 也能和 Anaconda 兼容使用。

## 2.1.3 安装 Python

### 1. 在 Windows 下

无论 WinPython 还是 Anaconda 的安装都不需要管理员权限。

WinPython
在下文中,我假定 [_WinPythonDir_] 是 WinPython 的安装目录。
**提示**:请不要将 WinPython 安装在 Windows 程序目录(比如 C:\Program Files 或 C:\Program Files (x86)),因为这通常会导致 WinPython 运行时产生权限问题。

- 从 https://winpython.github.io/ 下载 WinPython。
- 运行下载的 exe 文件,并将 WinPython 安装到你选择的 [_WinPythonDir_] 文件夹下。
- 安装完成后,通过输入 Win -> env -> Edit environment variables for your account 改变你的 Windows 环境变量。
  - 将 [_WinPythonDir_]\python-3.5.1; [_WinPythonDir_]\python-3.5.1\Scripts\ 加入你的 PATH 环境变量(这可以让你从标准命令行访问 Python 和 IPython)[1]。
  - 如果你有管理员权限,你应该通过下面命令激活环境: [_WinPythonDir_]\WinPython Control Panel.exe -> Advanced -> Register Distribution(这会把 py 文件和 Python 发行版关联起来)。

Anaconda
- 从 https://store.continuum.io/cshop/anaconda/ 下载 Anaconda。
- 根据网页上的指示进行安装。在安装期间,同意 Anaconda 建议的对你的环境变量 PATH 的修改。
- 在安装结束后,在 Anaconda 启动器中,点击"更新"(包括软件本身),这样能确保你运行的是最新的版本。

安装额外的包
**重要提示**:在安装额外的包碰到困难的时候,我都不止一次被 Christoph Gohlke 的预编译好的包所拯救,你可以在这里找到它们:http://www.lfd.uci.edu/~gohlke/pythonlibs/。在这里你可以下载针对你目前 Python 版 xxx 本 [_xxx_x].whl 文件,并且通过简单的 pip install [_xxx_].whl 命令进行安装。

---

1　在我当前的 Windows 10 环境下,我必须直接用 "regedit" 命令来修改变量 "HKEY_CURRENT_USER |
Environment"。

### 2. 在 Linux 下

下面的流程在 Linux Mint 17.1 下能正常运行。

- 下载 Anaconda for Python 3.5（我用的是 64 位的版本，因为我安装的是 64 位的 Linux Mint）。
- 打开终端（terminal），切换到你下载文件的位置。
- 用 bash Anaconda3-4.0.0-Linux-x86.sh 命令安装 Anaconda。
- 用 sudo apt-get update 更新你的 Linux 系统。

提示：

- 如果你选择一个用户可写入的位置，如 ~/Anaconda 来安装 Anaconda 的话，那么你不需要 root 权限。
- 自解压完成后，你应该将 Anaconda 的二进制文件目录加入你的 PATH 环境变量。
- 因为 Anaconda 的所有文件都在一个单独的文件夹内，所以卸载 Anaconda 非常简单，你只要简单地将安装目录整个删除就好了。
- 如果还有其他的问题，Mac 和 UNIX 用户应该看看 Johansson 的安装建议（https://github.com/jrjohansson/scientific-python-lectures）。

### 3. 在 Mac OS X 下

在 Mac OS X 下下载 Anaconda 是很简单的，你只需要：

- 访问 continuum.io/downloads；
- 选择 Mac 安装器（确保你选择的是 Mac OS X Python 3.x 图形安装器），然后根据按钮旁边列出的指示操作；
- 安装之后，在 Anaconda 启动器中，单击 update（包括软件本身），确保你运行的是最新版本的 Anaconda。

安装之后，Anaconda 应该会出现在你的桌面上。我们不需要管理员密码。下载好的 Anaconda 版本里包括了 Jupyter Notebook、Jupyter qtconsole 和 IDE（集成开发环境）Spyder。

想看哪些包（比如 numpy、scipy、matplotlib 和 pandas 等）在安装的时候添加好了，可以去 Anaconda Package List 查看对应 Python 版本的列表。例如，Python 安装器可能没有包括 seaborn。想要添加额外的包，如 seaborn，你需要打开终端，输入 pip install seaborn。

## 2.1.4  安装 R 和 rpy2

如果你之前没有使用过 R，你可以安全地跳过这个部分。然而，如果你是一个热情的 R 使用者，那么下面这部分的配置将通过 rpy2 这个包，给你的 Python 赋予 R 强大的能力。

### 1. 在 Windows 下

同样，安装 R 也不需要管理员权限。你可以在 http://cran.r-project.org/ 下载到最新版本的 R，并且安装到你选择的 [_RDir_] 安装目录。

WinPython

在安装 R 之后，将下面两个变量加入 Windows 环境，你可以通过键入下面的命令完成：

```
Win -> env -> Edit environment variables for your account:

-  R_HOME=[_RDir_]\R-3.3.0
-  R_USER=[_YourLoginName_]
```

第一条是使用 rpy2 必需的，第二个并不是必需的，只是为了更好看。

Anaconda

Anaconda 并没有自带 rpy2。所以在安装了 Anaconda 和 R 之后，你应该：

■ 从 http://www.lfd.uci.edu/~gohlke/pythonlibs/ 下载 rpy2，Christoph Gohlkes 的 Unofficial Windows Binaries for Python Extension Packages 是 Python 社区的中坚力量之一——多谢了，Christoph！

■ 打开 Anaconda command prompt（命令提示符）

■ 用 pip 安装 rpy2。我安装的时候，用的是这个命令：

```
pip rpy2-2.6.0-cp35-none-win32.whl
```

### 2. 在 Linux 下

在安装 Anaconda 后，用下面的命令安装 R 和 rpy2：

```
conda install -c https://conda.binstar.org/r rpy2
```

## 2.1.5　个性化 IPython/Jupyter

当我处理一个新问题的时候，总是先从打开一个 Jupyter qtconsole（参考 2.3 节）开始。一旦我要运行一些单独的步骤，我会用 IPython 的命令 %history 来获得我之前使用的命令，然后换到一个 IDE（集成开发环境）上，一般来说是 Wing 或者 Spyder（参看下文）。

在下面的教程中，你需要把 [_mydir_] 换成你自己的 home 目录（也就是你在 Windows 下运行 cmd 或在 Linux 下运行终端时默认打开的那个目录）。同时你也要把

[_myname_] 换成你自己的名字或你的用户名。

想要在你选择的目录下用个性化的脚本开始使用 IPython，下面是具体的步骤。

### 1. 在 Windows 系统下

- 输入 Win + R，输入 cmd 来开启一个命令行窗口。
- 在新创建的命令行中，输入 ipython（这会启动一个 IPython 窗口，并且创建 [_mydir_].ipython 目录）。
- 把 IPYTHONDIR 变量加入你的环境变量（参考上文），并且将它设定为 [_mydir_].ipython。这个目录包含了你 IPython 窗口的启动命令。
- 在启动目录 [_mydir_].ipython\profile_default\startup 中，创建一个名为 00_[_myname_].py 的文件，这个文件包含了你每次启动 IPython 时都会执行的命令。

我个人的启动文件包括下面这几行：

```
import pandas as pd
import os
os.chdir(r'C:\[_mydir_]')
```

它会引入 pandas 包，并且在启动的时候进入你选择的目录。

**注意：** 由于 Windows 系统用 \ 来分隔目录，但是 \ 在字符串中是转义符，目录的路径中如果有反斜杠的话，需要在前面加上 "r"，表示 "raw string（原始字符串，不转义）"

- 在 mydir 下生成一个文件 "ipy.bat"，包含下面的内容：

```
jupyter qtconsole
```

想要看随书的所有 Jupyter Notebook，请按如下操作：

- 输入 Win+ R，输入 cmd 运行一个命令提示符。
- 输入命令：

```
cd [_ipynb-dir_]
jupyter notebook
```

- 同样，如果你想的话，你可以把这些命令放到一个批处理命令文件中。

### 2. 在 Linux 系统下

- 用 terminal 命令开启一个终端。
- 在新开启的终端中，执行下面的命令：

```
ipython
```

（这会生成一个目录：*.ipython*）

- 在该目录的子目录 .ipython/profile_default/startup 中，新建一个名为 00_[_myname_].py 的文件，包含下面的命令：

```
import pandas as pd
import os
os.chdir([_mydir_])
```

■ 在你的 .bashrc 文件中（该文件包含你的 shell 启动时的初始化脚本），加上下面的语句：

```
alias ipy='jupyter qtconsole'
IPYTHONDIR='~/.ipython'
```

■ 想要看所有的 Jupyter Notebook，执行下面的操作。
  - 前往 [_mydir_]
  - 创建名为 ipynb.sh 的文件，加入下面的内容：
    ```
    #!/bin/bash
    cd [wherever_you_have_the_ipynb_files]
    jupyter notebook
    ```
  - 用 chmod 755 ipynb.sh 命令确保该文件可以被执行。

现在你只需要输入 ipy 就可以打开"你自己"的 IPython，输入 ipynb.sh 就可以打开 Jupyter Notebook。

## 3. 在 Mac OS X 下

■ 手动打开 Spotlight 或者输入快捷键 CMD + SPACE，然后输入 Terminal 来搜索 Terminal（终端模拟器）。

■ 在终端中，执行 ipython，该命令会创建一个目录 [_mydir_]/.ipython。

■ 在终端中输入命令 pwd，该命令会列出 [_mydir_]，复制到剪贴板以备用。

■ 现在打开 Anaconda 并且启动一个编辑器，比如 spyder-app 或者 TextEdit。创建一个文件，里面包含了你写代码时经常使用的命令。对初学者来说你可以创建一个这样的文件：

```
import pandas as pd
import os
os.chdir('[_mydir_]/.ipython/profile_[_myname_]')
```

■ 下一步比较棘手，Mac OS X 会把"."开头的目录隐藏起来。所以如果想访问 .ipython 文件夹，打开 File 菜单单击 Save as \ ...。现在开启 Finder 窗口，单击 Go（前往）菜单，选择 Go to Folder 并输入：

[_mydir_]/.ipython/profile_default/startup。这会打开一个标题名为"startup"的 Finder 窗口。在文本的左边，有一个蓝色的文件夹图标。将该图标拖放到文本编辑器中的"Save as..."窗口中。IPython 有一个 README 文件，详细解释了命名规则。在我们这个例子中，文件必须以 00- 开头，所以我们将该文件命名为 00-[_myname_]。

  ■ 打开你的 .bash_profile 文件（该文件包含了 shell 启动时的初始化命令），

并且输入：

```
alias ipy='jupyter qtconsole'
```

■ 想要查看所有的 Jupyter Notebook，请按下面操作。
- 前往 [_mydir_]
- 创建 ipynb.sh 文件，包含下面的命令：
```
#!/bin/bash
cd [wherever_you_have_the_ipynb_files]
jupyter notebook
```
- 用 chmod 755 ipynb.sh 命令确保该文件可以被执行。

## 2.1.6　Python 资源

如果你有一些编程经验，这本书应该能够满足你对你的数据进行数据分析的需要了。但是如果你需要的话，你可以从网上获得更多的信息，包括教程和免费的书籍。当你刚开始学习 Python 的时候，我们推荐下面的资源作为你的信息源。

■ Python Scientific Lecture Notes。如果你别的都不看，那就看这个吧！(scipy-lectures 官网）
■ NumPy for Matlab Users。如果你有 Matlab 经验的话，从这里开始。（http://mathesaurus.sourceforge.net/matlab-numpy.html)
■ Lectures on scientific computing with Python Great Jupyter Notebooks，来自 JR Johansson！(https://github.com/jrjohansson/scientific-python-lectures)
■ The Python tutorial，Python 官方的介绍。

此外，针对不同编程水平的读者，还有免费的 Python 图书可供参考。

■《A Byte of Python》，非常好的一本入门级别的书。
■《Learn Python the Hard Way（第 3 版）》一本你能搞定的流行的书。
■《Think Python》，适合高级程序员。
■《Introduction to Python for Econometrics, Statistics and Data Analysis》，基于统计学介绍 Python (Sheppard 2015)。
■《Probabilistic Programming and Bayesian Methods for Hackers》，一本介绍贝叶斯思维的杰出书籍。本书中的贝叶斯统计的章节也是基于这本书（Pilon 2015）。

我并没有见到太多我喜欢的关于 Python 的教科书。我最喜欢的入门书是 Harms 和 McDonald 写的（2010），最近的一本是 Scopatz 和 Huff 写的（2015）。

当我为了解决一个问题而写新的代码的时候，大多数时间我都是直接在 Google 上寻找。因此，我主要坚持访问官方的 Python 文档页和 stackoverflow 网站。此外，我发现用户组也非常的活跃和有帮助！

## 2.1.7 第一个 Python 程序

### 1. Hello World

Python 命令行

Python 是一门解释性语言。打开 Python 最简单的方法就是在命令行中输入 python。（当我说命令行的时候，我指的是 Windows 下用 cmd 命令打开的命令提示符，以及 Linux 或 Mac OS X 下的 terminal）。接下来你就已经可以执行 Python 的命令了。比如将"Hello World"输出到屏幕的命令：print('Hello World')。在我的 Windows 电脑上，该命令输出如下：

```
Python 3.5.1 (v3.5.1:37a07cee5969, Dec  6 2015, 01:54:25)
[MSC v. 1900 64 bit (AMD64)] on win32
Type "help", "copyright", "credits" or "license" for more information.
>>> print('Hello World')
Hello World
>>>
```

然而，我从未用过这个基本的 Python 命令行，但经常从 IPythn/Jupyter qtconsole 开始着手（详见 2.3 部分）。Qt console 是一个有很多优点的交互式编程环境。比方说，当你在 Qt console 中输入 print 后，你会立即看到 print 命令的可能的输入参数的信息。

Python 模块

我们经常会想把命令存在一个文件中以供后续使用。Python 文件的后缀是 .py，代表着 Python 的模块。让我们创建一个名为 helloWorld.py 的文件，包含下面这行代码：

```
print('Hello World')
```

在命令行输入 python helloWorld.py 可以执行这个文件。

在 Windows 系统下，你还可以直接双击该文件就能运行，或者，如果 .py 后缀和你电脑中安装的 Python 程序关联起来了，直接输入 helloWorld.py 也能运行。在 Linux 和 Mac OS X 下，该过程更复杂一点。在这两个系统下，你需要在文件的开头加上额外的一行，在这行中指明安装好的 Python 的路径。

```
#! \usr\bin\python
print('Hello World')
```

在这两个系统中，在你执行 helloWorld.py 之前，你还需要输入 chmod +x helloWorld.py 来让这个文件可以被执行。

### 2. SquareMe（将我平方）

为了提升复杂度，让我们写一个模块，这个模块会输出从 0 到 5 的数字的平方。

我们将这个文件命名为 squareMe.py，这个文件由下面的代码组成。

**清单 2.1    squareMe.py**

```
1 #    该文件展示 0 ～ 5 的平方
2
3 def squared(x):
4     return x**2
5
6 for ii in range(6):
7     print(ii, squared(ii))
8
9 print('Done')
```

让我们逐行地解释这个文件中都发生了什么。

1    以 # 开头的第一行，代表的是注释行。

3 ～ 4    这两行定义了一个 squared 函数，该函数将变量 $x$ 作为输入，返回该变量的平方。

请注意，这个函数的范围由代码的缩进确定！这是个被许多 Python 程序员喜欢的特性，但却常常让新手感到困惑。在这里，最后一行缩进的是第 4 行，那么函数的定义就从这里结束。

6 ～ 7    这个程序在最开始的 6 个数字里循环。同样，for 循环的范围也由代码的缩进确定。在第 7 行中，每一个数字和它的对应的平方都被输出了。

9    这行代码没有缩进，所以在 for 循环结束后被执行。

**注意**

■    由于 Python 从 0 开始计数，所以在第 6 行的循环包含的数字是 0 到 5。

■    和其他一些语言不同的是，Python 会区分函数调用的语法和数组元素索引的语法。比如第 7 行的函数调用，用圆括号（...）表示；而数组或向量中的单个元素用方括号 [...] 索引。

## 2.2    Python 数据结构

### 2.2.1    Python 数据类型

Python 提供了许多功能强大且易于使用的数据结构，你可以使用如下数据结构。

■    元组：用来将不同类型的对象归为一组。

■    列表：用来将同种类型的对象归为一组。

■    数组：用来处理数字型变量（尽管 Python 提供了"矩阵"这个数据类型，但我们还是推荐使用数组，因为许多科学计算的函数并不支持"矩阵"类型的数据)。

- 字典：正如名称所示，是一个结构化的数据集。
- 数据框：用来进行统计数据分析。

**元组**（Tuple）　一个不同类型对象的集合，元组是"不可变的"。也就是说，在创建之后无法更改其中的元素。

```
In [1]: import numpy as np

In [2]: myTuple = ('abc', np.arange(0,3,0.2), 2.5)

In [3]: myTuple[2]
Out[3]: 2.5
```

**列表**（List）　不同于元组，列表是"可变的"。也就是说列表的元素是可以被更改的，因此，列表经常被用来收集相同类型的元素（例如数字、字符串等）。注意我们可以使用"+"来连接多个列表。

```
In [4]: myList = ['abc', 'def', 'ghij']

In [5]: myList.append('klm')

In [6]: myList
Out[6]: ['abc', 'def', 'ghij', 'klm']

In [7]: myList2 = [1,2,3]

In [8]: myList3 = [4,5,6]

In [9]: myList2 + myList3
Out[9]: [1, 2, 3, 4, 5, 6]
```

**数组**（Array）　向量和矩阵是在 numpy 中定义的用来对数字操作的数据结构。注意向量和一维数组是有区别的：向量不能被**转置**！在数组中，"+"将对应的元素相加。数组类型的一个方法".dot"可以对两个数组进行点乘操作（在 Python 3.5 之后，该操作也可以使用"@"操作符完成）。

```
In [10]: myArray2 = np.array(myList2)

In [11]: myArray3 = np.array(myList3)

In [12]: myArray2 + myArray3
Out[12]: array([5, 7, 9])

In [13]: myArray2.dot(myArray3)
Out[13]: 32
```

**字典**（Dictionary） 字典是无序的（键 / 值对）内容集合。取用字典中的内容可以使用 dict['key'] 语句来操作。我们可以使用 dict 命令或者大括号 {...} 来创建字典。

```
In  [14]: myDict = dict(one=1, two=2, info='some information')

In  [15]: myDict2 = {'ten':1, 'twenty':20,'info':'more information'}

In  [16]: myDict['info']
Out[16]: 'some information'

In  [17]: myDict.keys()
Out[17]: dict_keys(['one', 'two', 'info'])
```

**数据框**（DataFrame） 一种在 pandas 中定义的数据类型，主要用于带有列名的统计数据（见 2.5 节）。

## 2.2.2   索引和切片

从 Python 的列表和元组或 numpy 的数组中取出元素是件很容易的事情。Greg Hewgill 在 stackoverflow 上进行了非常好的总结。

```
a[start:end] # 取出从 start 开始直到 end-1 结束的所有元素
a[start:]    # 取出从 start 开始直到末尾的所有元素
a[:end]      # 取出从开头开始直到 end-1 的所有元素
a[:]         # 复制整个数组
```

此外上面的代码中还可以使用第 3 个参数 "step"。

```
a[start:end:step] # 从 start 开始，以 step 为步长直到 end 结束
```

值得注意的一点是：索引从 0 开始，而不是 1，而且 end 表示的是没有被选为切片的第一个元素。所以 end–start 的差就是切片选择的元素的数量（如果 step 保持默认值 1 的话）

另一个特性是，如果 start 或者 end 是负数，那就意味着我们不是从数组开头进行计数，而是从末尾开始。

```
a[-1]   # 数组中最后一个元素
a[-2:]  # 数组中最后两个元素
a[:-2]  # 数组中除了最后两个元素外的所有元素
```

结果就是，a[:5] 将返回数组 a 的前 5 个元素（字符串 "Hello"，如图 2.2 所示），而 a[-5:] 将返回最后 5 个元素（字符串 "World"）。

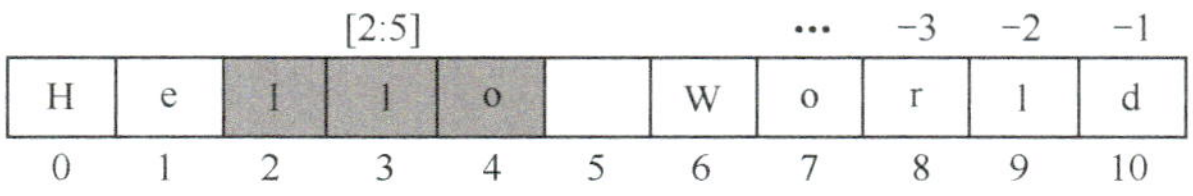

图 2.2  从 0 开始索引，并且切片不包括最后一个值

## 2.2.3 向量和数组

numpy 是 Python 中高效进行数据操作的一个模块，我们通常这样导入：

```
import numpy as np
```

numpy 默认生成一个向量，下面列举一些常用的生成数字的命令。

**np.zeros** 生成元素都是 0 的对象，注意这个函数的参数只有一个！ 如果你想要生成一个元素是 0 的矩阵，那么输入的参数应该是一个元组，该元组的两个数字分别代表行/列的数目！

```
In [1]: import numpy as np

In [2]: np.zeros(3)
Out[2]: array([ 0.,      0.,     0.])

In [3]: np.zeros( (2,3) )
Out[3]: array([[ 0.,      0.,     0.],
               [ 0.,      0.,     0.]])
```

**np.ones** 生成元素都是 1 的对象。

**np.random.randn** 生成标准正态分布的数字（均值为 1，标准差为 1）。

**np.arange** 生成一些区间内的数字，可以接收 3 个参数，分别是 start、end、steppingInterval。注意生成的数字不包括 end 这个值。尽管这看起来有点奇怪，但这能够保证我们在生成连续的序列时不会重复也不会缺失任何数字。

```
In [4]: np.arange(3)
Out[4]: array([0, 1, 2])

In [5]: np.arange(1,3,0.5)
Out[5]: array([ 1. ,     1.5,    2. ,     2.5])

In [6]: xLow = np.arange(0,3,0.5)
In [7]: xHigh = np.arange(3,5,0.5)

In [8]: xLow
Out[8]: array([ 0., 0.5, 1., 1.5, 2., 2.5])

In [9]: xHigh
Out[9]: array([ 3., 3.5, 4., 4.5])
```

**np.linspace** 生成线性改变的一系列数字。

```
In [10]: np.linspace(0,10,6)
Out[10]: array([ 0., 2., 4., 6., 8.,     10.])
```

**np.array** 给出一系列数字，生成一个 numpy 数组。

```
In [11]: np.array([[1,2], [3,4]])
```

```
Out[11]: array([ [1, 2],
                 [3, 4] ])
```

下面是一些在 Python 中值得注意的特别的事情。

- 矩阵只是"列表的列表"，因此一个矩阵的第一个元素是矩阵的第一行。

```
In [12]: Amat = np.array([ [1, 2],
                           [3, 4] ])

In [13]: Amat[0]
Out[13]: array([1, 2])
```

- 向量和一维矩阵不是一回事！这是少数在 Python 中反直觉的事情，但是会导致非常难以发现的错误。例如，向量不能够被转置，但矩阵可以。

```
In [14]: x = np.arange(3)
In [15]: Amat = np.array([ [1,2], [3,4] ])

In [16]: x.T == x
Out[16]: array([ True,   True,   True], dtype=bool)

In [17]: Amat.T == Amat
Out[17]: array([[ True, False],
                [False,  True]], dtype=bool)
```

## 2.3  IPython/Jupyter：一个交互式的 Python 编程环境

好的源代码开发工作流程对编码效率有着巨大的提升。对我个人来说，我写新代码时最有效率的方式是这样的：我首先在 IPython 中将每一步都交互式地写好。IPython 提供一个专门为交互式 Python 计算而优化的环境，和 Matlab 中的命令行差不多。它提供了许多特性，如代码历史、交互式数据可视化、代码补全等，借助这些特性我们可以快捷方便地尝试我们编写的代码。当用 %pylab inline 命令激活 pylab 模式后，IPython 会自动地载入 numpy 和 matplotlib.pyplot 包（这是一个生成图形的包）到当前的工作空间，这样我们就得到了一个非常方便的 Matlab 风格的编程环境。可选的参数 inline 表示直接将图像显示在当前的 qtconsole/notebook 中。

IPython 利用 Jupyter 来提供不同的界面选项，我最喜欢的是 qtconsole：

```
jupyter qtconsole
```

另一个非常有用的是基于浏览器的 notebook，它支持代码编写、普通文本、数学表达式、行内绘图和其他富媒体等形式。

```
jupyter notebook
```

注意本书中的许多例子也有 jupyter notebook 的形式，你可以在 github 获得：https://github.com/thomas- haslwanter/statsintro_python.git。

## 2.3.1　Qt 控制台的第一个会话

统计数据分析很重要的一个方面是交互式的目视检查数据，所以我强烈建议你在 ipython qtconsole 中开始数据分析。

为了最大的灵活性，我用 jupyter qtconsole 命令在命令行下开启我的 IPython 会话。在 WinPython 下，如果你用 cmd 会话开启 IPython 有困难的话，换 WinPython 命令提示符试试——它预先设定好了环境变量，这样就能很容易找到 Python，除此以外它和普通的命令行没什么区别。

下面通过一步一步地介绍 IPython 会话窗口（图 2.3）来让大家熟悉 IPython。

- IPython 启动时会列出它正在使用的 IPython 和 Python 的版本，并且显示最重要的帮助命令。
- In [1]: 第一个命令 %pylab inline 会将 numpy 和 matplotlib 两个包导入当前的工作空间，并且告诉 matplotlib 应该以 "inline" 的形式绘图。

要理解这里到底发生了什么，我们要绕点路讲一讲 Python 科学计算的框架。

图 2.1 展示了本书中使用的最重要的 Python 包的关系。Python 本身是一门交互式的编程语言，并没有为处理矩阵、向量或绘图进行优化。包能够扩展 Python 的能力，但是要显式地载入。科学应用最重要的包是 numpy，它让我们能更快速和有效率地处理矩阵和向量。matplotlib 是绘制图形输出最常用的一个包。scipy 包含了重要的科学计算算法。对于统计数据分析来说，scipy.stats 包含了本书中需要用到的大部分算法。pandas 是一个比较新的扩展，已经广泛用于统计数据分析。该包提供了 DataFrames 这种数据结构，该结构是一个带有标签的二维的数据结构，让我们能够更直观地处理数据。seaborn 扩展了 matplotlib 的绘图能力，它主要关注统计图形的绘制。statsmodels 包含了许多统计学建模和高级统计分析的模块。seaborn 和 statsmodels 都能够用 pandas 的数据框作为输入。

IPython 提供了交互式数据分析的工具。它能够让你快速地展示图形、更改目录、探索工作空间，并且提供了命令历史功能。IPython 背后的想法和基础结构是如此的成功，以至于它的后端被独立成为一个单独的项目——Jupyter。这个项目现在能够被其他语言使用，比如 Julia、R 和 Ruby。

- In [2]：t = r_[0:10:0.1] 命令是 t = arange(0, 10, 0.1) 的缩写，该命令生成一个从 0 到 10、长为 0.1 的向量。r_（还有 arange）是 numpy 包里面的命令。（r_ 生成行向量，c_ 是 numpy 中与之相对的命令，生成列向量。）由于 numpy 已经通过命令 %pylab inline 引入当前的工作空间，所以我们可以直接使用这些命令。
- In [4]：由于 *t* 是一个向量，sin 是 numpy 中的一个函数，*t* 的每个元素的正弦值就被自动计算出来了。

- In [5]：在 Python 脚本中，我们必须通过 os.chdir() 来改变当前目录。然而，一些交互式计算的工作，比如改变目录（%cd），给目录加书签（%bookmark），检查工作空间（%who 和 %whos）等，都被实现为 "IPython 魔法函数"。如果没有和这些命令重名的 Python 变量存在，"%" 符号在这里也可以被省略。
- In [6]：由于我们开始的时候输入了命令 %pylab inline，IPython 会在 Jupyter QtConsole 中生成图像（见图 2.3）。想要在 IPython 中输入多行命令，你可以用 Ctrl+Enter 来输入更多的命令，这时终端会显示 ....（在下一个空行后整个命令序列会被执行。）

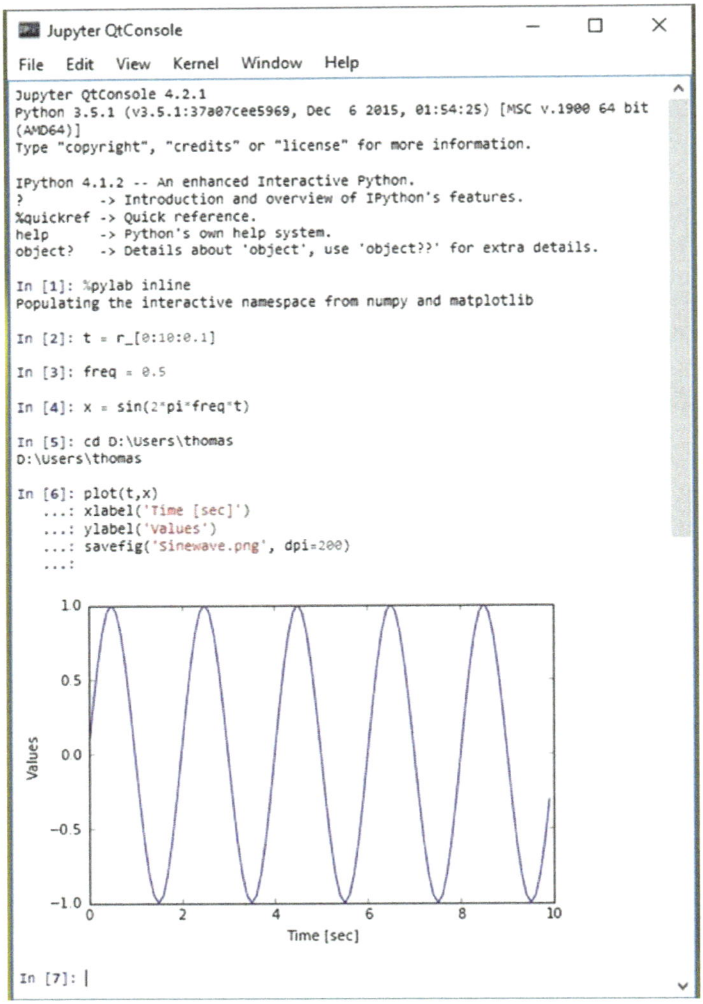

图 2.3    在 Jupyter QtConsole 中的示例会话

生成图片文件也是很容易的：在这里，我生成了一个 200 dpi 分辨率的 PNG 文件 "Sinewave.png"。

上文提到 matplotlib 负责处理图形输出。在 Jupyter QtConsole 中，你可以用 %matplotlib inline 和 %matplotlib qt4 这两个命令，来切换是行内输出图像还是将图形输出到一个外部的图形窗口中（见图 2.4）。（根据你的 Python 版本不同，你可能需要用 %matplotlib tk 代替 %matplotlib qt4。）外部的图形窗口能够让你缩放和平移图片，获得光标位置（这可以帮助你找到离群值），还能让你用 ginput 命令获得交互式的输入。matplotlib 的绘图命令严格遵循 Matlab 的传统。

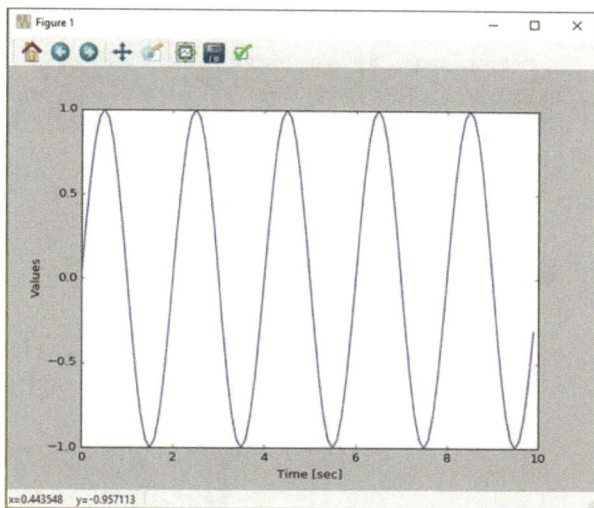

图 2.4　使用 Qt 框架的图形化输出窗口（这能够让你平移，缩放，并且进行交互式输入）

## 2.3.2　Notebook 和 rpy2

随书的许多示例代码也都可以 Jupyter Notebooks 的形式在 https://github.com/thomas-haslwanter/statsintro_python.git 下载。因此，我们将简单展示 Notebooks 的概念和它如何与 R 语言整合。

### 1. Notebook

大约从 2013 年开始，在 Python 社区中，就非常流行用 IPython Notebook 来分享研究及其成果。在 2015 年，界面的开发变成了一个独立的项目，叫作 Jupyter。目前，Notebook 不仅可以被 Python 使用，还能够被 Julia、R 等 40 多种其他编程语言使用。Notebook 是一个基于浏览器的界面，非常适合教学和文档化。它可以将下面所有的东西都整合起来：结构化的布局、流行的 LaTeX 格式的公式、图片、结果图像、视频以及 Python 命令的输出 ( 见图 2.5)。

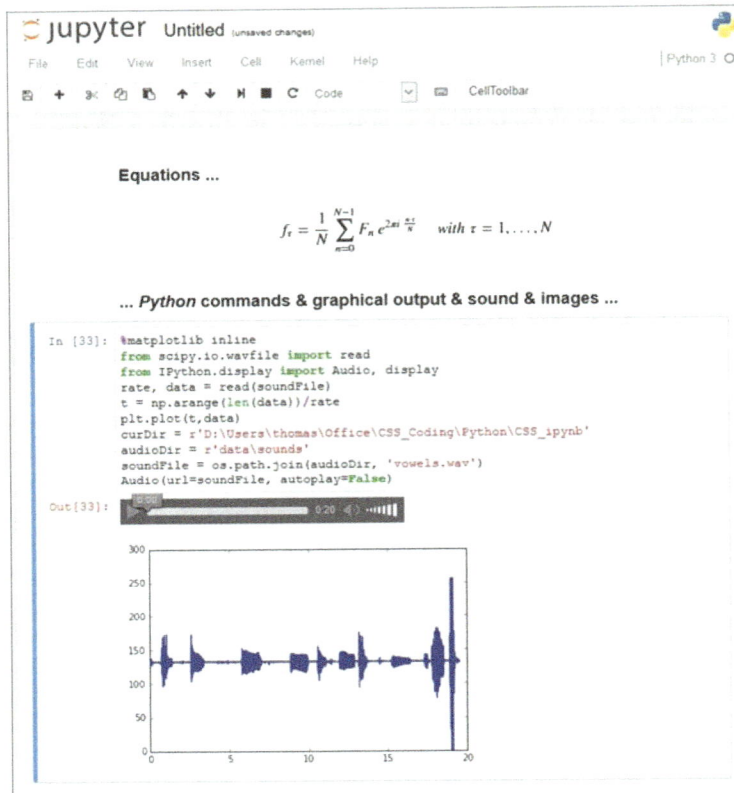

图 2.5　Jupyter Notebook 让研究、公式、结果的分享变得容易

## 2. rpy2

尽管 Python 是我喜爱的编程语言，但高级统计学的世界被 R 语言主导。像 Python 一样，R 是完全免费的，并且有一个非常活跃的用户社区。和 Python 作为一门通用编程语言不同的是，R 语言专门为交互式进行统计数据工作而优化。许多用户都信誓旦旦地表示 ggplot 为数据统计提供了最好看的绘图。

为了将这两个世界中最好的选择结合到一起，rpy2 这个包能够让你把数据从 Python 转移到 R，在 R 中运行命令，再把结果传回到 Python。在 Jupyter Notebook 中，通过 rpy2，我们可以充分利用 R 的绘图（见图 2.6）。

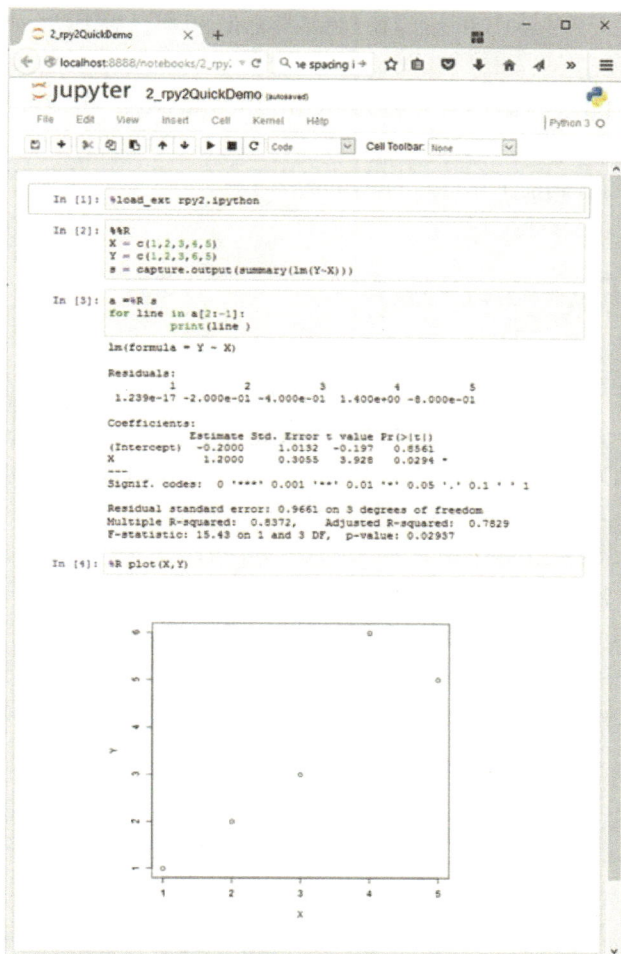

图 2.6　R 语言命令的结果没有被合适地显示，在这里 "巧妙地处理"
（hack）了一下，不过这个问题应该很快就会得到解决

### 2.3.3　IPython 小贴士

（1）在 QtConsole 中使用 IPython，并按照 2.1.5 小节的描述定制你的启动脚本，长期来看这会节约你的时间。

（2）想获得帮助，比如 plot 的帮助，使用 help(plot) 或者 "plot?"。用一个问号，会显示帮助信息，用两个问号（比如 plot??），还会显示源代码。

（3）查看 IPython 启动的时候展示的帮助技巧。

（4）使用 TAB 补全功能，你可以在文件 / 目录名称、变量名和命令上使用它。

（5）想要在行内绘图和外部窗口绘图之间切换，使用 %matplotlib inline 和 %matplotlib qt4。

（6）IPython 默认以很高的精确度展示数据，用 %precision 3 可以获得更简洁的结果。

（7）你可以用 edit [_fileName_] 来编辑本地目录的文件，也可以用 %run [_fileName_] 来执行你当前工作空间的 Python 脚本。

## 2.4　开发 Python 程序

### 2.4.1　将交互式命令转化为一个 Python 程序

在处理命令语法和序列的时候，IPython 是非常有帮助的。接下来要做的就是，把这些命令转化为一个可以在命令行下运行的带有注释的 Python 程序。本小节介绍了大量的 Python 习惯用法和语法。

将 IPython 命令变为一个函数的一个有效方法如下。

- 首先用 %hist 或者 %history 获取命令历史。
- 将这些历史命令复制到一个好的 IDE（集成开发环境）中：我一般用 Wing（我最喜欢的 Python IDE，尽管它是收费的；见图 2.7）或者 Spyder（又好又免费；见图 2.8）。PyCharm 是另一个 IDE，它有非常好的调试器和对 vim 模式很好的支持。

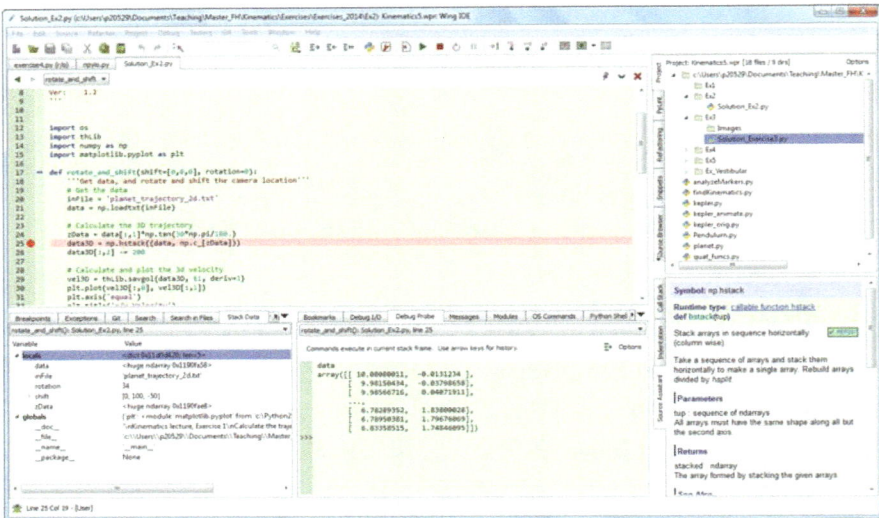

图 2.7　Wing 是我最喜欢的开发环境，它有目前可能是最好的 Python 调试器。提示：如果 Python 没有直接运行，你可能需要去 Project −> Project Properties 然后设定 Python Executable 或 Python Path

■　通过加上相关的包的信息等工作，就可以将它转变为一个 **Python** 程序了。

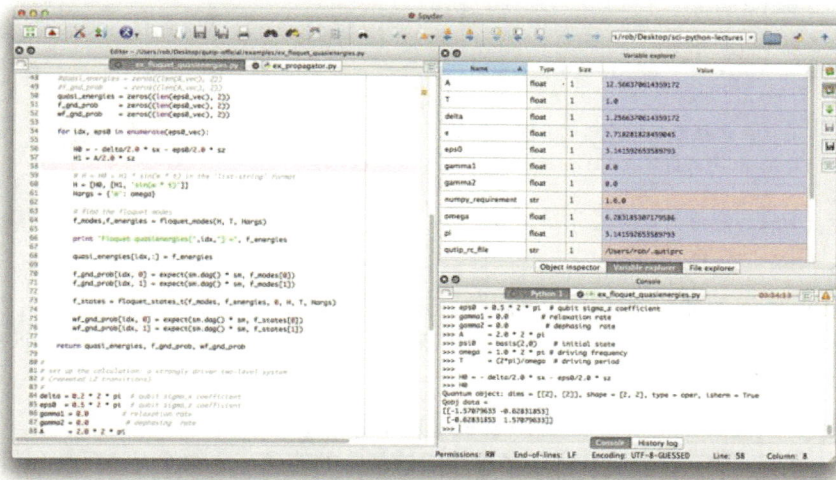

图 2.8　Spyder 是一个优秀的、免费的 IDE

通过将图 2.3 交互式会话中的命令转变为一个程序，我们可以得到：

**清单 2.2　L2_4_pythonScript.py**

```
1  '''
2  一个 Python 脚本的简短演示
3
4  作者: Thomas Haslwanter
5  日期:   2015 年 5 月
6  版本:   1.0
7  '''
8
9  # 导入标准包
10 import numpy as np
11 import matplotlib.pyplot as plt
12
13 # 生成时间的值
14 t = np.r_[0:10:0.1]
15
16 # 设定频率，并计算正弦值
17 freq = 0.5
18 x = np.sin(2*np.pi*freq*t)
19
20 # 绘制数据的图形
```

```
21 plt.plot(t,x)
22
23 # 格式化图形
24 plt.xlabel('Time[sec]')
25 plt.ylabel('Values')
26
27 # 在上一级目录中生成图形文件
28 plt.savefig(r'..\Sinewave.png', dpi=200)
29
30 # 输出到屏幕
31 plt.show()
```

从 IPython 的命令历史中，我们做了如下更改。

■　我们将命令放入一个 ".py" 扩展名的文件中，该扩展名表示一个 Python 模块。

■　1 ～ 7：我们一般在 Python 模块之前会放一个标题块。在三引号之间写多行的注释。第一个注释块描述了模块应该包含的信息，比如作者、日期和版本号。

■　9：用 "#" 表示的单行注释。

■　10 ～ 11：需要用到的 Python 模块要显式被导入。（在 IPython 中，导入 numpy 和 matplotlib.pyplot 这一步用 %pylab 完成了。）根据惯例，我们将 numpy 导入为 np，将在 matplotlib 模块中包含所有绘图命令的 matplotlib. pyplot 导入为 plt。

■　14 等行：numpy 的命令 r_，需要通过对应的包名来访问，比如 np.r_。（在 IPython 中，%pylab 帮你做好了这些。）

■　18：同样，在 numpy 中的 "pi"，也需要变为 "np.pi"。

■　21 等行：所有的绘图命令都在 plt 包中。

■　28：你需要注意路径名中的反斜杠。在 Windows 系统中，路径名中的目录用 "\" 分隔，但该符号也被用作字符串中的转义符。为了让 "\" 表示其字面意思，我们要在需要处理的字符串前面加上 "r"（表示 raw，原始的字符串），比如说用 r 'C:\Users\Peter' 代替 'C:\\Users\\Peter'。

■　34：尽管 IPython 会自动地显示图形输出，但在 Python 程序中，如果不显式调用 plt.show() 的话，是不输出结果的。这么做是为了优化程序的速度，只在需要的时候展示图形输出。输出的结果和图 2.4 是一样的。

## 2.4.2　函数、模块和包

Python 有 3 个不同层次的模块化，如下所示。

函数：函数用关键词 def 定义，它可以在 Python 的任何位置被定义。它会返回 return 语句中的对象，一般来说 return 命令在函数的末尾。

模块：模块是以 ".py" 为扩展名结尾的文件。模块可以包含函数和变量的定义，也可以包含有效的 Python 语句。

包：包是包含多个 Python 模块的文件夹，其中必须包含一个名为 "__init__.py" 的文件。举例来说，numpy 就是一个 Python 的包。由于包的重要性主要体现在组织大量的模块上，所以我们在本书中不会讨论它。

## 1. 函数

下面的例子展示了函数是如何被定义和使用的。

清单 2.3　L2_4_pythonFunction.py

```python
1  ''' 演示 Python 的函数
2
3  作者: thomas haslwanter, 日期：2015 年 5 月
4  '''
5
6  # 导入标准包
7  import numpy as np
8
9  def incomeAndExpenses(data):
10     ''' 得到正数的和以及负数的和 '''
11     income = np.sum(data[data>0])
12     expenses = np.sum(data[data<0])
13
14     return (income, expenses)
15
16  if _name_=='_main_':
17     testData = np.array([-5, 12, 3, -6, -4, 8])
18
19     # 要是真实的银行该有多好
20     if testData[0] < 0:
21         print('Your first transaction was a loss, and will be dropped.')
22         testData = np.delete(testData, 0)
23     else:
24         print('Congratulations: Your first transaction was a gain!')
25
26     (myIncome, myExpenses) = incomeAndExpenses(testData)
27     print('You have earned {0:5.2f} EUR, and spent {1:5.2f}
           EUR.'.format(myIncome, -myExpenses))
```

- 1～4：标题注释。
- 6：由于在这个模块中需要用到 numpy，所以我们要导入它。为了尽可能简化书写，惯例写作 np。

- 9/10：定义函数和描述该函数的注释。注意在 Python 中，函数块不是由括号或者 end 语句定义的，而是由缩进定义的！ Python 的这个特性惹恼了许多 Python 新手，但该特性能够帮助我们保持代码的整洁和良好的排版。注意：Python 认为 tab 和相同数量的空格是不同的。这真的会产生的难以察觉的错误，所以使用一个会自动转换 tab 为空格的优秀 IDE 吧！

- 11：
  - sum 命令来自 numpy，所以在它前面必须加上 np。

  - 在 Python 中，函数的参数由圆括号 (...) 确定，然而，列表、元组、向量和数组的元素由方括号 [...] 确定。

  - 在 numpy 中，你可以用索引的方式（参看第 20 行）或者逻辑数组的形式（参看第 11 行）选择一个数组内的元素。

- 14：Python 也使用圆括号来组成一组元素，叫作元组。return 命令做的事情很明显：它从函数中返回元素。

- 16：这行有不少 Python 的新特性混合在一起。
  - 如同函数定义一样，if 选择和 for 循环也使用缩进来定义他们的上下文。

  - Python 惯例使用下划线（＿＿）来表示私有变量，私有变量在典型的编程任务中不会用到。

  - 在这里我们查看了名为"＿＿name＿＿"的私有变量，该变量表示模块运行的环境。如果模块是以 Python 脚本的形式运行，＿＿name＿＿ 就会设定为 ＿＿main＿＿。但如果模块是被导入的，那么 name 就会设定为导入模块的名字。这样的方式可以让你添加代码到一个函数中，并且该函数只在模块执行的时候运行，而在被其他模块导入的时候不运行（参看下文）。

- 17：定义一个 numpy 数组。

- 26：从函数 incomeAndExpenses 中以元组形式返回的两个元素，可以立即赋值给两个不同的 Python 对象（myIncome, myExpenses）。

- 27：尽管有许多方法生成格式化字符串，但这可能是最优雅的方式——大括号 {...} 表示将要被插入的值，并且可以包含格式化的命令。对应的值随后被 format 方法传入字符串，比如 print('The value of pi is {0}'.format(np.py))。

## 2. 模块

想要在命令行执行 pythonFunction.py 模块，输入：python pythonFunction.py。在 Windows 系统中，如果".py"扩展名和 Python 程序关联起来了的话，只需要双击这个模块或者在命令行输入 pythonFunction.py 就可以了。在 WinPython 中，".py"扩展名和 Python 函数的关联是由 WinPython Control Panel.exe 中 Anvanced 菜单下的命令

Register Distribution... 设定的。

想在 IPython 中运行一个模块，使用魔法函数 %run。

```
In [56]: %run pythonFunction
Your first transaction was a loss, and will be dropped.
You have earned 23.00 EUR, and spent 10.00 EUR.
```

注意你必须在函数定义的那个目录，或者是给出了完整的路径名。

如果你想要使用在另一个模块中定义的函数或者变量，你就必须导入那个模块。这可以通过 3 种不同的方式完成。在下面的例子中，假定另一个模块叫作 newModule.py，我们想使用的函数名字叫作 newFunction。

- import newModule：该函数可以通过 newModule.newFunction() 访问。
- from newModule import newFunction：这种情况下，可以直接通过 newFunction() 调用该函数。
- from newModule import *：这会将 newModule 中所有的变量和函数导入当前的工作空间；函数也可以通过 newFunction() 直接调用。但并不鼓励使用这种语法，因为这会将当前的工作空间弄乱。

如果你多次导入一个模块，Python 会发现该模块已经被识别并且会跳过后续的 import 命令。如果你想重写这一特性，显性地重新导入修改后的模块，你必须使用 importlib 包的 reload 命令：

```
from importlib import reload
reload(pythonFunction)
```

Python 2.x：reload 不需要从 importlib 中导入，它可作为核心模块被使用。

下一个例子向你展示如何将函数从一个模块导入到另一个模块。

**清单 2.4　L2_4_pythonImport.py**

```
1   ''' 演示导入 Python 模块
2
3   作者：ThH，日期：2015 年 5 月 '''
4
5   # 导入标准包
6   import numpy as np
7
8   # 额外的包：导入上面定义的函数
9   import L2_4_pythonFunction
10
11  # 生成测试数据
12  testData = np.arange(-5, 10)
13
14  # 使用来自导入模块的函数
15  out = L2_4_pythonFunction.incomeAndExpenses(testData)
```

```
16
17  # 展示一些结果
18  print('You have earned {0:5.2f} EUR, and spent {1:5.2f} EUR.'
         .format(out[0], -out[1]))
```

- **■** 9：在这一行 pythonFunction 模块（我们刚刚在上面讨论过）被导入。注意，当该模块被导入，那么 pythonFunction.py 中"if __name__ == '__main__'"这一部分不会被执行！
- **■** 15：为了访问 pythonFunction 模块中的 incomeAndExpenses 函数，模块名和函数名必须给出，即采用 incomeAndExpenses.pythonFunction(···) 的形式。

### 2.4.3　Python 小贴士

（1）遵循标准惯例。
- **■** 每一个函数都应该在函数定义后一行有一个文档字符串。
- **■** 导入包时应使用它们的常用名：

```
import numpy as np
import matplotlib.pyplot as plt
import scipy as sp
import pandas as pd
import seaborn as sns
```

（2）使用 os.path.abspath(os.curdir) 获取当前目录。在 Python 模块中，不能使用 cd 来改变目录（在 IPython 中可以），你需要使用 os.chdir(···) 命令来改变目录。

（3）Python 中所有的事物都是一个对象。想要知道关于"obj"的信息，使用 type(obj) 和 dir(obj) 命令。

（4）学着使用调试器。个人习惯上，我经常使用 IDE 的调试器，而很少使用内建的 pdb 调试器。

（5）了解列表、元组和字典，也要了解 numpy 的数组和 pandas 的数据框。

（6）尽可能多地使用函数，并了解"if __name__ == '__main__':"结构。

（7）如果你所有的个人函数都在 mydir 这个目录中，你应该用下面的命令将该目录加入你的 PYTHONPATH 中：

```
import sys
sys.path.append('mydir')
```

（8）如果你要使用 non-ASCII 字符，比如德文 \"{o}\"{a}\{u}{\ss} 或者法文 \`{e}\'{e}，你必须在你的 Python 模块的第一或第二行加上 "# -*- coding：utf-8 -*-"让 Python 知道。即使 non-ASCII 字符只出现在注释中，这一步也必须要做！这是因为如果不给出其他的编码提示，则 Python 将 ASCII 作为默认编码。

## 2.4.4　代码版本控制

计算机程序不会第一次写出来就非常完美。一般来说，程序是通过逐渐消除已知错误来迭代开发。版本控制程序，能够存储正在开发的程序的先前的版本，并且只追踪那些更改的地方。如果最近的更改引起了一个新的问题，那么比较当前版本和之前的版本并且恢复到上一个状态就比较容易。

我曾经使用过许多版本控制程序，git 是第一个我乐于使用的。git 是一个版本控制程序，github 是一个中央型源代码仓库。如果你准备开发计算机软件，我强烈建议你使用 git。它可以本地使用，只需要很小的开销。它也可以用来维护和管理一个远程的程序备份。git 真正的威力在于它的协作能力，我很乐于将它的这种能力用于我的数据和软件。git 的介绍超出了本书的范围。

我基本都在 Windows 下工作，tortoisegit 官网提供了一个非常有效的 git 窗口界面。例如，想要从 github 上克隆一个代码仓库到一台安装了 tortoisegit 的计算机，只需要简单地右击你想要安装代码仓库的文件夹，选择 Git Clone…，然后输入代码仓库的名字，整个代码仓库就会被克隆到那里了。

github 是一个在线使用 git 的项目，并且大多数 Python 包的源代码都托管在上面。

# 2.5　Pandas：用于统计学的数据结构

pandas 是一个 Wes McKinney 贡献的广泛使用的 Python 包。它提供了适合统计学分析的数据结构，并且加入了方便数据输入、数据组织和数据操作的函数。一般用 import pandas as pd 导入它，这种写法可以少输入一点字符。

Olson 写了一个优秀的 pandas 导论（2012）。

## 2.5.1　数据处理

### 1. 常规步骤

在统计数据分析中，带标签的数据结构被认为是极为重要的。为了处理 Python 中的带标签数据，pandas 引入了一个叫作 DataFrame（数据框）的对象。数据框是一个二维的带标签的数据结构，它的列可能是不同类型的数据。你可以把它想象成一个电子数据表或者 SQL 表格。数据框是 pandas 中最为常用的对象。

让我们从一个具体的例子开始，创建一个三列名称分别为"Time""x"和"y"的数据框：

```
import numpy as np
import pandas as pd
```

```
t = np.arange(0,10,0.1)
x = np.sin(t)
y = np.cos(t)

df = pd.DataFrame({'Time':t, 'x':x, 'y':y})
```

在 pandas 中，行通过索引获得，而列通过列名获得。只想要获得第一列，你有两个选择：

```
df.Time
df['Time']
```

如果你想同时取出两列，可以将各自的变量名放在一个列表中查询：

```
data = df[['Time', 'y']]
```

想要展示开头或末尾的行，用下面的命令：

```
data.head()
data.tail()
```

想取出第 5 到第 10 行共 6 行，使用：

```
data[4:10]
```

因为 10–4=6。（我知道，数组的索引方式需要花点时间来适应。记住 Python 处理的是索引之间的位置，而不包括索引本身，并且索引从 0 开始！）

处理数据框和处理 numpy 数组稍微有一些不同。比如可以同时处理（带数字的）行和（带标签的）列，如下所示：

```
df[['Time', 'y']][4:10]
```

你也可以通过使用 iloc 方法，使用标准的行 / 列表示法：

```
df.iloc[4:10, [0,2]]
```

最后，有时候你想直接访问数据，而不是数据框。你可以用下面的命令：

```
data.values
```

这会返回一个 numpy 数组。

### 2．数据选择的说明

尽管 pandas 的数据框和 numpy 的数组相似，但它们的理念是不同的，我已经花费了大量的精力来正确地处理数据。因此我想要明确地指出它们的不同之处。

numpy 　先处理"行"。比如 data[0] 是数组的第一行。

pandas 　从"列"开始，比如 df['values'][0] 是"values"列的第一个元素。

如果一个数据框有带标签的行，举例来说，你可以通过 df.loc['rowlabel'] 来提取列名为"rowlabel"的行。如果你想要通过行号来处理一行，比如行号为 15 的行，使用 df.iloc[15]。你也可以使用 iloc 来处理"行 / 列"，比如 df.iloc[2:4, 3]。

　　对行的切片操作也同样可行，比如 df[0:5] 可以提取前 5 行。有一个令人困惑的习惯用法，如果你只想切片出单独的一行，比如行号为 5 的行，你必须使用 df[5:6]。如果你只是使用 df[5]，你会得到一个错误信息。

## 2.5.2　分组（Grouping）

　　pandas 提供了强大的函数来处理缺失数据，缺失数据经常被 nan（Not A Number）代替。pandas 也允许使用更复杂的数据操作类型，比如透视。例如，你想要用数据框高效地给对象分组，并给每一组进行统计学计算。下面的数据是模拟的（但是现实的）调查数据，调查人们每天花多少时间看电视，按照"男性"和"女性"分组。

```python
import pandas as pd
import matplotlib.pyplot as plt

data = pd.DataFrame({
    'Gender': ['f', 'f', 'm', 'f', 'm','m', 'f', 'm', 'f', 'm', 'm'],
    'TV': [3.4, 3.5, 2.6, 4.7, 4.1, 4.1,5.1, 3.9, 3.7, 2.1, 4.3]
    })

#-----------------------------------------

# 给数据分组
grouped = data.groupby('Gender')

# 进行一些汇总统计
print(grouped.describe())

# 绘制数据
grouped.boxplot()
plt.show()

#-----------------------------------------
# 以数据框的形式获取组
df_female = grouped.get_group('f')

# 得到对应的 numpy 数组
values_female = grouped.get_group('f').values
```

输出结果如下：

```
                 TV
Gender
f       count    5.000000
        mean     4.080000
        std      0.769415
```

34　第 2 章　Python

```
             min       3.400000
             25%       3.500000
             50%       3.700000
             75%       4.700000
             max       5.100000
   m         count     5.000000
             mean      3.360000
             std       0.939681
             min       2.100000
             25%       2.600000
             50%       4.000000
             75%       4.000000
             max       4.100000
```

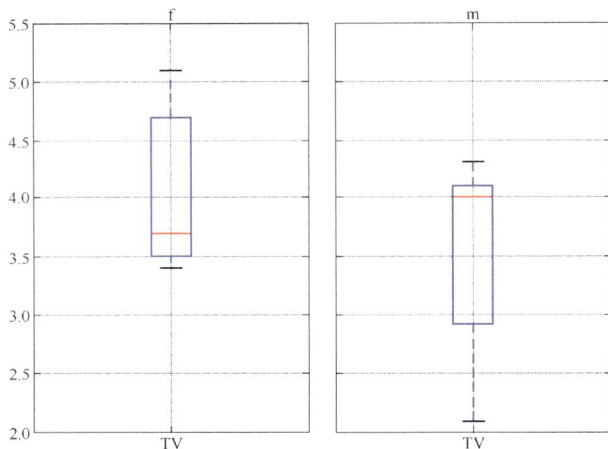

如果和 statsmodels 联合起来使用，pandas 在统计分析中就会变得非常强大。

## 2.6　Statsmodels：统计建模的工具

　　statsmodels 是 statsmodels 开发团队贡献给社区的一个 Python 包。它有着非常活跃的用户社区，并且在最近的 5 年中极大地增强了 Python 在统计学数据分析上的功能。statsmodels 提供了许多不同模型的估计、进行统计学检验和统计数据探索的类和函数。每一个估计方程都有大量的结果统计量。

　　通过使用基于 Wilkinson 和 Rogers（1973）引入的标记的流行公式语言，statsmodels 也允许使用公式化的模型，S 和 R 也使用该种语言。比如，下面的例子会假定给出的数据集中的 $x$ 和 $y$ 存在线性关系并拟合一个模型。

```
import numpy as np
import pandas as pd
```

```
import statsmodels.formula.api as sm

# 生成有噪声的线，并将数据存入 pandas 的数据框
x = np.arange(100)
y = 0.5*x - 20 + np.random.randn(len(x))
df = pd.DataFrame({'x':x, 'y':y})

# 使用"patsy"包附加的"公式"语言来拟合线性模型
model = sm.ols('y~x', data=df).fit()
print( model.summary() )
```

另一个例子是，有一个模型假定"成功"是由"智力"和"勤奋"以及二者的交互作用决定的，那么该模型可以用下面的公式表示：

$$success \sim intelligence * diligence$$

关于这个主题的更多信息会在第 11 章介绍（"统计学模型"）。

每一个估计方程都有大量的结果统计量。所有 statsmodels 命令的结果都经过目前的统计学包的检验，以此保证这些结果都是正确的。statsmodels 的特性包括：

- 线性回归；
- 广义线性模型；
- 广义估计方程；
- 稳健线性模型；
- 混合效应线性模型；
- 离散型因变量的回归；
- 方差分析；
- 时间序列分析；
- 生存和持续时间分析模型；
- 统计资料（如多重检验、样本量计算等）；
- 非参数方法；
- 广义矩方法；
- 经验似然；
- 图形函数；
- 一个数据集的包。

## 2.7 Seaborn：数据可视化

Seaborn 是基于 matplotlib 的一个 Python 可视化包。它的首要目标是提供一个简洁的、高水平的界面，来绘制信息丰富和吸引人的统计学图形。

比如，下面的代码生成了一幅美观的带有拟合线和置信区间的回归图形（见图 2.9）。

```
import numpy as np
import matplotlib.pyplot as plt
```

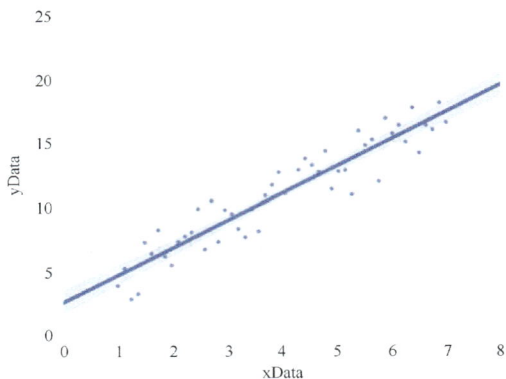

图 2.9　回归图形，来自 seaborn（该图形展示了原始数据，最佳拟合线，以及拟合的置信区间）

```
import pandas as pd
import seaborn as sns

x = np.linspace(1, 7, 50)
y = 3 + 2*x + 1.5*np.random.randn(len(x))
df = pd.DataFrame({'xData':x, 'yData':y})
sns.regplot('xData', 'yData', data=df)
plt.show()
```

## 2.8　一般惯例

在本书后面的例子中，有一些任务会重复出现，例如：读入数据，设定想要的字体大小和格式化参数，生成图形化输出文件。下面这个模块用于处理这些任务，如果你感兴趣的话可以看看，不过对于理解它们并不做要求。

代码 "ISP_mystyle.py"[1]：设定好常用格式化选项，提供生成标准化图形输出文件的函数。

## 2.9　练习

### 2-1　数据输入

从不同的数据源读入数据。

---

1　https://github.com/thomas-haslwanter/statsintro_python/blob/master/ISP/Code_Quantlets/ Utilities。

- 带有标题的 CSV 文件（".\Data\data_kaplan\swim100m.csv"）。同时展示前 5 个数据点。
- 一个微软 Excel 文件。同时展示末尾 5 个数据点。（".\Data\data_others\Table 2.8 Waist loss.xls"）
- 读入同样数据，不过这次是从压缩包归档中读入。网址为 http://cdn.crcpress.com/downloads/C9500/GLM_data.zip。

## 2-2 使用 Pandas 的第一步

- 生成一个 pandas 数据框，其 x 列为 0 ～ 10 秒的时间戳，频率为 10Hz，y 列数据的值为 1.5Hz 的正弦值，z 列为对应的余弦值。将 x 列命名为"时间"，y 列命名为"YVals"，z 列命名为"ZVals"。
- 展示该数据框的开始行。
- 取出"YVals"和"ZVals"中第 10 ～ 15 行的数据，并将其写入"out.txt"文件。
- 让用户知道数据被写入到什么位置了。

# 第3章
## 数据输入

本章介绍如何将数据读入 Python。因此本章是有关 Python 的章节和有关统计学数据分析的第 1 章的连接。你可能会感到惊讶，但以正确的格式将数据读入系统，并检查错误或者缺失的记录往往是数据分析时最耗费时间的部分之一。

数据输入由于许多问题而变得复杂，比如数据记录之间不同的分隔符（比如空格和制表符），或者是文件末尾的空行。此外，数据可能以不同的格式被保存，比如 MS-Excel、Matlab、HDF5（也包括 Matlab 格式），或是存在数据库中。我们无法涵盖所有的数据输入选项，敬请谅解。但我会试着给大家一个从哪里开始和如何开始数据输入的概述。

## 3.1　从文本文件中输入

### 3.1.1　目视检查

如果数据是 ASCII 编码文件，你应该总是一开始就目视检查一下数据！你需要特别检查：

- 数据是否有标题和脚注？
- 文件末尾是否有空行？
- 第一个数字前或每行的末尾是否有空格？（后者更难被发现。）
- 数据是被制表符还是空格分隔的？（提示：你应该使用一个能够可视化制表符、空格和行末符的文字编辑器。）

### 3.1.2　读入 ASCII 数据到 Python 中

在 Python 中，我强烈建议你在 Jupyter QtConsole 或 Jupyter Notebook 中开始读入数据和检查你的数据。这可以让你更容易地到处看看，尝试并快速获得你的命令是否成功执行的反馈。当你的命令正确工作的时候，你可以通过 %history 来获取命令历史，将它复制到你最喜欢的 IDE 中，形成一个程序。

尽管有个 numpy 命令 np.loadtxt 能够读入简单格式的文本文件，但大多数时候我都直接使用 pandas，它提供了用于数据输入的强大得多的工具。一个典型的工作流包括下面几个步骤。

- 切换到数据存储的目录下。
- 列出该文件夹下的项目。
- 选择这些项目中的一个，读入相应的数据。
- 检查数据是否被完全读入和格式是否正确。

这些步骤可以在 IPython 下用下面的命令实现：

```
In [1]: import pandas as pd
In [2]: cd 'C:\Data\storage'
In [3]: pwd     # 检查是否成功
In [4]: ls      # 列出目录下的文件
In [5]: inFile = 'data.txt'
In [6]: df = pd.read_csv(inFile)
In [7]: df.head() # 检查第一行是否正确
In [8]: df.tail() # 检查最后一行
```

在 "In [7]" 之后，我经常不得不调整 pd.read_csv 的参数来使得所有数据正确读入。确保你检查了列名的数量和你预期的列的数量一致。有时候会发生所有数据都读入了，但读入到一个巨大的单列中的情况！

### 1. 简单文本文件

举例来说，一个 data.txt 文件包含下面的内容：

```
1, 1.3, 0.6
2, 2.1, 0.7
3, 4.8, 0.8
4, 3.3, 0.9
```

可以用下面的代码读入并展示：

```
In [9]: data = np.loadtxt('data.txt', delimiter=',')

In [10]: data
Out[10]:
    array([[ 1. , 1.3, 0.6],
           [ 2. , 2.1, 0.7],
           [ 3. , 4.8, 0.8],
           [ 4. , 3.3, 0.9]])
```

其中 data 是一个 numpy 数组。如果没有 delimiter=',' 标记，np.loadtxt 函数就会崩溃。读入这些数据的另一个替代方案是用下面的代码：

```
In [11]: df = pd.read_csv('data.txt', header=None)

In [12]: df
Out[12]:
```

```
     0    1    2
0    1  1.3  0.6
1    2  2.1  0.7
2    3  4.8  0.8
3    4  3.3  0.9
```

df 是一个 pandas 数据框。如果没有 header=None 标记，第一行的记录就会错误地被当作列标签！

```
In [13]: df = pd.read_csv('data.txt')

In [14]: df
Out[14]:
      1   1.3   0.6
  0   2   2.1   0.7
  1   3   4.8   0.8
  2   4   3.3   0.9
```

第一列被识别为整数，而第二列和第三列被识别为浮点数，这是使用 pandas 工作流程的一个优势。

### 2.　更复杂的文本文件

当我们处理更复杂的文件的时候，pandas 数据输入方面的优势就开始显现。拿下面 "data2.txt" 这个文件举例来说，该文件包含以下的行：

```
ID, Weight, Value
1, 1.3, 0.6
2, 2.1, 0.7
3, 4.8, 0.8
4, 3.3, 0.9

Those are dummy values, created by ThH.
June, 2015
```

pd.read_csv 的一个输入标记是 skipfooter，所以我们可以用下面的命令轻松地读入数据：

```
In [15]: df2 = pd.read_csv('data.txt', skipfooter=3, delimiter='[ ,]+')
```

最后一个选项，delimiter='[ ,]+'，是一个正则表达式，表示 "一个或多个空格，或用来分割记录值的逗号"。同样，当输入文件包含列名的标题行时，数据可以直接通过它们对应的列名进行访问。

```
In [16]: df2
Out[16]:
    ID   Weight    Value
0    1      1.3      0.6
```

```
1    2      2.1       0.7
2    3      4.8       0.8
3    4      3.3       0.9

In [17]: df2.Value
Out[17]:
0    0.6
1    0.7
2    0.8
3    0.9
Name: Value, dtype: float64
```

### 3. 正则表达式

　　处理文本数据经常需要用到简单的正则表达式。正则表达式是一种查找或操纵文本字符串的强大的方式。关于正则表达式有很多书介绍它，网上也能找到许多关于正则表达式的优秀简明的信息。例如，debuggex 网站提供了方便的 Python 中正则表达式的备忘录，而 regular-expressions 网站提供了正则表达式综合的描述。

　　让我举两个例子说明 pandas 是如何使用正则表达式的。

　　（1）从文件中读入数据，数据是用逗号、分号和空格的组合分隔的。

```
df = pd.read_csv(inFile, sep='[ ;,]+')
```

　　方括号（"[…]"）表示… 的组合，加号（"+"）表示一个或更多。

　　（2）从 pandas 的数据框中用特定的名称模式提取列。在下面的例子中，我会提取以"Vel"开头的列。

```
In [18]: data = np.round(np.random.randn(100,7), 2)

In [19]: df = pd.DataFrame(data, columns=['Time',
        'PosX', 'PosY', 'PosZ', 'VelX', 'VelY', 'VelZ'])

In [20]: df.head()
Out[20]:
    Time   PosX   PosY   PosZ   VelX   VelY   VelZ
0   0.30  -0.13   1.42   0.45   0.42  -0.64  -0.86
1   0.17   1.36  -0.92  -1.81  -0.45  -1.00  -0.19
2  -3.03  -0.55   1.82   0.28   0.29   0.44   1.89
3  -1.06  -0.94  -0.95   0.77  -0.10  -1.58   1.50
4   0.74  -1.81   1.23   1.82   0.45  -0.16   0.12

In [21]: vel = df.filter(regex='Vel*')

In [22]: vel.head()
Out[22]:
```

```
   VelX  VelY  VelZ
0  0.42 -0.64 -0.86
1 -0.45 -1.00 -0.19
2  0.29  0.44  1.89
3 -0.10 -1.58  1.50
4  0.45 -0.16  0.12
```

# 3.2　从 MS Excel 中导入

有两种方法可以从微软的 Excel 文件中导入数据到 pandas：read_excel 函数和 ExcelFile 类[1]。

- read_excel 能够通过特定的文件参数读取一个 Excel 文件（也就是数据表的数据格式相同）。
- ExcelFile 能够通过特定的数据表参数读取一个 Excel 文件（也就是数据表的数据格式不同）。

选择用何种方式很大程度取决于代码可读性和执行速度。

下面的命令展示了用于读取单个工作表，达到同样目的的类和函数的方法。

```
# 使用 ExcelFile 类
xls = pd.ExcelFile('path_to_file.xls')
data = xls.parse('Sheet1', index_col=None,na_values=['NA'])

# 使用 read_excel 函数
data = pd.read_excel('path_to_file.xls', 'Sheet1',
        index_col=None, na_values=['NA'])
```

如果该操作失败的话，试试 Python 的 xlrd 包。

下面的高级脚本展示了如何从一个网上的压缩包中直接导入存储其中的 Excel 文件。

**清单 3.1　L3_2_readZip.py**

```
1  ''' 从来自万维网的压缩后的 Excel 中获取数据 '''
2
3  # 作者：Thomas Haslwanter, 日期：Nov-2015
4
5  # 导入标准包
6  import pandas as pd
7
8  # 额外的包
9  import io
10 import zipfile
11
```

---

1　下面的章节来自 pandas 文档。

```
12  # Python 2/3 使用不同的包来实现 "urlopen"
13  import sys
14  if sys.version_info[0] == 3:
15      from urllib.request import urlopen
16  else:
17      from urllib import urlopen
18
19  def getDataDobson(url, inFile):
20      ''' 从来自网络的 zip 归档文件解压出数据 '''
21
22      # 获取 zip 归档文件
23      GLM_archive = urlopen(url).read()
24
25      # 使归档文件变为字节流的形式
26      zipdata = io.BytesIO()
27      zipdata.write(GLM_archive)
28
29      # 将归档文件中的需要的文件解压为 pandas 的 XLS 文件
30      myzipfile = zipfile.ZipFile(zipdata)
31      xlsfile = myzipfile.open(inFile)
32
33      # 用 Pandas 将 xls 文件读入 Python，返回释放的数据
34      xls = pd.ExcelFile(xlsfile)
35      df = xls.parse('Sheet1', skiprows=2)
36
37      return df
38
39  if_name_ == '_main_':
40      # 选择归档文件（在网上）和归档中的文件
41      url = 'http://cdn.crcpress.com/downloads/C9500/GLM_data. zip'
42      inFile = r'GLM_data/Table 2.8 Waist loss.xls'
43
44      df = getDataDobson(url, inFile)
45      print(df)
46
47      input('All done!')
```

## 3.3　从其他格式导入数据

**Matlab**　scipy 中内建了从 Matlab 导入数据的支持，用命令 scipy.io.loadmat。

**剪贴板**　如果你在剪贴板上有数据，你可以直接用 pd.read_clipboard() 导入。

**其他文件格式**　pandas 也支持 SQL 数据库和大量的其他格式。读取它们最简

单的方式就是输入 pd.read_ + TAB，这会显示当前读入 pandas 数据框的可用选项。

## Matlab

下面的命令从一个 Matlab 文件中返回字符串、数字、向量、矩阵变量以及有两个数据记录的结构的内容（一个向量和一个字符串）。Matlab 的变量包括标量、字符串、向量、矩阵和结构，分别被称为数字、文本、向量、矩阵和结构体（structure）。

```
from scipy.io import loadmat
data = loadmat('data.mat')

number = data['number'][0,0]
text   = data['text'][0]
vector = data['vector'][0]
matrix = data['matrix']
struct_values = data['structure'][0,0][0][0]
strunct_string = data['structure'][0,0][1][0]
```

# 第4章
# 统计数据的展示

人类大脑皮层的主要任务是从视网膜上的活动模式中提取视觉信息，因此，我们的视觉系统非常擅长在可视化的数据集中探测模式。结果就是，我们几乎总是可以在对数据量化分析之前就"看见"发生了什么。视觉数据展示也在发现极端数据值时有很大的帮助，这些极端值的产生常常是由于模型执行过程或数据采集阶段的错误造成的。

本章将展示许多不同的对统计数据集可视化的方法。

## 4.1 数据类型

选择合适的统计学步骤取决于数据类型。数据可以是"分类型"或"数值型"。如果变量是数值型的，我们就采用某些特定的统计学方法。相反，如果变量表示的是定性的分类，那么我们就用另外的方法。

此外，我们也会区分"一元""二元""多元"数据。一元数据指的是只有一个变量的数据，比如，人口的数量大小。二元数据有两个参数，比如，平面中 $x/y$ 的位置，或者是收入作为年龄的函数。多元数据有 3 个或以上的变量，比如空间中粒子的位置。

### 4.1.1 分类数据

#### 1. 布尔变量

布尔类型的数据只有两个可能的取值。比如：

- 女性 / 男性；
- 吸烟者 / 不吸烟者；
- 正确 / 错误。

#### 2. 名义变量

许多分类都不止两个类别。这样的数据被叫作名义类数据。比如，已婚 / 单身 / 离异的例子。

#### 3. 等级变量（有序变量）

和名义变量相对的是等级变量，它是有序的，并且有逻辑顺序的。比如，极少 /

很少 / 一些 / 许多 / 非常多。

### 4.1.2　数值型

#### 1. 连续的数值型

如果可能，数据最好以它们原始的连续型格式来记录，并保留有意义的小数位数。例如，以高于 1mm 的精确度来记录身体尺寸是没有意义的，由于椎间盘被压缩，早上和夜间的身高差会变得非常大。

#### 2. 离散的数值型

一些数值型的数据只能取整数。这些数据叫作离散的数值型。例如子女的个数：0 1 2 3 4 5 等。

## 4.2　在 Python 中作图

可视化对数值型数据非常重要，所以本章后续内容主要关注这类数据类型。

在实际中，数据的展示有一些棘手，因为有太多的选项了：图形化的输出可以在 HTML 页面中展示为一张图片，或是交互式的图形窗口；绘图可以强制吸引用户的注意力，也可以在数秒后自动关闭。因此，本节将聚焦于绘图的一般方法；下一节将会展示不同类型的绘图，比如直方图、误差条图、三维绘图等。

Python 的核心代码并不包括任何生成图形的工具，该功能由其他的包提供。目前为止，最常用的绘图包是 matplotlib。如果你是通过类似 WinPython 或者 Anaconda 的科学发行版安装的 Python，那么 matplotlib 已经包括在内了。matplotlib 是模仿 Matlab 的风格的，所以，用户既可以生成 Matlab 风格的图形，也可以是传统 Python 风格的。

matplotlib 包括了不同的模块和特性。

**matplotlib.pyplot**　这是生成图形常用的模块。它提供了在 matplotlib 中绘图的接口，按照 Python 中引入函数和模块的惯例引入：

```
import matplotlib.pyplot as plt
```

pyplot 处理了大量的细节，比如为图形生成图例和坐标轴，这样用户就可以集中精力来进行数据分析。

**matplotlib.mlab**　包含了许多在 Matlab 下常用的函数，比如 find、griddata 等等。

**"backends"** matplotlib 可以生成许多不同格式的输出，这就被叫作"backends"。

- 在 Jupyter Notebook 中，或在 Jupyter QtConsole 中，使用 %matplotlib inline 能直接输出到当前的浏览器窗口中。（%pylab inline 是载入 pylab 和设置绘

图输出为行内的组合代码）

- 在同样环境中，%matplotlib qt4[1] 直接将输出指向独立的图形窗口（如图 2.4 所示）。使用命令 plt.ginput，可以允许用户平移并缩放图形，还能够交互式地选择图形上的点。
- 使用命令 plt.savefig，图形输出可以被导出为外部文件，比如 PDF、PNG 或者 JPG 格式。

pylab 可批量导入 matplotlib.pyplot（用于作图）和 numpy（用于数学和处理数组）两个模块到一个命名空间中。尽管很多例子使用了 pylab，但是已经不推荐这么做了，出于方便交互式开发代码的目的，也只应该在 IPython 中使用它。

## 4.2.1 函数式和面向对象式的绘图方法

我们可以用类似于 Matlab 的风格来作图，也可以用更 Python 化的方式，也就是面向对象的方式来作图。这两种风格都完美有效，并且二者各有利弊。唯一对你的警告就是，不要在你的代码中混合使用这两种代码风格。

首先，考虑常用的 pyplot 风格。

```
# 导入需要的包
# 并命名为它们常用的名字
import matplotlib.pyplot as plt
import numpy as np

# 生成数据
x = np.arange(0, 10, 0.2)
y = np.sin(x)

# 生成图形
plt.plot(x, y)

# 显示在屏幕上
plt.show()
```

注意，pyplot 自动生成了所需的图例和坐标轴。

其次，更 Python 化的、面向对象的风格，在处理多个图例和坐标轴的时候更清晰。和上面的例子对比，只有命名为"# 生成图形"的部分更改了。

```
# 生成图形
fig = plt.figure()         # 生成图例
ax = fig.add_subplot(111)  # 加入坐标轴
ax.plot(x,y)               # 给坐标轴加入绘图
```

对于交互式数据分析来说，从 numpy 和 matplolib.pyplot 中载入最常用的命令到当前

---

1 取决于你的 Python 版本，这个命令也可以是 %matplotlib tk.。

工作空间是很方便的。这可以通过 pylab 来实现，这会导致类似于 Matlab 的代码风格。

```
from pylab import *
x = arange(0, 10, 0.2)
y = sin(x)
plot(x, y)
show()
```

那么，为什么这些额外的输入的风格和 Matlab 风格差那么多呢？正如例子中那样简单，唯一的优势是学术上的：这种啰嗦的风格使得这些元素从哪里来、将要做什么等事情更加明确和清晰。对于更复杂的应用来说，这种明确和清晰的特征变得更加有价值，并且，越丰富和完整的面向对象的接口，将可能让程序越容易书写和维护。例如，下列代码生成了一个图例和两个互相重叠的图形，并清晰地显示了哪一个图形在哪一个坐标轴上。

```
# 导入所需的包
import matplotlib.pyplot as plt
import numpy as np

# 生成数据
x = np.arange(0, 10, 0.2)
y = np.sin(x)
z = np.cos(x)

# 生成图例和坐标轴
fig, axs = plt.subplots(nrows=2, ncols=1)

# 在第一个坐标轴上，画上正弦函数并给它写上标签
axs[0].plot(x,y)
axs[0].set_ylabel('Sine')

# 在第二个轴上，画上余弦函数
axs[1].plot(x,z)
axs[1].set_ylabel('Cosine')

# 展示最终的绘图结果
plt.show()
```

**代码 "ISP_gettingStarted.py"**[1]：简短地展示了用 Python 进行科学数据分析。

## 4.2.2　交互式绘图

matplotlib 提供了不同方式来和用户交互。不幸的是，这种交互方式不如 Matlab

---

1　https://github.com/thomas-haslwanter/statsintro_python/tree/master/ISP/Code_Quantlets/ 04_DataDisplay/ gettingStarted。

中直观，下面的例子也许能帮助你回避大部分的这类问题。它们展示了如何：

- 精确地将图例放在屏幕上；
- 在两个图形中间停止，并在数秒后继续处理；
- 在鼠标点击或键盘敲击后处理；
- 对键盘输入求值。

**清单 4.1 L4_1_interactivePlots.py**

```
# 来源：http://scipy-central.org/item/84/1/simple-
        interactive-matplotlib-plots
''' 用 Matlotlib 进行交互式绘图让我烦恼。所以我收集了许多让交互式绘图更加简单的小技
    巧。下列函数展示了如何：

-   在屏幕上放置图例（比如，左上角屏幕二分之一的位置）
-   停止绘图，并在数秒后自动恢复
-   在鼠标点击或键盘敲击后处理
-   对键盘输入求值


作者：Thomas Haslwanter
日期：Nov-2015
版本：1.1
许可证：CC BY-SA 4.0


'''
# 导入标准包
import numpy as np
import matplotlib.pyplot as plt

# 额外的包
try:
    import tkinter as tk
except ImportError:          # 在 Python 2.x 中大小写不同
    import Tkinter as tk

t = np.arange(0,10,0.1)
c = np.cos(t)
s = np.sin(t)

def normalPlot():
    ''' 只显示一个图形。该程序停止，只有当该图形关闭才会继续。要么单击关闭窗口按钮，
        要么输入 "ALT+F4"'''

    plt.plot(t,s)
    plt.title('Normal plot: you have to close it to continue\
```

```
nby clicking the "Window Close" button, or by hitting "ALT+F4"')
    plt.show()

def positionOnScreen():
    ''' 将两个绘图放在你屏幕上。这使用了 Tickle 后端，我认为这是所有平台的默认值 '''

    # 获得屏幕尺寸
    root = tk.Tk()
    (screen_w, screen_h) = (root.winfo_screenwidth(), root.
      winfo_screenheight ())

    root.destroy()

def positionFigure(figure, geometry):
    ''' 将一个图例放在屏幕的指定位置。这在 Tk 和 Qt5 后端下工作正常，但是在其他后端下
        可能失败 '''

    mgr = figure.canvas.manager
    (pos_x, pos_y, width, height) = geometry
    try:
        # Tk 的放置命令
        position = '{0}x{1}+{2}+{3}'.format(width, height
            , pos_x, pos_y)
        mgr.window.geometry(position)
    except TypeError:
        # Qt5 的放置命令
        mgr.window.setGeometry(pos_x, pos_y, width,
            height)

# 在第一个绘图后程序继续
fig = plt.figure()
ax = fig.add_subplot(111)
ax.plot(t,c)
ax.set_title('Top Left: Close this one last')

# 将第一个图形放置在屏幕左上角二分之一的位置
topLeft = (0, 0, screen_w//2, screen_h//2)
positionFigure(fig, topLeft)

# 将另一个图形放置在屏幕右上角二分之一的位置
fig2 = plt.figure()
ax2 = fig2.add_subplot(111)
ax2.plot(t,s)
# 我并不完全理解为什么这个需要先关闭。但是如果不这么做的话，程序会变得不稳定。
ax2.set_title('Top Right: Close this one first (e.g. with ALT+F4)')
```

```
        topRight = (screen_w//2, 0, screen_w//2, screen_h//2)
        positionFigure(fig2, topRight)

        plt.show()

def showAndPause():
    ''' 只展示 2 秒的图形，然后自动继续处理 '''
    plt.plot(t,s)
    plt.title('Don''t touch! I will proceed automatically.')

    plt.show(block=False)
    duration = 2        # [秒]
    plt.pause(duration)
    plt.close()

def waitForInput():
    ''' 这一次，通过鼠标点击或键盘敲击来继续处理 '''
    plt.plot(t,c)
    plt.title('Click in that window, or hit any key to continue')

    plt.waitforbuttonpress()
    plt.close()

def keySelection():
    ''' 等待用户输入，并根据键盘输入决定如何处理。这有一点复杂。但是我尝试过的所有没有键
        绑定的版本都不稳定。'''

    fig, ax = plt.subplots()
    fig.canvas.mpl_connect('key_press_event', on_key_event)

    # 禁用 Matplotlib 的默认快捷键
    keymaps = [param for param in plt.rcParams if param.
        find( 'keymap') >= 0]
    for key in keymaps:
        plt.rcParams[key] = ''

    ax.plot(t,c)
    ax.set_title('First, enter a vowel:')
    plt.show()

def on_key_event(event):
    ''' 键盘交互 '''

    #print('you pressed %s'%event.key)
    key = event.key
```

```python
    # 在 Python 2.x 中，这个键显示为 "alt+[ 键 ]"
    # 跳过这个错误
    if key.find('alt') == 0:
        key = key.split('+')[1]

    curAxis = plt.gca()
    if key in 'aeiou':
        curAxis.set_title('Well done!')
        plt.pause(1)
        plt.close()
    else:
        curAxis.set_title(key + ' is not a vowel: try again
            to find a vowel ....')
        plt.draw()

if __name__ == '__main__':
    normalPlot()
    positionOnScreen()
    showAndPause()
    waitForInput()
    keySelection()
```

## 4.3　展示统计学数据集

数据分析的第一步应该总是目视检查原始数据。我们大脑皮层的 30% ～ 50% 都涉及处理视觉信息，所以，我们的大脑非常擅长识别视觉化展示的数据中的模式。其中的技巧就是为你的数据选择最具有信息量的展示方式。

寻找并执行 matplotlib 提供的众多图形类型之一的最简单的方法就是浏览其图库，并且复制相应的 Python 代码到你的程序中。

对统计学数据分析来说，Python 的包 seaborn 是基于 matplotlib 的，旨在提供一个简洁、高层的接口，用于绘制富含信息量且美观的统计学图形。同样，pandas 也基于 matplotlib，并提供了许多可视化数据框的方法。

下面是其他有趣的绘图包。

- plot.ly 是可用于 Python、Matlab、R 的一个包，能够做出漂亮的图形。
- bokeh 是一个 Python 的交互式可视化库，目标是在现代网页浏览器上进行展示。Bokeh 可以帮助任何人快速简单地创建交互式的绘图、仪表盘和数据程序。
- ggplot for Python。它模仿了被许多 R 用户喜爱的 R 包——ggplot。

## 4.3.1 单变量数据

下面的例子都有着同样格式，只有"绘图命令"这一行改变了。

```
# 导入标准库
import numpy as np
import matplotlib.pyplot as plt
import pandas as pd
import scipy.stats as stats
import seaborn as sns

# 生成数据
x = np.random.randn(500)

# 绘图命令开始 ---------------------
plt.plot(x, '.')
# 绘图命令结束 ---------------------

# 展示绘图
plt.show()
```

### 1. 散点图

这是单变量数据最简单的展示方法，只要绘制出每个单独的数据点即可（见图 4.1）。相应的绘图命令可以是：

```
plt.plot(x, '.')
```

也可以是：

```
plt.scatter(np.arange(len(x), x))
```

注意，如果出现 $x$ 轴只有少数离散值的情况（比如，第一组、第二组和第三组），那么将重叠的数据点稍微分散开（也被叫作"增加抖动"）将会有助于展示每个数据点。

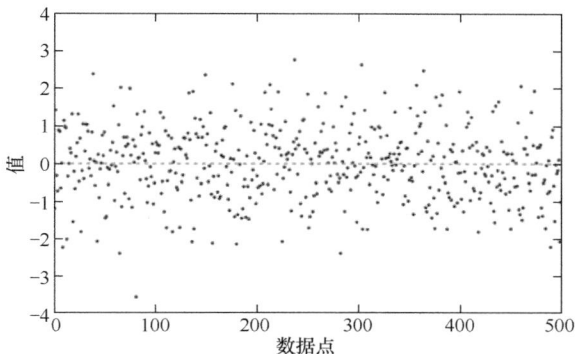

图 4.1 散点图

## 2. 直方图

直方图提供了数据分布的一个很好的概览（见图 4.2）。如果你除以总的数据点个数，便可得到相对频率直方图；如果你只是将每个区间的顶部中点连起来，你会得到一个相对频率多边形。

```
plt.hist(x, bins=25)
```

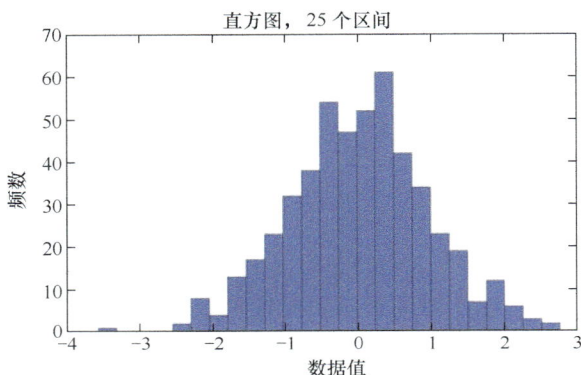

图 4.2　直方图

## 3. 核密度 (KDE) 估计图

直方图有一个缺点，它是非连续的，并且它的形状严格地取决于区间的宽度。为了获得平滑的概率密度，也就是描述一个事件在给定区间内被发现的可能性，我们可以使用核密度估计的方法。因此，正态分布被用作典型的核。核函数的宽度决定了平滑的程度。为了了解这是如何运作的，我们用下列 6 个数据点来构建直方图和核密度估计：

```
x = [-2.1, -1.3, -0.4, 1.9, 5.1, 6.2]
```

对于直方图来说，首先水平轴被分割为覆盖数据范围的小区间。在图 4.3 的左边，我们有 6 个宽度为 2 的区间。当有一个数据点落在某个区间内时，我们放一个高度为 1/12 的箱子在里面。如果不止一个数据点落入同一个区间，我们就把箱子逐个堆起来。

对于核密度估计来说，我们对每个数据点 $x_i$ 都放置一个方差为 2.25 的正态分布核（在图 4.3 右边用红色的虚线表示）。将核加起来形成核密度的估计（蓝色的实曲线）。和离散的直方图相比较，核密度估计明显更加平滑。

核密度估计能够更快地收敛至潜在的连续型随机变量的密度。

```
sns.kdeplot(x)
```

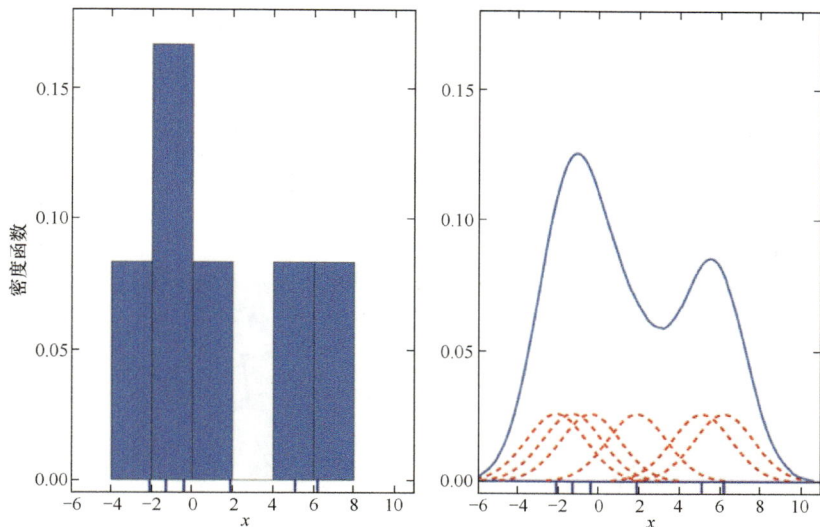

图 4.3　对比用同样数据构建的直方图（左）和核密度估计（右）。6 个单独的核是红色的虚线，核密度估计是蓝色的实线。数据点用轴须图画在水平轴上

核的窗宽是一个决定我们在多大程度上来平滑掉每个事件的贡献的参数。为了演示它的效果，我们模拟从标准正态分布中抽取随机样本，并在横坐标上用蓝色的突起绘制轴须图，如图 4.4（左）所示（轴须图是一种每个数据点都用垂直的标记进行可视化的图形。）。图 4.4 右边的图形用蓝色展示了真实的密度（一个均值为 0，方差为 1 的正态密度）。作为对比，灰色的曲线由于使用的窗宽 h=0.1 过小，所以包含了太多的虚假的数据失真，导致欠平滑。绿色的虚线由于使用的窗宽为 h=1，忽略了大多数潜在的结构，被认为是过度平滑的。红色的曲线使用的窗宽为 h=0.42，由于它的密度估计和真实的密度接近，所以被认为是最佳平滑。

在特定的条件下，h 的最佳选择可以认为是：

$$h = \left(\frac{4\hat{\sigma}^5}{3n}\right)^{\frac{1}{5}} \approx 1.06\hat{\sigma}n^{-1/5} \qquad (4.1)$$

其中 $\hat{\sigma}$ 是样本的标准偏差（西尔弗曼的经验法则，Silverman's rule of thumb）。

### 4. 累积频率

累积频率曲线表示的是低于某一特定值的数据的数量（或百分比），如图 4.5 所示。该曲线对统计分析非常有帮助，比如当我们想知道包含所有值的 95% 的数据范围时。累积频率在比较两组或多组个体的值的分布情况时也非常有用。

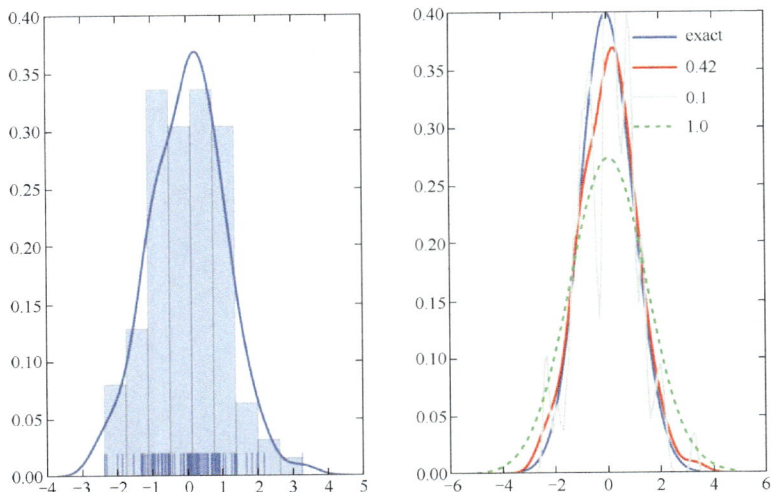

图 4.4　左边：来自标准正态分布的 100 个随机样本点的轴须图、直方图和核密度估计。
右边：真实的密度分布（蓝色），和不同窗宽的核密度估计。灰线：h=0.1 的核密度估计；
红线：h=0.42 的核密度估计；绿虚线：h=1.0 的核密度估计

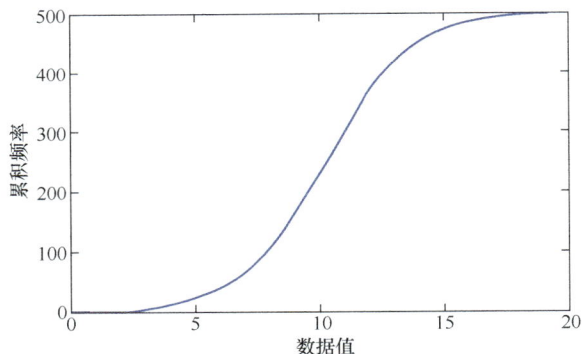

图 4.5　正态分布的累积频率函数

当使用百分比点位的时候，累积频率还有个额外的好处，就是它有界：
$0 \leqslant cumfreq(x) \leqslant 1$。

```
plt.plot(stats.cumfreq(x,numbins)[0])
```

## 5. 误差条图

在比较数值的度量的时候，误差条图是展示均值和变异度的常用方法（见图
4.6）。值得注意的是，误差条图必须显式说明误差到底是标准差还是标准误。使用标
准误有一个很好的特性：当基于标准误的两组误差条图之间有重叠时，我们可以确
定两组之间的均值没有统计学差异（$p > 0.05$）。反之则不一定成立！

```
index = np.arange(5)
y = index**2
errorBar = index/2    # 只是为了演示
plt.errorbar(index,y, yerr=errorBar, fmt='o', capsize=5, capthick=3)
```

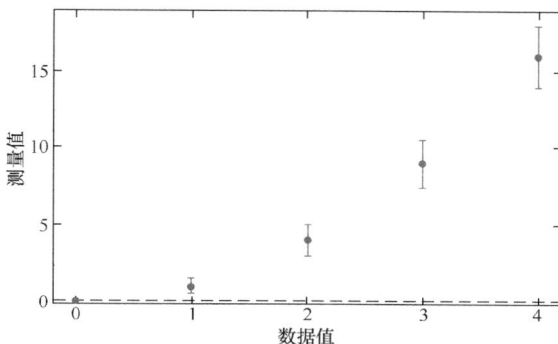

图 4.6　误差条图

## 6. 箱形图

　　箱形图经常在学术刊物中被使用，用来表示两组或多组的数值。箱子的底部和顶部分别表示第一分位数和第三分位数，而箱子内部中间的线表示中位数。值得注意的是上下的须，存在着不同的习惯用法。最常见的形式是，下面的须表示在第一分位数外 $1.5 \times$ IQR（四分位距）范围内的最低值，而上面的须表示在第三分位数外 $1.5 \times$ IQR（四分位距）范围内的最高值。离群值（在上下须之外）被单独绘制。另一个习惯用法是，须表示了整个数据的范围。

　　有许多检验方法来检查离群值。Tukey 建议的方法是，例如，检查位于第一分位数 / 第三分位数下方或上方 $1.5 \times$ IQR 外的数据（见 6.1.2 小节）。

```
plt.boxplot(x, sym='*')
```

　　箱形图（见图 4.7）可以和核密度估计图联合起来绘制，生成所谓的小提琴图，其中纵轴和箱形图一样，但是在水平方向上额外绘制了对称的核密度估计图（见图 4.8）。

```
# 生成数据
nd = stats.norm
data = nd.rvs(size=(100))

nd2 = stats.norm(loc = 3, scale = 1.5)
data2 = nd2.rvs(size=(100))

# 使用 pandas 和 seaborn 包
# 绘制小提琴图
df = pd.DataFrame({'Girls':data, 'Boys':data2})
sns.violinplot(df)
```

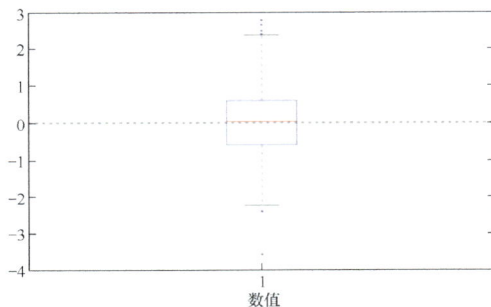

图 4.7　箱形图

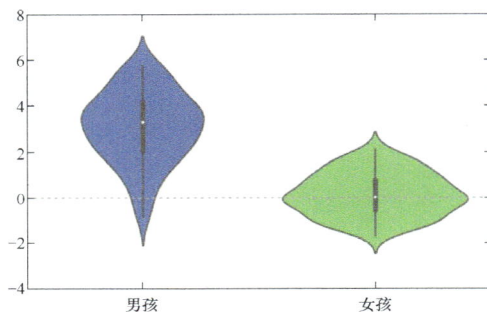

图 4.8　小提琴图，用 seaborn 生成

## 7．分组的条形图

对一些应用来说，pandas 的绘图能力可以使得生成有用的图形更容易，比如，分组的条形图（见图 4.9）。

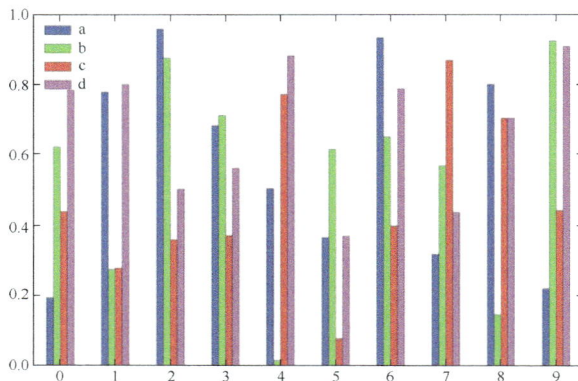

图 4.9　分组的条形图，用 pandas 创建

```
df = pd.DataFrame(np.random.rand(10, 4),
```

```
            columns=['a', 'b', 'c', 'd'])
df.plot(kind='bar', grid=False)
```

### 8. 饼图

我们有许多不同的选择来生成饼图（见图 4.10）。代码如下：

```
import seaborn as sns
import matplotlib.pyplot as plt

txtLabels = 'Cats', 'Dogs', 'Frogs', 'Others'
fractions = [45, 30, 15, 10]
offsets =(0, 0.05, 0, 0)

plt.pie(fractions, explode=offsets, labels=txtLabels,
        autopct='%1.1f%%', shadow=True, startangle=90,
        colors=sns.color_palette('muted') )
plt.axis('equal')
```

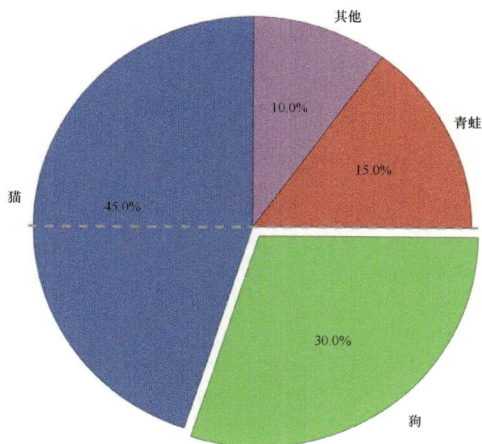

图 4.10 "倾盆大雨"（译者注："sometimes it is raining cats and dogs" 表示倾盆大雨）

### 9. 程序：数据展示

代码 "ISP_showPlots.py" [1]：展示了本节的图形是如何绘制的。

## 4.3.2 二元变量和多元变量绘图

### 1. 二元变量散点图

简单的散点图微不足道，但是 pandas 让绘制精美的散点图变得容易（见图 4.11）。

---

1 https://github.com/thomas-haslwanter/statsintro_python/tree/master/ISP/Code_Quantlets/ 04_DataDisplay/
showPlots。

```
df2 = pd.DataFrame(np.random.rand(50, 4), columns=['a', 'b', 'c', 'd'])
df2.plot(kind='scatter', x='a', y='b', s=df2['c']*300);
```

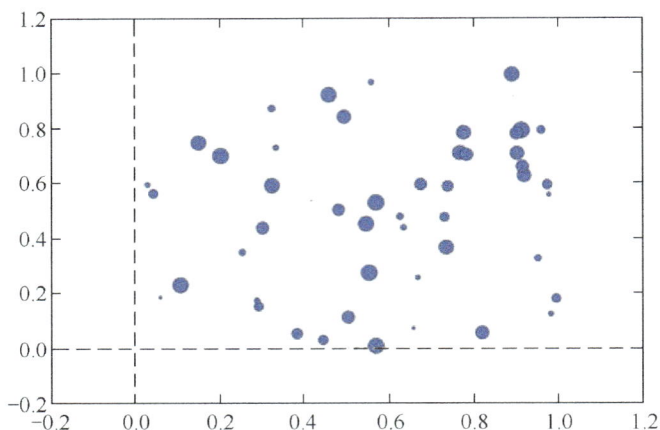

图 4.11   带有不同大小数据点的散点图

## 2. 3D 图

在 matplotlib 中绘制 3D 图有一点麻烦，因为需要导入不同的模块，并且 3D 图的坐标轴需要显式声明。然而，一旦正确定义坐标轴，剩下的部分就很直观了。下面是两个例子（见图 4.12）。

```
# 引入该例子中作图所需要的包
import numpy as np
from matplotlib import cm
from mpl_toolkits.mplot3d.axes3d import get_test_data

# 宽是长的两倍
fig = plt.figure(figsize=plt.figaspect(0.5))

#---- 第一个子图形
# Note that the declaration "projection='3d'"
# is required for 3d plots!
ax = fig.add_subplot(1, 2, 1, projection='3d')

# 生成网格
X = np.arange(-5, 5, 0.1)
Y = np.arange(-5, 5, 0.1)
X, Y = np.meshgrid(X, Y)

# 生成曲面数据
R = np.sqrt(X**2 + Y**2)
```

```
Z = np.sin(R)

# 绘制曲面
surf = ax.plot_surface(X, Y, Z, rstride=1, cstride=1,
        cmap=cm.GnBu, linewidth=0, antialiased=False)
ax.set_zlim3d(-1.01, 1.01)

fig.colorbar(surf, shrink=0.5, aspect=10)

#---- 第二个子图形
ax = fig.add_subplot(1, 2, 2, projection='3d')
X, Y, Z = get_test_data(0.05)
ax.plot_wireframe(X, Y, Z, rstride=10, cstride=10)

outfile = '3dGraph.png'
plt.savefig(outfile, dpi=200)
print('Image saved to {0}'.format(outfile))
plt.show()
```

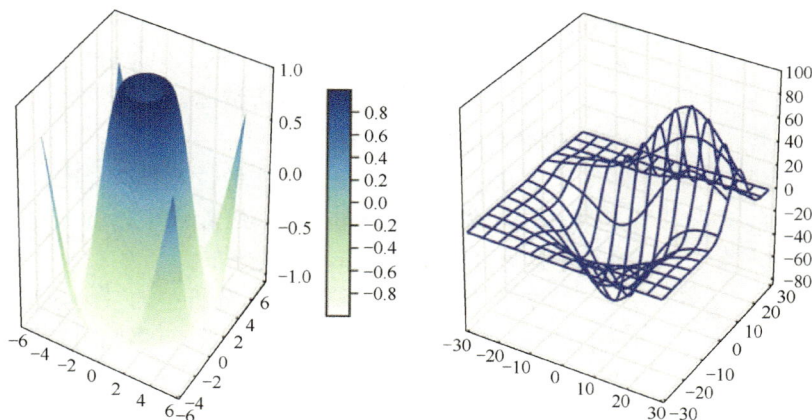

图 4.12   两种类型的 3D 图。（左）曲面图；（右）线框图

# 4.4   练习

### 4-1   数据展示

（1）从 "Data\amstat\babyboom.dat.txt" 读入数据。
（2）对它们进行视觉上的检查，并对数据进行一个定量的描述。
（3）数据是正态分布的吗？

# 第二部分
# 分布和假设检验

本书的这部分将重心从 Python 转移到统计学上。

第 5 章定义统计的基础知识，如总体与样本的概念和概率分布。它还简要概述了研究设计。大多数起步阶段的研究者都严重低估了统计研究的设计：错误的研究设计将产生垃圾数据，再好的分析方法都无法解决这些问题（"垃圾进，垃圾出"）。然而，如果研究设计是好的，但是分析方法有问题，可以用一种新的分析方法来改善情况，这通常远比进行一项全新的研究花更少的时间。

第 6 章将介绍如何描述分布的位置和变异度，然后使用正态分布来描述所有分布函数中最常见的 Python 方法。之后给出了最重要的离散分布和连续分布。

第 7 章首先描述了统计数据分析中的一个典型工作流，然后解释了假设检验的概念，不同类型的错误以及常见的概念，如灵敏度和特异度。

后续的两章解释了关于连续变量和分类变量中最重要的假设检验。第 10 章重点讲述生存分析（这也包括材料失效和机器故障的统计特性），因为这个问题所需要的方法与这里提出的其他假设检验有所不同。各章还包括用于假设检验的 Python 示例代码（包括所需的数据），这将使在不同数据集上进行检验变得容易。

# 第5章
## 背 景

本章简要介绍数据统计分析的主要概念。它定义了离散和连续的概率分布，然后概述了各种类型的研究设计。

## 5.1 总体和样本

在对数据的统计分析中，我们通常使用一些选定样本的数据，得出这些样本抽样来源的总体的结论。正确的研究设计应确保样本数据代表抽样样本来源的总体。

总体和样本之间的主要区别在于如何将观测数据分配给数据集（见图 5.1）。

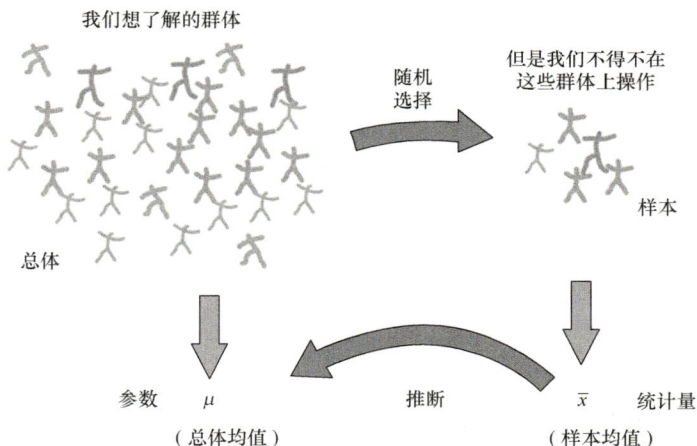

图 5.1 通过统计推断，从样本中获得信息以估计来自总体的参数

**总体**　包括数据集中的所有元素。
**样本**　由总体中的一个或多个观察值组成。
一个总体中可以产生多个样本。

当估计一个总体的参数，例如，男性欧洲人的体重时，我们通常不能测量所有的个体。我们必须限制我们调查一个来自这个群体的随机样本（希望其具有代表性）。基于样本统计量，即从样本数据计算出的相应的值，我们使用统计推断来找出总体中对应的参数。

**参数**　总体的特征，如均值或标准偏差。通常用希腊字母表示。

**统计量**　一个样本的可测量的特征。统计量的例子包括：

■　样本数据的均值；

■　样本数据的极差；

■　数据与样本均值的偏离。

**抽样分布**　基于随机样本的给定统计量的概率分布。

**统计推断**　使你能够根据从该总体中随机抽取的样本计算出的统计量对总体参数进行有根据的估计。

表 5.1 给出了参数和统计量的例子。总体参数通常用希腊字母表示，而样本统计量通常使用标准字母。

表 5.1　总体参数和样本统计量的对比

|  | 总体参数 | 样本统计量 |
| --- | --- | --- |
| 均值 | $\mu$ | $\overline{x}$ |
| 标准差 | $\sigma$ | $s$ |

## 5.2　概率分布

概率分布是描述总体和样本中数值数据分布的数学工具。

### 5.2.1　离散分布

一个离散概率分布的简单例子是掷骰子的游戏：对于每个数字 $i = 1$，$\cdots$，6，在骰子抛出时，显示 $i$ 数字面朝上的数字的概率 $P_i$ 为

$$P_i = \frac{1}{6} , i = 1, \cdots, 6 \tag{5.1}$$

所有这些概率 $\{P_i\}$ 的集合构成了掷骰子的概率分布。

注意 $P_i$ 的最小可能值是 0。因为在掷骰子时，总有一面会朝上，那么

$$\sum_{i=1}^{6} P_i = 1 \tag{5.2}$$

将其推广，我们可以说离散概率分布具有以下性质：

■　$0 \leqslant P_i \leqslant 1 \ \forall i \in \mathbb{N}$

■　$\sum_{i=1}^{n} P_i = 1$

对于给定的离散分布，$P_i$ 称为该分布的概率质量函数（PMF）。

## 5.2.2  连续分布

许多测量结果不局限于离散整数值。例如，一个人的重量可以是任意正数。在这种情况下，描述每个值的概率的曲线，即概率分布，是一个连续函数，称为概率密度函数（PDF）。

PDF 或连续随机变量的密度是描述随机变量 $X$ 对给定值 $x$ 的相对似然性的函数。在概率和统计学的数学领域中，随机变数 $x$ 是随机变量 $X$ 的特定结果：作为相同随机变量的其他结果的随机变数可能具有不同的值。

由于任何给定值的可能性不能小于 0，并且由于变量必须具有一些值，所以 PDF $p(x)$ 具有以下属性（见图 5.2）：

- $p(x) \geqslant 0 \ \ \forall x \in \boldsymbol{R}$
- $\displaystyle\int_{-\infty}^{\infty} p(x)\mathrm{d}x = 1$

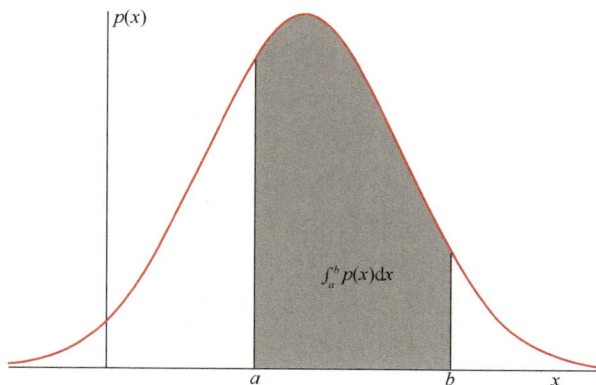

图 5.2  $p(x)$ 是值 $x$ 的概率密度函数。在 $a$ 和 $b$ 之间的 $p(x)$ 上的积分表示在该范围内找到 $x$ 的值的可能性

## 5.2.3  期望值和方差

### 1. 期望值

PDF 还定义了随机变量 $X$ 的连续分布的期望值 $E[X]$：

$$E[X] = \int_{-\infty}^{\infty} xf(x)\mathrm{d}x \tag{5.3}$$

对于离散分布，在 $x$ 上的积分用所有可能值的和代替：

$$E[X] = \sum_i x_i P_i \qquad (5.4)$$

其中 $x_i$ 表示测量变量可以拥有的所有可能值。

期望值是我们总体中观测值的概率分布函数。我们样本的样本均值是我们的数据所观察到的平均值。如果实验设计正确，随着在分析中包含越来越多的样本，样本均值应该收敛到期望值。

### 2. 方差

数据的可变性用数据的方差来代表：

$$Var(X) = E[(X - E[X])^2]$$
$$=E[X^2] - (E[X])^2 \qquad (5.5)$$

## 5.3    自由度

自由度（DOF）的概念在力学领域中似乎是非常清楚的，但在统计应用中却很难掌握。

在力学中，在一个平面上运动的粒子有"2 个自由度"：在每一个时间点，两个参数（$x$、$y$ 坐标）定义粒子的位置。如果粒子在空间中移动，那么它具有"3 个自由度"：$x$、$y$、$z$ 坐标。

在统计中，具有 $n$ 个值的一组数据有 $n$ 个自由度。如果只看这些值分布的形状，我们可以从每个值中减去样本均值。然后，剩下的数据只有 $n–1$ 的自由度了（在 $n=1$ 的情况下最清楚了：如果我们知道均值和样本 1 的值，那么我们可以通过 $val_2=2*mean–val_1$ 来计算样本 2 的值了）。

当我们有很多组时，情况变得更复杂了。例如，8.3.1 小节，有一个例子中有 22 例患者被分为 3 组。在方差分析（ANOVA）中，该例子中的自由度划分如下。

- 总的平均值是 1 个自由度。
- 每组的均值是 2 个自由度（请记住，如果我们知道两个组的均值和总的均值，我们就能够计算出第三组的均值）。
- 偏离每组均值的残差的自由度则是剩下的 19 个（即 22-1-2）。

## 5.4    研究设计

最近通过一项调查显示，引入 clinicaltrials.gov 注册库（Kaplan 和 Irvin 2015）的效果证明了良好的研究设计的重要性：1997 年美国法律规定设立注册管理机构，要求 2000 年以后的研究人员在收集数据之前记录他们的试验方法和结果指标。Kaplan 等人进行了评估药物或膳食补充剂用于治疗或预防心血管疾病的研究。他们发现，在引入

clinicaltrials.gov 之前，57% 的研究显示出阳性的结果，而在引入后，这一数字大幅度下降为仅 8%。换句话说，没有严格的研究设计，将会使你的结果偏向你希望的方向。

## 5.4.1 术语

在研究设计的背景下，存在着各种术语（见图 5.3）。

■ 被控制的输入变量通常被称为因素或治疗。

■ 未被控制的输入变量被称为协同因素，或干扰因素，或混杂。

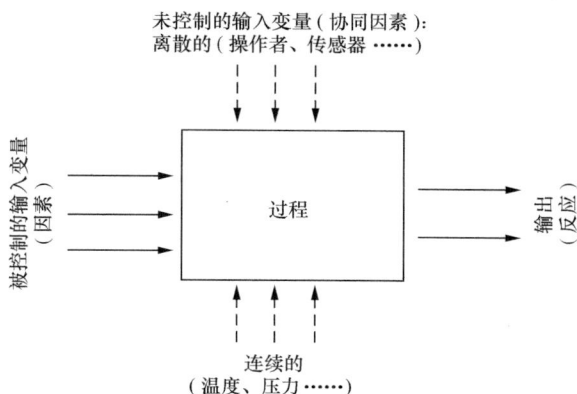

图 5.3　流程示意图

协变量指的是一个对研究结局有可能做出预测的变量，并且可以是因素或协同因素。

当我们试图对一个有两个输入和一个输出的过程进行建模时，我们可以建立一个数学模型，例如

$$Y = \beta_0 + \beta_1 X_1 + \beta_2 X_2 + \beta_{12} X_1 X_2 + \epsilon \tag{5.6}$$

单个的 $X(\beta_1, \beta_2)$ 项被称为主效应，具有多个 $X(\beta_{12})$ 被称为交互项。并且由于 $\beta$ 参数只是线性地进入方程，这被称为一般线性模型。$\epsilon$ 被称为残差，并且如果模型正确地描述数据，则它的值预计大致正态地分布在 0 附近。

## 5.4.2 概述

研究设计的第一步是明确说明研究的目标。我们是否想：

（1）比较两个或多个组，或一组与某个固定值？

（2）筛选所观察到的反应以确定重要的因素 / 效应？

（3）最大化或最小化响应（变异性、离目标的距离、稳健性）？

（4）建立一个回归模型来量化响应变量对输入过程的依赖性？

第一个问题引出了一个假设检验。第二个是筛选调查，如果模型中的因素不是

完全独立的，则必须注意失真。第三个问题是一个优化问题。最后一个问题将我们引入统计建模领域。

一旦确定了想做什么，我们就必须决定如何做这件事。可以通过受控实验或观测获得必要的数据。在受控实验中，我们通常只改变单个参数，并研究该参数对输出的影响。

### 5.4.3　研究类型

#### 1．观察性或实验性

在观察性研究中，研究者只收集信息，但不与研究人群互动。相反，在实验研究中，研究人员有意地影响事件（例如，用一种新的药物治疗病人）并调查这些干预措施的效果。

#### 2．前瞻性或回顾性

在前瞻性研究中，数据是从研究开始收集的。相反，回顾性研究是从以前的事件中获得的数据，例如在医院做的常规检查。

#### 3．纵向或横断面

在纵向调查中，研究者在一段时间内收集信息，可能是每一个病人的多次信息。相反，在横断面研究中，个体只被观察一次。例如，大多数调查是横断面，但实验通常是纵向的。

#### 4．病例对照和队列研究

在病例对照研究中，首先对患者进行治疗，然后根据一定的标准（例如，他们是否对某一药物作出反应）选择他们纳入研究。相反，在一项队列研究中，首先选择感兴趣的受试者，然后对这些受试者进行一段时间的研究，例如，他们对治疗的反应。

#### 5．随机对照试验

实验性科学临床试验的金标准和新药批准的基础是随机对照试验。通过将受试者分成干预组和对照组，可以避免偏倚。组的分配是随机的。

在一个被设计的实验中，可能有几个被实验者控制的条件，称为因素。通过使各组只在一个方面有差别，即因素处理，应该能够检测该处理对病人的影响。

通过随机化，混杂在组之间应该是平衡的。

#### 6．交叉研究

随机化的另一种方法是交叉设计的研究。交叉研究是一种纵向研究，受试者接受一系列不同的处理。每个个体都接受每个处理（受试者从一种处理转到下一种处理）。为了避免因果的影响，处理分配的顺序应该是随机的。

例如，在一项调查中，测试站姿和坐姿对受试者集中精神的影响，每个受试者分别在站立时和坐着时执行任务。站姿/坐姿的顺序是随机的，以消除任何序列效应。

## 5.4.4　实验设计

尽可能的区组化，并将剩下的随机化！

上文提到过，我们有一些（可以控制的）因素和干扰因素，这些因素会影响结果，但我们不能控制或操纵它们。例如，假设我们有一个实验，其结果取决于做实验的人（例如，对对象进行检查的护士），以及一天中的时间。在这种情况下，我们可以通过用同一个护士进行所有的检测来阻止护士这个因子，但是不可能同时检测所有的对象。因此，我们试图通过随机混合受试者受试的时间来平均时间效应。相反，如果我们早上测量病人，下午测量健康的人，我们总是会给数据带来一些偏倚。

### 1. 样本选择

当选择个体的时候，你应该注意下面 3 点。

（1）样本应该能够代表研究的群体。

（2）在比较性研究中，组之间必须在已知的变异来源方面相似（如，年龄等）。

（3）**重要**：确保您选择的样本（或个体）充分覆盖了您所需的所有参数！例如，如果年龄是一个干扰因素，请确保你有足够的青年、中年和老年个体。

针对第 1 点，例如，从医院病人随机选择的受试者自动将样本偏向有健康问题的个体。

针对第 3 点，例如，一个新的对中风患者的康复治疗方法的疗效测试，不仅应该包括曾经患过中风的患者，还应确保有相同数量的轻度、中度和重度症状的患者。否则，最终可能会得到主要包括很少或没有中风后遗症的患者数据。（这是最容易犯的错误之一，花了我好几个月的时间！）

许多调查和研究都不符合这些标准（见下文偏倚部分）。"倾向得分匹配"领域（Rosenbaum 和 Rubin 1983）试图纠正这些问题。

### 2. 样本量

因为样本量太小，无法观察到所期望的大小的效应，许多研究也失败了。在确定样本大小时，你必须知道：

- 在一项调查中，参数的变异度是多大?
- 与参数的标准偏差相对应，期望效应的大小是多少?

这就是功效分析。这在行为研究中尤其重要，如果没有经过仔细的样本量计算，研究计划就不会被批准（本主题将在 7.2.5 小节中更详细地讨论）。

### 3. 偏倚

为了说明在统计分析中选择偏倚的影响，让我们来看看 1936 年的美国总统选举。美国共和党的兰登（Landon）挑战时任总统罗斯福（F.D. Roosevelt）。当时最受尊敬的杂志之一《文学文摘》向 1000 万美国人询问他们会给谁投票，得到了 240 万人的回应。《文学文摘》预测兰登将赢得 57% 的选票，而罗斯福的得票率为 41%。然而，实际选举结果是罗斯福 62% 的票数，兰登 38% 的票数。换句话说，尽管样本量巨大，但预测却有高达 19% 的偏差！

哪里出问题了呢？

首先，样本选得不好，而且无法代表美国选民。调查的邮寄名单取自电话簿、俱乐部会员名单和杂志订户名单，因此，样本会极大地偏向美国中产阶级和上层阶级。第二，只有大约四分之一的人被调查后给出回应。对调查做出回应的人和那些没有回应的人是不同的，即所谓的无应答偏倚。这个例子表明，大样本本身并不能保证有代表性的回应。人们必须注意选择偏倚和无应答偏倚。

总的来说，在选择受试者时，一种方法是试图使他们代表被研究的群体；另一种方法是尝试以其他研究者代表性的研究方式进行实验。然而，后者很容易得到有偏倚的数据。

偏倚有许多来源：

- ■ 对象的选择；
- ■ 实验的结构；
- ■ 测量的仪器；
- ■ 数据的分析。

应注意尽可能避免数据中的偏倚。

### 4. 随机化

这可能是实验规划最重要的方面之一。随机化用于尽可能避免偏倚，并且有不同的方法来随机化一个实验。对于随机化，可以使用大多数计算机语言都有的随机数生成器。为了使得偏倚的可能性尽可能小，随机分配的数字应尽可能晚地呈现给实验者。

根据实验的不同，有许多方法来随机化分组。

简单随机化
此过程对选择和偶然偏倚较为稳健。缺点是所得到的组大小可能相差很大。

对于许多类型的数据分析，在每个组中都有相同的样本数是很重要的。要做到这一点，有其他可能的选择。

区组随机化

这用于保持不同组别中的对象数量始终保持平衡。例如，有两种类型的治疗方法 A 和 B，以及大小为 4 的区组，可以按以下顺序将两种治疗方案分配给区组内的 4 名受试者：

（1）AABB；

（2）ABAB；

（3）ABBA；

（4）BBAA；

（5）BABA；

（6）BAAB。

基于该方法，可以使用随机数生成器生成 1 到 6 之间的随机整数，并使用相应的区组分配相应的处理。这将使每个组中的受试者数目几乎相等。

最小化

分配处理的一个和随机化密切相关但并非完全随机化的方法就是最小化。你找到拥有最少对象的处理组，并让下一个病人以高于 0.5 的概率进入该组。

例如，假设你正在进行一个新的药物的随机对照试验，一个"安慰剂组"和一个"真正的药物组"。在试验的一半时，你会意识到你的安慰剂组已经包含 60 个对象，而你的药物组只有 40 个。现在你可以解决这个不平衡，给每一个剩余的对象 60% 的概率（而不是以前使用的 50%）服用药物，而不是安慰剂。

分层随机化

有时人们可能希望包括更多样、具有不同特点的对象。例如，我们可以同时选择年轻的人和年长的人。在这种情况下，应尽量使每个层中的受试者数量保持平衡。为了做到这一点，每一组受试者都应保留单独的随机数列表。

### 5. 盲法

不论实验者是否意识到，他们可以显著影响实验的结果。例如，一个对新的处理方式具有新的"辉煌"理念的年轻研究人员将在实验的执行以及数据分析中产生偏倚，以让假设被肯定。为了避免这种主观影响，理想情况下，实验者以及受试者应该不知道处理是如何分配的。这被称为双盲。当分析人员也不知道受试者被分配给哪一组时，这就是我们常说的三盲。

### 6. 析因设计

当每一种因素的组合都被测试过了，我们就说这是个全因子设计。

在规划分析的时候，我们必须区分对象内比较和对象间比较。前者，也就是对象内比较，能够比对象间的比较在同样数量对象的情况下检测出更小的差别。

## 5.4.5　个人建议

（1）对你的任务要实际。

（2）准备足够的控制 / 校准实验。

（3）做好笔记。

（4）以良好的结构存储数据。

### 1. 预实验和墨菲定律

大多数调查需要一轮以上的实验和分析。理论上，你先陈述你的假设，然后做实验，最后接受或拒绝这个假设。搞定。

大部分我的实际调查都没那么直接，而且经常进行两轮实验。通常，我从一个想法开始。在确定其他人还没有找到解决方案之后，我坐下来，进行第一轮测量，并编写分析数据所需的分析程序。通过以上这些步骤，我发现大多数事情都可能出错（通常是这样的，正如墨菲定律所说："任何可能出错的事情都会出错"），而我一开始就应该采取不同的做法。如果实验是成功的，第一轮调查为我提供了一个"原则证明"，即我的问题是能被解决的；此外，我还获得了关于典型反应的变异度的数据。这使我能够估计出接受或拒绝我的假设所需的对象 / 样本的合理数量。这时，我也知道我的实验设置是否充足，或者是否需要一个不同的或更好的设置。第二轮调查在大多数情况下是来真的了，并且（如果我幸运的话），这次实验会提供足够的数据来让我发表自己的发现。

### 2. 校准

数据的测量可能受到许多失真的影响。为了尽可能地控制这些失真，我们应该在开始和结束实验时用已知的东西来记录。例如，在运动记录中，我试着先记录一个静止点，然后向前、向左、向上移动 10cm。对正在发生的事情有准确的了解，不仅有助于检测传感器的漂移，而且可以解决实验设置中的问题。这些记录也有助于验证分析程序的准确性。

### 3. 文档

确保记录了所有可能影响你的结果的因素，以及实验中所发生的一切。

- 实验的日期和时间。
- 关于实验者和受试对象的信息。
- 你决定采取的具体计划。
- 在实验过程中发生的值得注意的任何事情。

笔记尽可能简短，但是要把实验中发生的一切都记下来。记录的数据文件的名称要特别明确，因为这将是你在以后分析数据时需要的第一个东西。通常你不需要笔记中的所有细节。但是，当你有异常值或异常数据点时，这些注释对数据分析是非常宝贵的。

**4. 数据存储**

尝试使用清晰、直观和实用的命名约定。例如，当你在不同的日子里对患者和正常人实施实验的时候，你可以这样命名试验记录"[p/n] [yyyy/mm/dd] _ [x].dat"，例如，n20150329_a。用这种习惯命名，可使你的数据自然分组，而且数据会根据它们的日期进行自动排序。

始终立即存储原始数据，最好是在单独的目录中存储。我倾向于让这个目录只读，这样我就不会不经意地删除有价值的原始数据了。在大多数情况下，你可以轻松地重新进行分析。但通常情况下，你不能重复一个实验。

## 5.4.6 临床研究计划

为了正确地设计医学研究，针对人类受试者的医疗设备的临床研究，其临床研究计划不只是被推荐，甚至被 ISO 14155-1:2003 所强制要求。该标准规定了临床研究中的许多方面，它强制要求准备临床研究计划（CIP），并详细说明。

（1）研究的类型（如，双盲、是否有对照组等）。

（2）对照组的讨论和分配的过程。

（3）范式的描述。

（4）主要研究终点的描述和理由。

（5）所选择的测量变量的描述和理由。

（6）检测设备及其校准。

（7）对象的纳入标准。

（8）对象的排除标准。

（9）纳入点（"对象什么时候纳入研究？"）。

（10）描述测量的步骤。

（11）退出的对象的标准和程序。

（12）选择样本量和显著程度及其理由。

（13）记录负面效应或副作用的程序。

（14）能够影响测量结果或其解释的因素列表。

（15）文档化的流程，也包括缺失值。

（16）统计分析流程。

（17）调查监察员的指定。

（18）临床调查员的指定。

（19）数据处理的规范。

# 第6章

# 单变量的分布

一个变量的分布称为单变量分布。它们可以分为：离散分布，其中观测只能是整数值（例如，儿童的数量）；连续分布，观察变量是浮点值（例如，一个人的重量）。

本章的开头展示了如何描述和处理统计分布。然后给出了最重要的离散分布和连续分布。

## 6.1 分布的特征描述

### 6.1.1 分布中心

当我们有一个来自分布的数据样本时，我们可以用不同的参数来描述分布中心。因此，数据可以用两种方式来评估：

（1）用它们的值；

（2）用它们的秩（即按大小排序时的列表编号）。

#### 1. 均值

默认来说，当我们讲到均值的时候，我们指的是算术均值$\bar{x}$：

$$\bar{x} = \frac{\sum\limits_{i=1}^{n} x_i}{n} \qquad (6.1)$$

毫不意外，我们可以使用命令 np.mean 来找到数组 $x$ 的均值。

现实生活中的数据通常包含缺失值，在许多情况下，缺失值用 nan 来代替（nan 代表"非数字"）。对于包括 nan 的数组的统计，numpy 具有许多处理 nan 的函数。

```
In [1]: import numpy as np

In [2]: x = np.arange(10)

In [3]: np.mean(x)
Out[3]: 4.5
```

```
In [4]: xWithNan = np.hstack( (x, np.nan) )      # 加上 nan

In [5]: np.mean(xWithNan)
Out[5]: nan

In [6]: np.nanmean(xWithNaN)
Out[6]: 4.5
```

## 2．中位数

中位数是当数据按顺序排列时中间的值。与均值不同，中位数不受离群数据点的影响。中位数可以通过下列代码获得：

```
In [7]: np.median(x)
Out[7]: 4.5
```

注意，如果像我们这个例子中一样，一个分布是对称的，那么它的均值和中位数会重合。

## 3．众数

众数是一个分布中出现最频繁的值。

找到众数最简单的方法是 scipy.stats 中对应的函数，它能够提供众数的值和频数。

```
In [8]: from scipy import stats

In [9]: data = [1, 3, 4, 4, 7]

In [10]: stats.mode(data)
Out[10]: (array([4]), array([ 2.]))
```

## 4．几何均值

在某些情况下，几何平均可以用来描述分布的位置。它可以通过计算每个值的对数的算术平均值来得到。

$$mean_{\text{geometric}} = \left( \prod_{i=1}^{N} x_i \right)^{1/N} = \exp\left( \frac{\sum_i \ln(x_i)}{n} \right) \qquad (6.2)$$

同样，对应的函数在 scipy.stats 中：

```
In [11]: x = np.arange(1,101)

In [12]: stats.gmean(x)
Out[12]: 37.992689344834304
```

注意，计算几何均值的输入数字必须是正的。

## 6.1.2    量化变异度

### 1. 极差

极差仅仅是最高值和最低值之间的差异，可以用下面命令得到：

```
range = np.ptp(x)
```

ptp 代表"峰值到峰值"，唯一应该注意的是异常值，即数据点的值比其他数据高或低很多。通常，这些点是由于样本选择或测量过程中的错误引起的。

有许多检查异常值的测试。其中之一是检查那些高于第三分位数 1.5× 四分位数间距（IQR）或低于第一分位数 1.5× 四分位数间距（IQR）的数据（"分位数"的定义请见下文）。

### 2. 百分位数

弄懂百分位数的最简单的方法，就是首先定义累积分布函数（CDF）：

$$CDF(x) = \int_{-\infty}^{x} PDF(x)\mathrm{d}x \qquad (6.3)$$

CDF 是 PDF 从负无穷大到给定值的积分（见图 6.1），因此确定了低于该值的数据的百分比。了解了 CDF 之后，计算在 $a \sim b$ 范围内找到值 $x$ 的可能性就简单了：在 $a$ 和 $b$ 之间找到值的概率可由该范围内的 PDF 的积分得到（图 5.2），并且可以通过相应的 CDF 值的差来得到

$$P(a \leqslant X \leqslant b) = \int_{a}^{b} PDF(x)\mathrm{d}x = CDF(b) - CDF(a) \qquad (6.4)$$

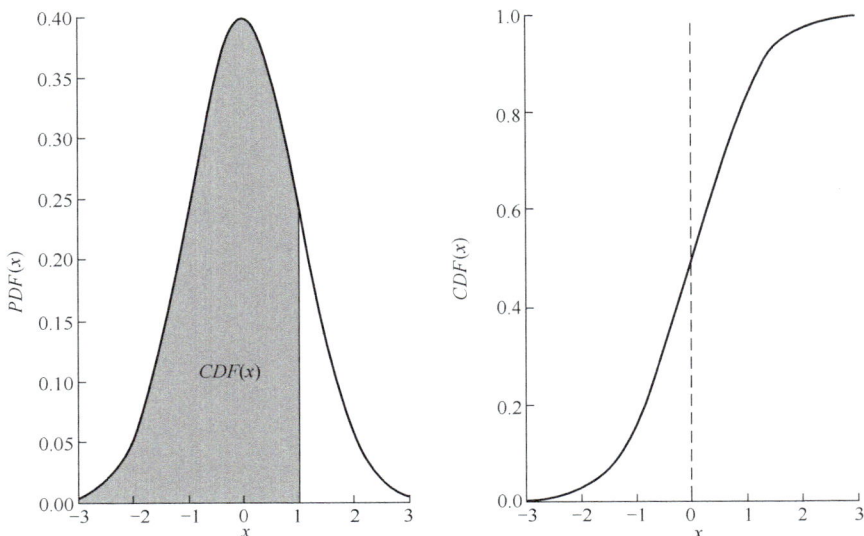

图 6.1　正态分布的概率密度函数（左）和累积分布函数（右）

对于离散分布来说，积分就由求和代替。

回到百分位数：这些只是 CDF 的逆函数，其给出低于数据中特定百分比的数据的值（见图 6.5 左下图）。虽然"百分位数"这个表达并不常常出现，但经常会遇到特定的百分位数。

- 为了获得包含了 95% 的数据范围，我们必须找到样本分布的 2.5 分位数和 97.5 分位数。
- 50 分位数就是中位数。
- 另一个重要的就是四分位数，即 25 和 75 分位。它们之间的差值被称为四分位数间距（IQR）。

中位数和上、下四分位数在箱形图中用于数据展示（图 4.7）。

### 3. 标准差和方差

图 5.1 显示了样本统计量与相应的总体参数的关系示意图。将这一概念应用于数据集的变异情况，我们就能区分样本方差，即抽样数据中的方差和总体方差，即所有人群的方差。下面的公式给出了样本方差的极大似然估计。

$$var = \frac{\sum_{i=1}^{n}(x_i - \overline{x})^2}{n} \tag{6.5}$$

但是，公式 6.5 系统性地低估了总体方差，因此被称为总体方差的"有偏估计"。换句话说，如果你选择了特定总体标准差的人群，并且重复 1000 次从该人口中选择 $n$ 个随机样本，并计算每个样本的标准偏差，则这些样本标准差的平均值将低于总体标准差。

图 6.2 试图解释为什么样本方差系统地低估了总体方差：我们总是使用样本均值，使得给定的样本数据的方差最小化，从而低估了总体的方差。

所以群体方差的最佳无偏估计应该是：

$$var = \frac{\sum_{i=1}^{n}(x_i - \overline{x})^2}{n-1} \tag{6.6}$$

公式 6.6 表示的是样本方差。

标准差是方差的平方根，样本标准差是样本方差的平方根：

$$s = \sqrt{var} \tag{6.7}$$

如表 5.1 所示，在统计学中，通常用 $\sigma$ 表示总体标准差，用 $s$ 表示样本标准差。

**注意**：和其他类似 Matlab 或 R 语言不同，numpy 默认用 $n$ 来计算方差。为了得到样本方差，我们必须设置"ddof=1"。

```
In [1]: data = np.arange(7,14)

In [2]: np.std(data, ddof=0)
```

```
Out[2]: 2.0

In [3]: np.std(data, ddof=1)
Out[3]: 2.16025
```

**注意：** 在 pandas 中，计算标准差的默认设置是 ddof=1。

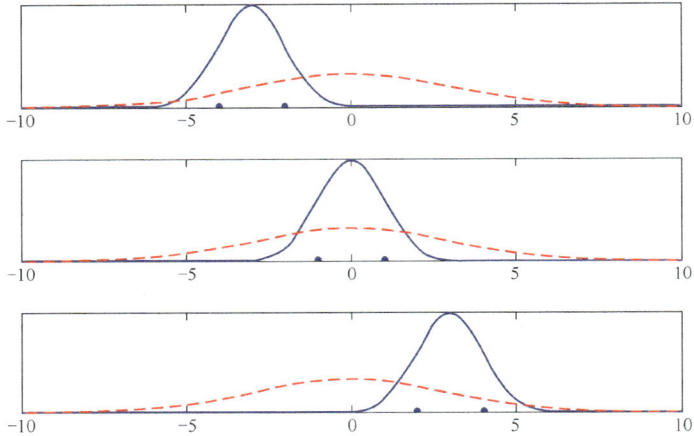

图 6.2   拟合于从潜在分布所选择数据的高斯分布：当许多样本的平均均值
收敛到实际均值时，样本的标准差则低估了分布的标准差

## 4．标准误

标准误是系数标准差的估计。例如，在图 6.3 中，我们有 100 个来自均值为 5 的
正态分布的数据点。我们拥有越多的数据点来估计平均值，平均值的估计就越准确。

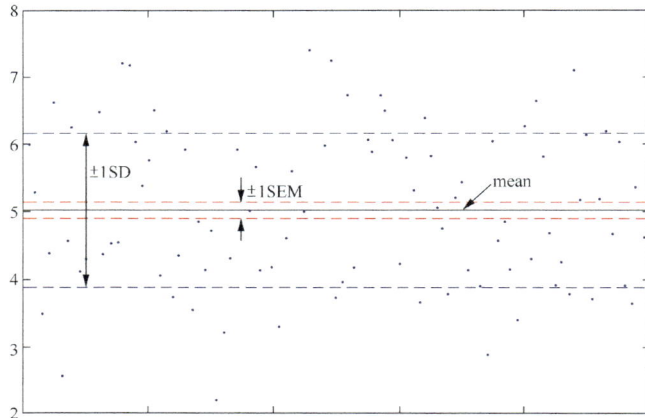

图 6.3   100 个随机数据点，来自均值大约为 5 的正态分布。样本均值（实线）与实际均值非常接近。
均值的标准差（长虚线）或均值的标准误（SEM）比样本的标准差（短虚线）小 10 倍

对于正态分布的数据，均值的样本标准误差（SE 或 SEM）是

$$SEM = \frac{s}{\sqrt{n}} = \sqrt{\frac{\sum_{i=1}^{n}(x_i - \overline{x})^2}{n-1} \cdot \frac{1}{\sqrt{n}}} \qquad (6.8)$$

因此，用 100 个数据点，我们估计的标准差，即均值的标准误，比样本标准差小 10 倍。

**5. 置信区间**

在数据的统计分析中，经常估计参数的置信区间。$\alpha\%$ 的置信区间（CI）表示包含参数的真实值的范围，其可能性为 $\alpha\%$。

如果采样分布是对称的和单峰的（也就是说，在最大值的两边平滑地衰减），通常可以通过下面公式来估计置信区间：

$$ci = mean \pm std \cdot N_{PPF}\left(\frac{1-\alpha}{2}\right) \qquad (6.9)$$

其中 $std$ 是标准差，$N_{PPF}$ 是标准正态分布的百分点函数（PPF）（参见图 6.5）。要计算 95% 的双侧置信区间，例如，你必须计算标准正态分布的 PPF（0.025），来得到置信区间的上下限。关于正态分布的 Python 实现，请参见第 102 页的代码示例。

注意：

■ 计算平均值的置信区间，标准差必须用标准误代替；

■ 如果分布是偏斜的，公式 6.9 就不适用了，也不能提供正确的置信区间！

## 6.1.3 分布形状的参数描述

在 scipy.stats 中，连续分布函数的特征是他们的位置和尺度。举两个例子：对于正态分布，（位置 / 形状）是由分布的（均值 / 标准差）给出的；对于均匀分布，它们由分布不同于零的范围（开始 / 开始—结束）给出。

**1. 位置**

一个位置参数 $x_0$ 确定分布的位置或改变：

$$f_{x_0}(x) = f(x - x_0)$$

位置参数的例子包括均值、中位数和众数。

**2．尺度**

尺度参数描述了概率分布的宽度。如果尺度参数 $s$ 较大，则分布将更加分散；如果 $s$ 较小，则它将更集中。如果 $s$ 的所有值都存在概率密度，那么密度（仅作为尺

度参数的函数）满足：

$$f_s(x) = f(x/s)/s$$

其中 $f$ 是标准化版本密度的密度。

### 3．形状参数

习惯上把位置和尺度以外的所有参数都称为形状参数。幸运的是，我们在统计学中使用的几乎所有分布都只有一个或两个参数。因此，这些分布的偏度和峰度是常数。

偏度

如果分布不对称，则分布是偏斜的（见图 6.4 左图）。例如，对于常见的不能为负的测量结果，如果标准差大于均值的一半，我们可以推断数据有一个偏斜分布。这种不对称称为正偏态。相反，负偏态较为罕见。

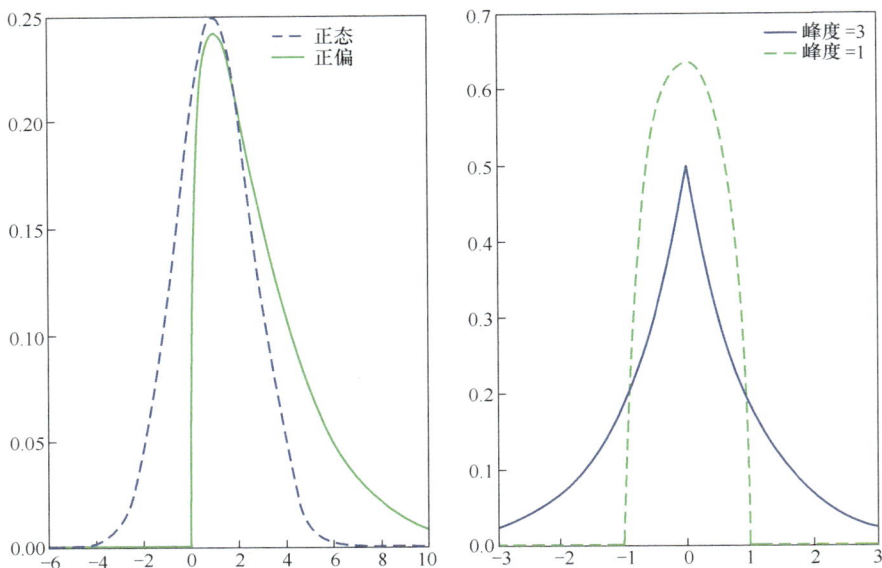

图 6.4 （左）正态分布和正偏态的分布；（右）拉普拉斯分布的峰度超过 3，
维格纳半圆（wigner semicircle）分布的峰度超过 −1。

峰度

峰度是衡量概率分布的"陡峭程度"（见图 6.4 右图）。由于正态分布的峰度是 3，所以正态分布的超出峰度 = 峰度 −3，为 0。带有正的或负的超出峰度的分布分别被叫作低峰态分布或尖峰态分布。

## 6.1.4 概率密度的重要展示

图 6.5 显示了与 PDF 相当的多个函数,但每个函数表示概率分布的不同方面。
我将给出一些例子,来展示一个描述男性个体大小的正态分布的各个方面。

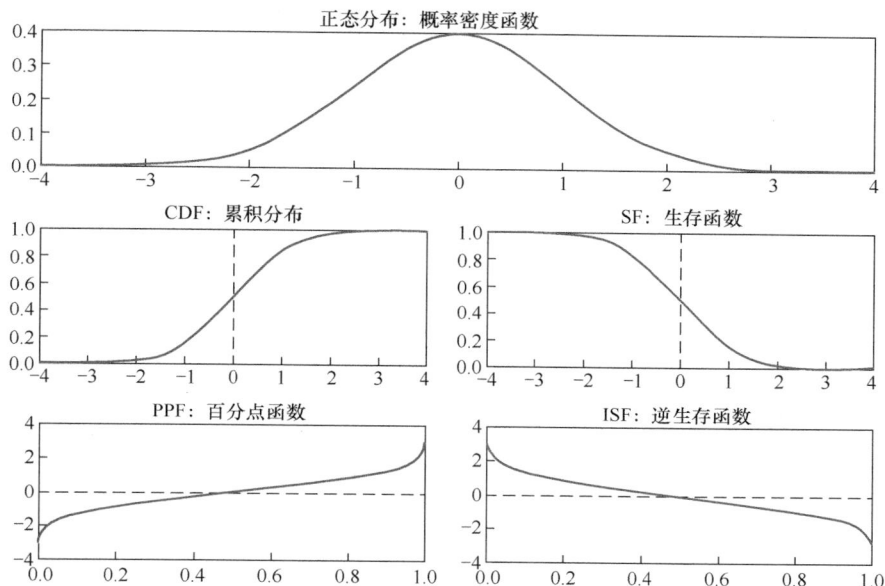

图 6.5 连续分布的效用函数,这里是标准正态分布

- 概率密度函数(PDF)。注意,为了得到变量在一定区间内出现的概率,你
  必须将 PDF 整合到该范围内。例子:男人的身高在 160 ~ 165cm 之间的概
  率是多少?
- 累积分布函数(CDF):获得小于给定值的概率。

例子:一个男人不到 165cm 高的概率是多少?

- 生存函数(SF)= 1 − CDF:得到大于给定值的概率。它也可以解释为"生
  存"高于某个值的数据的比例。

例子:一个男人身高大于 165cm 的概率是多少?

- 百分点函数(PPF):CDF 的反函数。PPF 回答"为了得到一定的概率,
  CDF 相应的输入值是什么"。

例子:假设我在找一个身高比其他 95% 的男人更矮的男人,这个个体的身高应
该是多少?

- 逆生存函数(ISF):它的名字说明了一切。

例子:假如我在找一个比其他 95% 男人高的男人,这个个体的身高是多少?

■ 随机变量抽样（RVS）：来自某个分布的随机变量。（变量是一个广义的类型，变量是一个具体的数。）

**注意**：在 Python 中，使用分布函数的最优雅的方法是两个步骤。

■ 第一步，创建分布（例如，nd = stats.norm()）。请注意，这是一个分布（在 Python 中叫作"冻结分布"），而不是函数！

■ 第二步，你决定让哪些函数使用这个分布，并计算想要的 x – 输入的函数值（例如 y = nd.cdf(x)）。

```python
import numpy as np
from scipy import stats


myDF = stats.norm(5,3)    # 创造冻结分布


x = np.linspace(-5, 15, 101)
y = myDF.cdf(x)    # 计算对应的 CDF
```

## 6.2    离散分布

有两种离散分布非常常见：二项分布和泊松分布。

这两个函数之间有着巨大的差别：二项分布的应用有一个固有的上限（例如，当你掷 5 次，每一面最多可以有 5 次朝上）；相比之下，泊松分布不具有一种内在的上限（例如，你认识多少人）。

### 6.2.1    伯努利分布

单变量分布中最简单的例子，也是二项分布的基础，是伯努利分布，它只有两种状态，例如，简单的抛硬币试验。如果我们抛硬币（并且硬币没有被操纵），希望"正面"出现的概率是 $p_{\text{heads}} = 0.5$。因为它必须是正面或反面，所以我们有：

$$p_{\text{heads}} + p_{\text{tails}} = 1 \tag{6.10}$$

所以"反面"的概率是 $p_{\text{tails}} = 1 - p_{\text{heads}}$。

我们可以看到一个参数 $p = p_{\text{heads}}$ 就决定了所有的事情，我们可以用下面的命令来确定这个分布：

```python
In [1]: from scipy import stats
In [2]: p = 0.5
In [3]: bernoulliDist = stats.bernoulli(p)
```

在 Python 中，这被称为"冻结分布函数"，它允许我们计算这个分布的所有信息。例如，正面出现零次或一次的概率由概率密度函数（PMF）给出。

```python
In [4]: p_tails = bernoulliDist.pmf(0)
In [5]: p_heads = bernoulliDist.pmf(1)
```

并且我们可以用下面代码模拟 10 次伯努利试验：

```
In [6]: trials = bernoulliDist.rvs(10)

In [7]: trials
Out[7]: array([0, 0, 0, 1, 0, 0, 0, 1, 1, 0])
```

在 In[6]，*rvs* 表示随机变数（random variates）。

## 6.2.2 二项分布

如果我们掷硬币多次，并询问"正面出现的频率如何？"，这就涉及到了二项分布（图 6.6）。一般来说，二项分布与"在给定的（固定的）试验次数中，有多少会成功"有关。用二项分布建模的一些示例问题如下。

- 抛 10 次硬币，有多少次正面朝上？
- 在特定医院的特定的一天中，出生的小孩有多少个是女孩？
- 在特定的教室中，多少个学生是绿色的眼睛？
- 有多少蚊子在喷洒杀虫剂后会死掉？

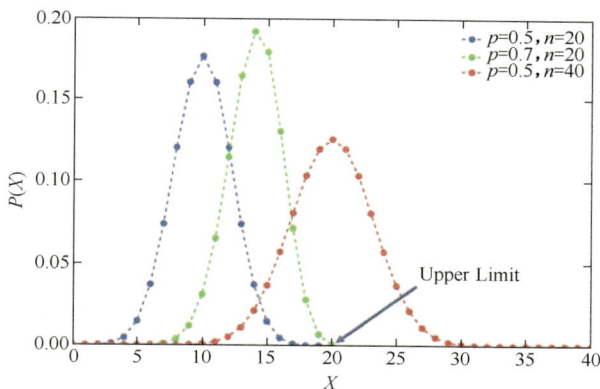

图 6.6 二项分布。请注意只有整数的 $X$ 才是合法的取值。两者之间的虚线仅仅便于将值分组到各个分布参数

我们进行 $n$ 次重复试验，其成功的概率由参数 $p$ 给出，并将成功的次数加起来。成功的次数由随机变量 $X$ 表示。$X$ 的取值范围在 0 到 $n$ 之间。

如果一个随机变量 $X$ 服从参数是 $p$ 和 $n$ 的二项分布。我们将它写为 $X \in B(n, p)$，并且在 $X=k$ 处的概率质量函数由下面的式子得出：

$$P[X=k] = \begin{cases} \binom{n}{k} p^k (1-p)^{n-k} & 0 \leq k \leq n \\ 0 & \text{其他} \end{cases} \quad 0 \leq p \leq 1, n \in \mathbf{N} \quad (6.11)$$

$$P[X = k] = p^k (1-p)^{n-k} \qquad 0 \leqslant p \leqslant 1, n \in \mathbf{N} \qquad (6.12)$$

其中 $\binom{n}{k} = \dfrac{n!}{k!(n-k)!}$

在 Python 中，程序和上面的伯努利分布一样，带有一个额外的参数和抛硬币的次数。首先我们生成冻结分布函数，比如 4 次抛硬币：

```
In [1]: from scipy import stats
In [2]: import numpy as np

In [3]: (p, num) = (0.5, 4)
In [4]: binomDist = stats.binom(num, p)
```

然后我们就可以通过计算从 0 到 4 的 PMF 来得到 4 次抛硬币中有多少次正面朝上：

```
In [5]: binomDist.pmf(np.arange(5))
Out[5]: array([ 0.0625, 0.25 ,0.375 , 0.25 , 0.0625])
```

比如，没有一次正面朝上的概率是 6%，正好只有一次正面朝上的概率是 25%，等等。并且注意，所有的概率值加起来等于 1。

$$p_0 + p_1 + \ldots + p_{n-1} = \sum_{i=0}^{n-1} p_i = 1 \qquad (6.13)$$

### 示例：二项式试验

假设我们玩一个桌面游戏，掷骰子的时候我们赋予 6 更为特殊的重要性。在特定的游戏中，这个骰子掷了 235 次，6 出现了 51 次。如果这个骰子是公平的，我们会预计 6 出现 235/6＝39.17 次。如果我们的无效假设是这是个公平的骰子，那么 6 出现的比例是不是比单纯靠运气要显著的高呢？

为了用二项式试验找到这个问题的答案，我们使用 $n$＝235、$p$＝1/6 的二项分布来确定在每一次试验中掷出 6 的真实概率是 1/6 的情况下，在 235 个样本中恰好掷出 51 个 6 的概率是多少。我们接下来找恰好是 52、53 直到 235 个 6 的概率，并将这些概率相加。通过这样的方法，我们计算出了假定骰子是公平的情况下，得到观察到结果（51 个 6）或更极端的结果（大于 51 个 6）的概率。在这个例子中，结果是 0.0265，这表明没有动过手脚让 6 出现更多次的骰子不太可能（在 5% 的水平不显著）观察到 51 个 6。

显而易见的是，不管骰子掷出更多的 6 还是更少的 6，都会让我们怀疑，所以我们用双侧检验（比如说）来将 5% 的概率分布在两侧尾部。注意我们不能简单地将单侧的 $p$ 值翻倍，除非该事件的概率是 1/2。这是因为如果概率偏离了 1/2，那么二项分布就变得不对称了。因此，"scipy.stats"提供了用于双侧检验的函数"binom_test"。（也可以参看 $t$ 检验的单侧和双侧检验的解释，135 页。）

**代码"ISP_binomial.py"**[1]：单侧和双侧的二项式试验。

表 6.1　离散分布的特征

|  | 均值 | 方差 |
|---|---|---|
| 二项分布 | $n \cdot p$ | $np(1-p)$ |
| 泊松分布 | $\lambda$ | $\lambda$ |

## 6.2.3　泊松分布

任何一个说法语的人都会注意到"泊松"是"鱼"的意思，但是这个分布和鱼一点关系也没有。这个名字非常的直观，来自数学家 Siméon-Denis Poisson（1781—1840）的名字。

泊松分布与二项分布非常相似，研究的是一个事件发生的次数。它们的差别是微妙的。二项分布着眼于我们在一个固定的试验总数中成功的次数，而泊松分布测量了在连续的空间或时间内离散事件发生的次数。没有"总"的 $n$ 值，泊松分布是由一个参数定义的。

下面的问题可以用泊松分布来回答。

- 我走路回家会捡到多少便士？
- 今天有多少孩子将在医院出生？
- 播出一个新的电视广告后，我会卖出多少产品？
- 喷洒杀虫剂后我能杀死多少蚊子？
- 每售出 100m 的绳子有多少缺陷？

这个分布的细小差别在于，计算事件数量的随机变量 $X$ 可以取任意非负整数值。换句话说，我可以走路回家，在街上捡不到便士，我也可能找到 1 便士；也有可能（虽然不太可能，如果附近的运钞车爆炸），我会发现 10 便士、100 便士或 10000 便士。

与二项分布中用参数 $p$ 表示一个概率组分不同，这次我们用"lambda"或 $\lambda$ 参数来表示在我们试验中"平均或期望"的事件发生数（图 6.7）。泊松分布的概率质量函数可由下式计算：

$$P(X = k) = \frac{e^{-\lambda} \lambda^k}{k!} \tag{6.14}$$

**代码"ISP_distDiscrete.py"**[2]：展示了不同的离散分布函数。

---

1　https://github.com/thomas-haslwanter/statsintro_python/tree/master/ISP/Code_Quantlets/06_Dist ributions/binomialTest.

2　https://github.com/thomas-haslwanter/statsintro_python/tree/master/ISP/Code_Quantlets/06_Dist ributions/distDiscrete.

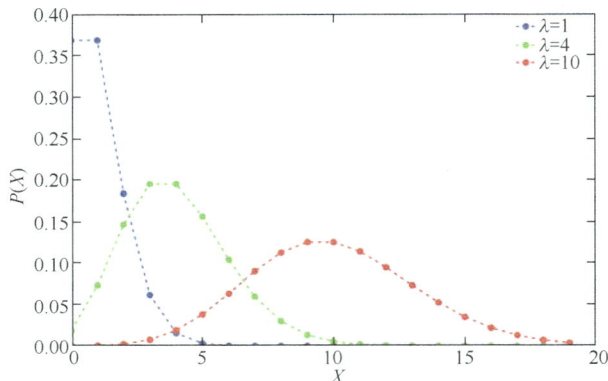

图 6.7    泊松分布。再次注意，只有整数 $X$ 才合法。两者之间的虚线仅仅便于将值分组到各个分布参数

## 6.3    正态分布

正态分布或高斯分布是所有分布函数中最重要的（图 6.8）。这是由于当样本数足够大的时候，所有分布函数的平均值都趋近正态分布（见 6.3.2 小节）。数学上，正态分布的特征由平均值 $\mu$ 和标准差 $\sigma$ 确定。

$$f_{\mu,\sigma}(x) = \frac{1}{\sigma\sqrt{2\pi}} e^{-(x-\mu)^2/2\sigma^2} \tag{6.15}$$

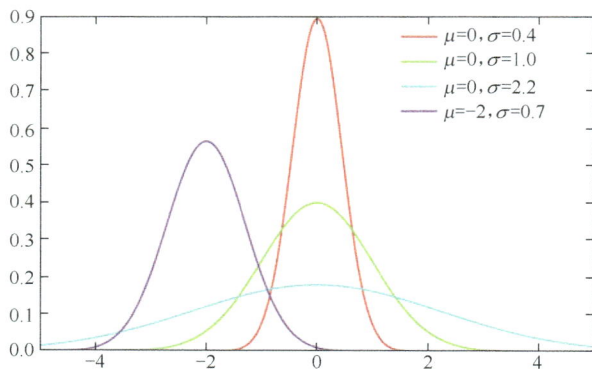

图 6.8    不同参数 $\mu$ 和 $\sigma$ 的正态分布

其中，$-\infty < x < \infty$，$f_{\mu,\sigma}$ 是正态分布的概率密度函数（PDF）。和离散型分布的概率质量函数（PMF）相比，PMF 只针对离散的整数定义，而 PDF 针对的是连续的数值。标准正态分布是均值为 0，标准差为 1 的正态分布，并且有时被称作 z 分布。

对于更小的样本量，样本分布的变异程度较大。比如，观察从正态分布随机抽取的 100 个样本的 25 个分布（图 6.9）。

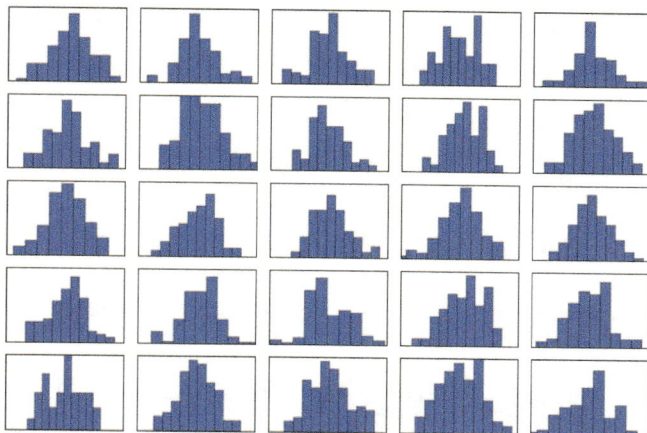

图 6.9　25 个随机生成含有 100 个样本点的分布，来自标准正态分布

　　带有参数 $\mu$ 和 $\sigma$ 的正态分布写作 $N(\mu, \sigma)$（表 6.2）。如果 $X$ 的随机变数服从期望是 $\mu$、标准差是 $\sigma$ 的正态分布，就写作：$X \in N(\mu, \sigma)$（图 6.10）。

表 6.2　正态分布的尾部，由均值和标准差表示之间的距离

| 范围 | 概率 | |
|---|---|---|
| | 范围内 | 范围外 |
| Mean ± 1SD | 68.3 % | 31.7 % |
| Mean ± 2SD | 95.4 % | 4.6 % |
| Mean ± 3SD | 99.7 % | 0.27 % |

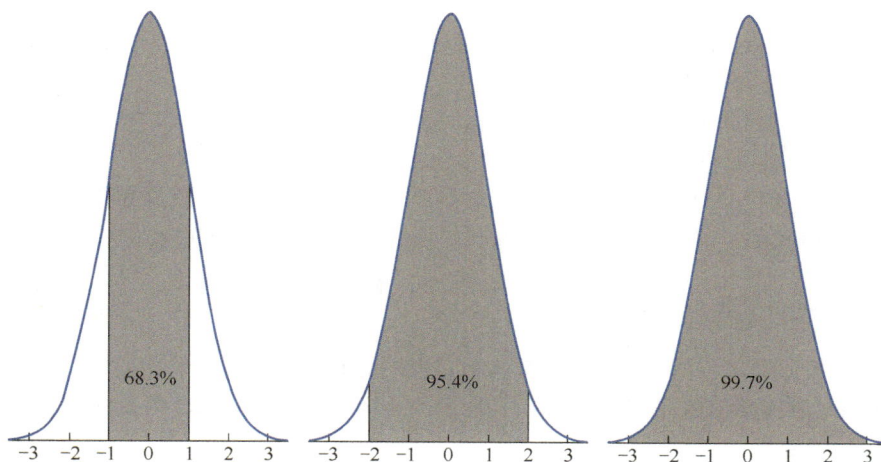

图 6.10　正态分布的 ±1 个、2 个、3 个标准差下的面积

**代码 "ISP_distNormal.py"** [1]：展示了对正态分布函数的简单操作。

```
In [1]:     import numpy as np
In [2]:     from scipy import stats

In [3]:     mu = -2
In [4]:     sigma = 0.7
In [5]:     myDistribution = stats.norm(mu, sigma)
In [6]:     significanceLevel = 0.05

In [7]:     myDistribution.ppf([significanceLevel/2, 1-significanceLevel/2] )
Out[8]:     array([-3.38590382, -0.61409618]
```

从图 6.8 的蓝色曲线中计算 PDF 中包含 95% 数据的区间的例子。

**正态分布的和**

正态分布的一个很重要的特性就是，两个正态分布的和（或差）也同样是一个正态分布，即，如果

$$X \in N(\mu_X, \sigma_X^2)$$
$$Y \in N(\mu_Y, \sigma_Y^2)$$
$$Z = X \pm Y,$$

那么

$$Z \in N(\mu_X \pm \mu_Y, \sigma_X^2 + \sigma_Y^2) \tag{6.16}$$

也就是说，二者的和的方差是二者方差的和。

## 6.3.1　正态分布的例子

- 如果男性平均升高是 175cm，标准差是 6cm，那么一个随机选择的男性身高是 183cm 的概率是多少？
- 如果假定罐头的标准偏差为 4g，那么平均重量需要是多少，才可以确保 99% 罐头的重量至少为 250g ？
- 如果男性平均身高 175cm、标准偏差为 6cm，女性的平均身高为 168cm、标准偏差为 3cm，那么随机选择的男性比随机选择的女性要矮的概率是多少？

## 6.3.2　中心极限定理

中心极限定理说的是，一个足够大数量的同分布的随机变量的均值，将近似服从正态分布。换句话说，无论分布如何，均值的抽样分布趋于正态。图 6.11 显示，对超

---

1　https://github.com/thomas-haslwanter/statsintro_python/tree/master/ISP/Code_Quantlets/06_Dist ributions/distNormal。

过 10 个均匀分布的数据进行平均化，已经能够产生平滑的近似高斯分布。

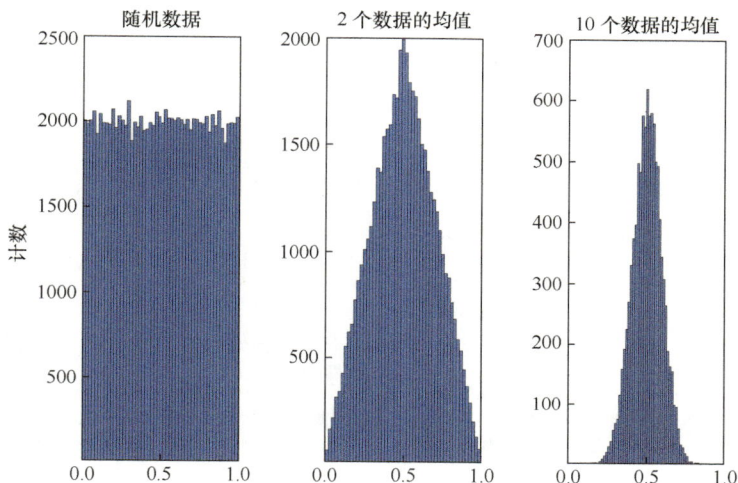

图 6.11 展示均匀分布的中心极限定理：（左）在 0 和 1 之间随机数均匀分布的直方图；（中）两个数据点均值的直方图；（右）10 个数据点均值的直方图

代码 "ISP_centralLimitTheorem.py"[1]：演示了对超过 10 个均匀分布的数据进行平均化，已经能够产生近似的高斯分布。

### 6.3.3 分布和假设检验

为了说明分布函数和假设检验之间的关系，让我一步一步地分析下面的问题。

美国新生儿的平均体重为 3.5kg，标准偏差为 0.76kg。如果我们想检查出所有与普通婴儿显著不同的孩子，我们应该如何处理一个出生体重为 2.6kg 的孩子？

我们可以用假设检验的形式重新阐述这个问题：我们的假设是，该婴儿来自健康婴儿的总体。根据这个婴儿的体重，我们可以保留这个假设，或者我们应该拒绝这个假设。

为了回答这个问题，我们可以按照如下处理。

■ 找到描述健康婴儿特征的分布 → $\mu$=3.5，$\sigma$=0.76。

■ 计算在我们感兴趣的值处的 CDF → CDF（2.6kg）= 0.118。换句话说，一个健康的婴儿的体重比平均体重轻至少 0.9kg 的概率是 11.8%。

■ 由于这是正态分布，健康婴儿比平均婴儿体重重至少 0.9kg 的概率也是 11.8%。

■ 解释结果 → 如果该婴儿是健康的，那么它的体重偏离均值至少 0.9kg 的概率是 2 × 11.8% = 23.6%。这并不显著，所以我们没有足够的证据拒绝我们

---

1 https://github.com/thomas-haslwanter/statsintro_python/tree/master/ISP/Code_Quantlets/06_Dist ributions/centralLimitTheorem。

的假设，所以我们认为该婴儿是健康的（图 6.12）。

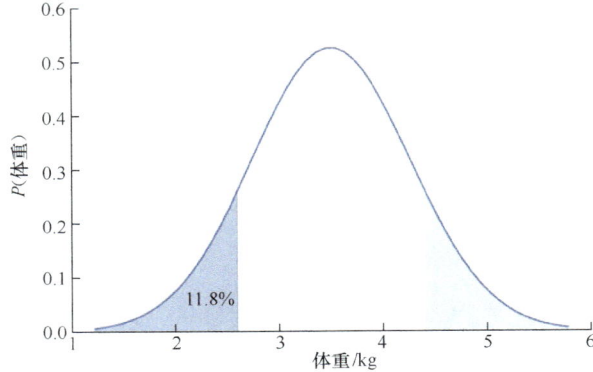

图 6.12    一个健康婴儿的体重在 2.6kg 或以下的概率是 11.8%（暗色区域）。而其体重和
均值的差异大于或等于 2.6kg 的概率是这个的两倍，所以浅色区域也要被考虑进来

```
In [1]: from scipy import stats

In [2]: nd = stats.norm(3.5, 0.76)

In [3]: nd.cdf(2.6)
Out[3]: 0.11816
```

**注意**：最开始的假设经常被称作零假设。在我们的例子中，这表示我们假定该
婴儿来自的分布和健康婴儿的人群之间无差别。

## 6.4    来自正态分布的连续型分布

一些常见的连续型分布和正态分布关系紧密。

- $t$ 分布：正态分布的总体中，样本均值的样本分布。通常用于小样本数且
真实的均值/标准差不知道的情况。
- 卡方分布：用于描述正态分布数据的变异程度。
- $F$ 分布：用于比较两组正态分布的变异程度。

下面我们将讨论这些连续型分布函数。

**代码 "ISP_distContinuous.py"** [1]：展示了不同的连续型分布函数。

### 6.4.1    $t$ 分布

1908 年，在都柏林的吉尼斯啤酒厂工作的 W. S. Gosset 被小样本的问题所吸引，

---

1    https://github.com/thomas-haslwanter/statsintro_python/tree/master/ISP/Code_Quantlets/06_Dist ributions/
distContinuous。

比如说大麦的化学性质，其样本量经常低至 3 左右。由于在这些测量中，均值的真实方差并不知道，所以必须用均值的标准误来近似。样本均值和标准误之间的比例服从一个未知的分布，直到笔名为 "Student" 的 Gosset 解决了这个问题。对应的分布就是 $t$ 分布，并在大样本量时收敛于正态分布（图 6.13）。由于 Gosset 的笔名叫 "Student"，该分布又叫作 "Student" 分布。

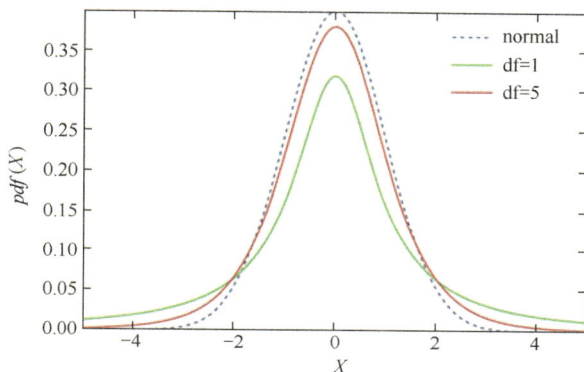

图 6.13 $t$ 分布

由于在大多数情况下，总体的均值和方差是未知的，我们在分析样本数据的时候一般都是处理 $t$ 分布。

如果 $\bar{x}$ 是样本的均值，$s$ 是样本的标准差，最终的统计量是

$$t = \frac{\bar{x} - \mu}{s / \sqrt{n}} = \frac{\bar{x} - \mu}{SE} \tag{6.17}$$

$t$ 分布的一个非常常见的应用就是计算均值的置信区间。95% 置信区间 (CI) 的宽度，也就是说，这个区间在 95% 的情况下包含了真实的均值，该置信区间和包含 95% 样本均值的总体均值的宽度相同（公式 6.17）。

$$ci = mean \pm se \times t_{df,\alpha} \tag{6.18}$$

下面的例子展示了对于 $n$=20 来说，如何计算 $t$ 值并求其 95% 可信区间。95% 可信区间的低端是大于分布 2.5% 的值；而其上端的值是大于分布的 97.5% 的值。这些值可以通过百分点函数或逆生存函数获得。作为对比，我也计算了正态分布对应的值。

```
In [1]: import numpy as np
In [2]: from scipy import stats
In [3]: n = 20
In [4]: df = n-1
In [5]: alpha = 0.05

In [6]: stats.t(df).isf(alpha/2)
Out[6]: 2.093
```

```
In [7]: stats.norm.isf(alpha/2)
Out[7]: 1.960
```

在 Python 中，均值的 95% 可信区间可以用一行代码得到。

```
In [8]: alpha = 0.95
In [9]: df = len(data)-1
In [10]: ci = stats.t.interval(alpha, df,
            loc=np.mean(data), scale=stats.sem(data))
```

由于 $t$ 分布的尾部比正态分布长，它更不容易受极端例子的影响（见图 6.14）。

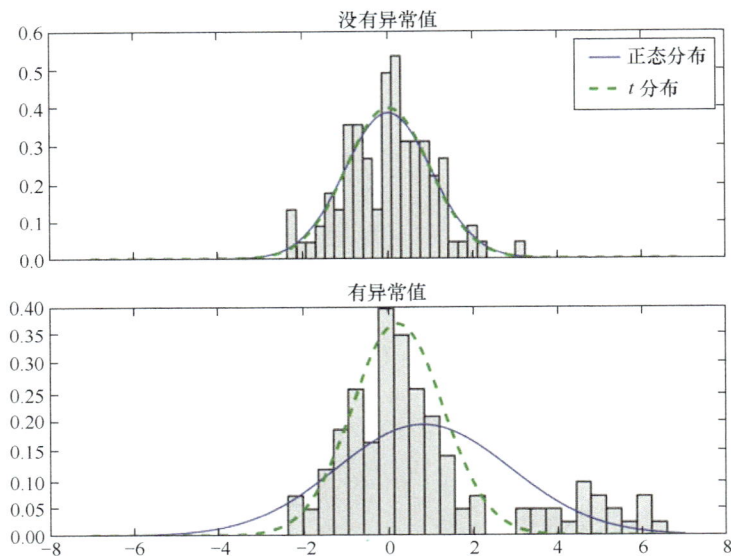

图 6.14    $t$ 分布在处理异常值时比正态分布更加稳健。（上图）以来自正态分布的样本进行最佳拟合的正态分布和 $t$ 分布。（下图）是相同的分布，但是加上了 20 个异常值，这些异常值在 5 附近呈正态分布

## 6.4.2    卡方分布

### 1. 定义

卡方分布以一种很简单的方式和正态分布产生关联：如果一个随机变量 $X$ 服从正态分布（$X \in N(0,1)$），那么 $X^2$ 服从卡方分布，其自由度是 1（$X^2 \in \chi_1^2$）。$n$ 个独立的标准正态随机变量的平方和有 $n$ 个自由度（图 6.15）。

$$\sum_{i=1}^{n} X_i^2 \in \chi_n^2 \tag{6.19}$$

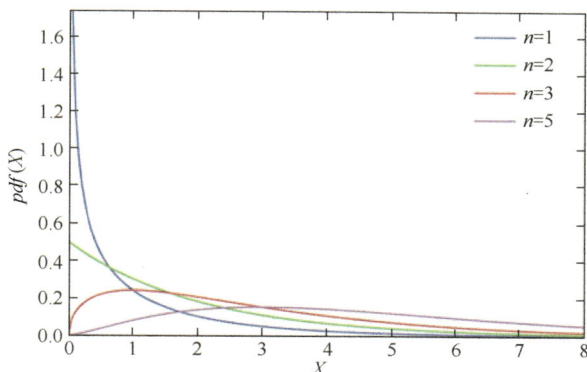

图 6.15   卡方分布

## 2. 应用例子

一个药品制造商接到一个药品订单，需要发货的药片的标准差为 $\sigma = 0.05$。从下一批次的药品开始，$n = 13$ 的随机样本的重量为 3.04g、2.94g、3.01g、3.00g、2.94g、2.91g、3.02g、3.04g、3.09g、2.95g、2.99g、3.10g、3.02g。

问题   标准差是否高于准许值？

回答   由于卡方分布描述了来自标准正态分布的随机变量的平方和，我们不得不在计算相应的 CDF 值之前正态化我们的数据：

$$SF_{\chi^2(n-1)} = 1 - CDF_{\chi^2_{(n-1)}}\left(\sum\left(\frac{x-\bar{x}}{\sigma}\right)^2\right) = 0.1929 \tag{6.20}$$

解释   如果这一批药来自标准差为 $\sigma=0.05$ 的一个分布，那么得到一个大于或等于我们观察到的卡方值的可能性大约是 19%，所以这并不反常。换句话说，这批药符合期望的标准差。

**注意：** DOF 的值为 $n-1$，因为我们只关心分布的形状，这 $n$ 个数据的均值已经从所有数据点中减掉了。

```
In [1]: import numpy as np
In [2]: from scipy import stats
In [3]: data = np.r_[3.04, 2.94, 3.01, 3.00, 2.94, 2.91, 3.02,
                     3.04, 3.09, 2.95, 2.99, 3.10, 3.02]
In [4]: sigma = 0.05
In [5]: chi2Dist = stats.chi2(len(data)-1)
In [6]: statistic = sum( ((data-np.mean(data))/sigma)**2 )

In [7]: chi2Dist.sf(statistic)
Out[7]: 0.19293
```

### 6.4.3　F 分布

**1. 定义**

该分布以 Ronald Fisher 先生的名字命名，他发明了 F 分布来决定 ANOVA（方差分析，见 8.3.1 小节）中的关键值。

如果想要调查下两个组别是否具有相同的方差，我们就必须计算两组标准差平方的比值：

$$F = \frac{S_x^2}{S_y^2} \tag{6.21}$$

其中 $S_x$ 是第一个样本的样本标准差，$S_y$ 是第二个样本的样本标准差。

这个统计量的分布就是 F 分布。在 ANOVA 中的应用来说，F 分布的临界值经常通过 3 个变量计算得到：

- ANOVA 分子的自由度；
- ANOVA 分母的自由度；
- 显著性水平。

ANOVA 比较了两个不同样本之间的方差大小。用大的方差除以小的方差来完成的。最终的 F 统计量的公式如下（图 6.16）：

$$F(r_1, r_2) = \frac{\chi_{r_1}^2 / r_1}{\chi_{r_2}^2 / r_2} \tag{6.22}$$

其中 $\chi_{r_1}^2$ 和 $\chi_{r_2}^2$ 分别是样本 1 和样本 2 的卡方统计量，$r_1$ 和 $r_2$ 是他们的自由度。

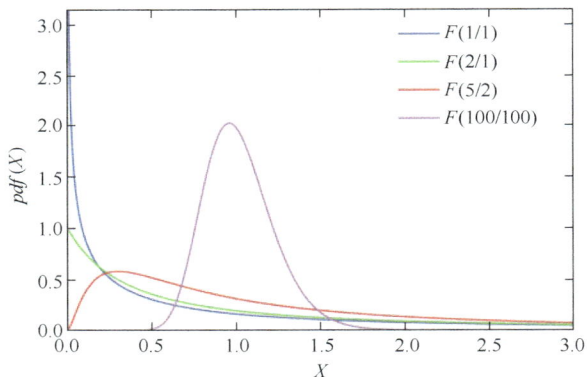

图 6.16　F 分布

**2. 应用例子**

举个例子来说，我们想比较两种测量眼睛运动的方法的准确度。这两种方法有不同的精确度和准确度。如图 6.17 所示，精确度描述了真实值和测量值之间的差异，而准确度由测量的变异程度决定。我们想用这个检验来决定两种方法的准确度是否相同，还是其中一种方法比另一种更准确。

当你向右边看 20°，你会得到下列数据：

方　法　1: [20.7, 20.3, 20.3, 20.3, 20.7, 19.9, 19.9, 19.9, 20.3, 20.3, 19.7, 20.3]

方法 2: [ 19.7, 19.4, 20.1, 18.6, 18.8, 20.2, 18.7, 19. ]

$F$ 统计量是 $F = 0.244$，并且有 $n-1$ 和 $m-1$ 的自由度，$n$ 和 $m$ 是每个方法的记录数。下面的示例代码展示了 $F$ 统计量在分布的尾部 (p_oneTail=0.019)，所以我们拒绝了两种方法有相同准确度的假设。

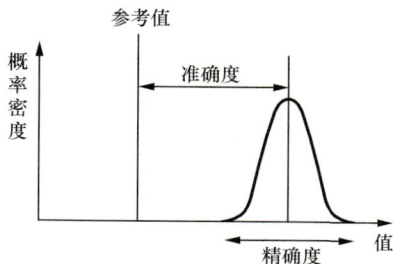

图 6.17　精确度和准确度是一种测量方法的两种特征

```python
import numpy as np
from scipy import stats

method1 = np.array([20.7,  20.3,  20.3,  20.3,  20.7,  19.9,
                    19.9,  19.9,  20.3, 20.3,  19.7,  20.3])
method2 = np.array([ 19.7,  19.4,  20.1,  18.6,18.8,  20.2,
                    18.7,  19. ])

fval = np.var(method1, ddof=1)/np.var(method2, ddof=1)
fd = stats.f(len(method1)-1,len(method2)-1)
p_oneTail = fd.cdf(fval)    # -> 0.019

if (p_oneTail<0.025) or (p_oneTail>0.975):
    print('There is a significant difference'
            ' between the two distributions.')
else:
    print('No significant difference.')
```

## 6.5　其他连续型分布

有一些分布和正态分布没有直接关系，下面简要地介绍它们。

■　对数正态分布：在对数坐标系上绘制的正态分布。我们经常将强烈偏斜的分布通过对数转换成正态分布。

■　韦伯分布：主要用于可靠性或生存数据。

■　指数分布：指数曲线。

■　均匀分布：所有的值的可能性都相同。

## 6.5.1    对数正态分布

正态分布是最容易处理的。在某些情况下，一组正偏态分布的数据可以通过取对数来转换成对称的正态分布。对一个偏态分布的数据取对数常常能让分布更接近正态（见图 6.18）。

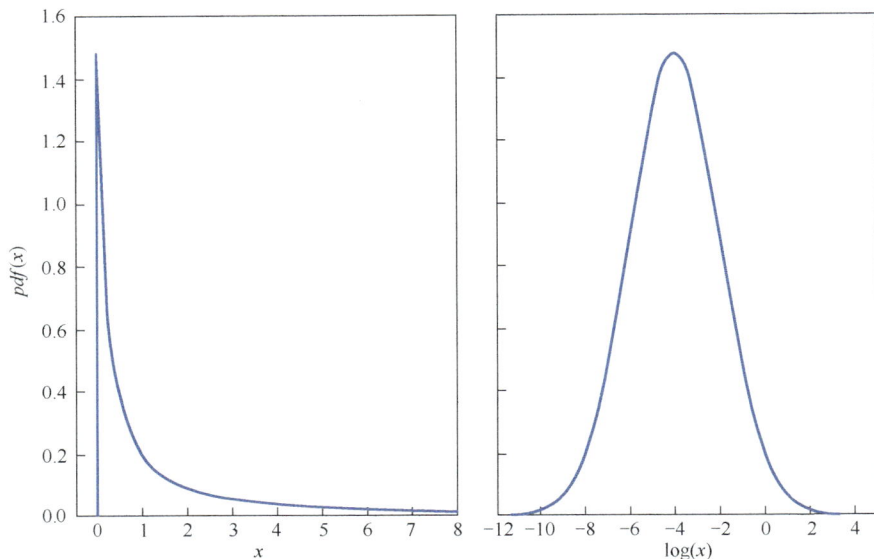

图 6.18    对数正态分布，在线性横坐标（左）和对数横坐标（右）下绘制。

## 6.5.2    韦伯分布

给可靠性数据或生存数据建模的时候，韦伯分布是最常用的。它有两个参数，让它能够处理增加的、减少的、保持不变的失败率（见图 6.19）。由下面式子定义：

$$f_x(x) = \begin{cases} \dfrac{k}{\lambda}\left(\dfrac{x}{\lambda}\right)^{k-1} \mathrm{e}^{-(x/\lambda)^k} & x \geqslant 0 \\ 0 & x < 0 \end{cases} \tag{6.23}$$

其中 $k > 0$ 是分布的形状参数，$l > 0$ 是分布的尺度参数。（这是使用偏度和峰度之外的形状参数的不常见的情形之一。）它的互补累积分布函数是一个拉伸的指数函数。

如果 $x$ 的值为"失败的时间"，那么韦伯分布表示的是失败率和时间的指数是成比例的。形状参数 $k$，就是那个指数加一，所以这个参数可以直接被如下解释。

■    $k < 1$ 的值表示失败率随时间降低。这经常发生在有显著"初生儿死亡"的情况，和有缺陷的项目早期就失败了的情况，因为有缺陷的项目已经被剔除出总体了，所以失败率随着时间降低。

■ $k = 1$ 的值表示失败率不随时间改变。这提示我们也许是随机的外部事件导致了死亡或失败。

■ $k > 1$ 的值表示失败率随时间增加。这常常出现在"老化"过程或部件中，随着时间流逝，这些过程或部件更容易出问题。一个例子就是有内建缺陷的产品在保质期后很快就出故障了。

在材料科学领域，强度分布的形状参数 $k$ 被称为韦伯系数。

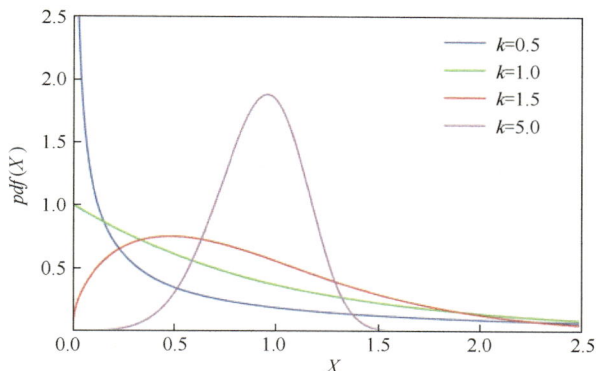

图 6.19　韦伯分布。所有曲线的尺度参数都是 $\lambda=1$

## 6.5.3　指数分布

对于一个服从指数分布的随机变量来说，其概率分布函数是

$$f_x(x) = \begin{cases} \lambda e^{-\lambda x}, & x \geq 0 \\ 0, & x < 0 \end{cases} \tag{6.24}$$

指数的 PDF 见图 6.20。

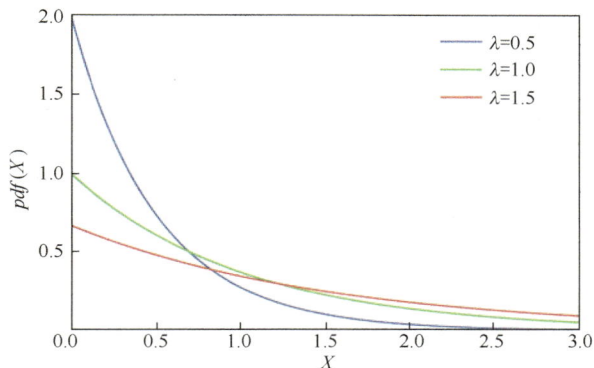

图 6.20　指数分布

## 6.5.4　均匀分布

这很简单：所有的数据值的概率都相同（图 6.21）。这在现实数据中不是很常见。

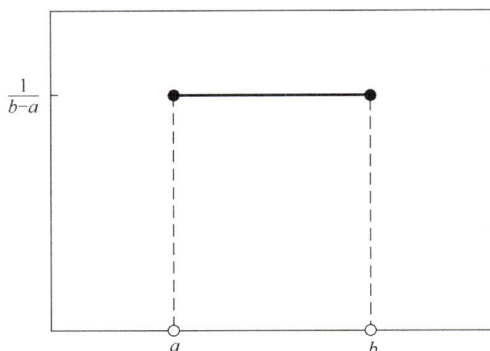

图 6.21　均匀分布

# 6.6　练习

### 6-1　样本的标准差

创建一个 numpy 数组，包含数据 1，2，3，…，10。计算均值和样本的标准差。（标准差的正确答案是 3.03。）

### 6-2　正态分布

- 生成并绘制均值为 5、标准差为 3 的正态分布的概率密度图。
- 从该分布中生成 1000 个随机数据。
- 计算这些数据均值的标准差（正确答案：0.096）。
- 绘制这些数据的直方图。
- 从 PDF 来计算包含 95% 数据的区间（正确答案：[-0.88, 10.88]）。
- 你的医生告诉你，只要植入物大小比指定的大小更大或更小 1mm 之内，都可以使用该植入物进行手术。你的财务官告诉你，如果每 1000 个植入物丢掉一个，你仍然可以盈利。

那么髋关节植入物的标准差需要是多少，才能够同时满足这两个要求？（正确答案，$\sigma = 0.304\text{mm}$）

### 6-3　连续型分布

- $t$ 分布：测量你同事的体重，得到如下数据：52kg、70kg、65kg、85kg、

62kg、83kg、59kg。计算相应的均值和均值 99% 的置信区间。注意：如果你有 $n$ 个值，那么 $t$ 分布的自由度是 $n–1$。（正确答案：68.0 ± 17.2kg）

■ **卡方分布**：创建 3 个正态分布数据集（均值 =0，标准差 =1），每个数据集都有 1000 个样本。接着取他们的平方和（这样你就有 1000 个数据点），并且创建带有 100 个区间的直方图。这应该和有 3 个自由度的卡方分布的曲线很相似。（也就是说，它会在左边下降，见图 6.22）

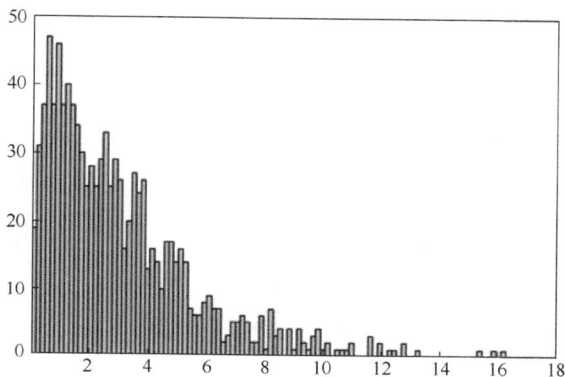

图 6.22 3 个自由度的卡方分布

■ **F 分布**：你有两颗苹果树。第一棵树上有 3 个苹果，分别重 110g、121g、143g，第二棵树上有 4 个苹果，分别重 88g、93g、105g、124g。这两棵树的方差相同吗？

**注意**：计算相应的 $F$ 值，并检查对应的 $F$ 分布的 CDF 是否小于 0.025。（正确答案：否）

## 6-4 离散分布

■ **二项分布**。"根据研究，在欧洲以下地区，纯蓝色的眼睛出现频率最高：芬兰、瑞典、挪威（72%），其次是爱沙尼亚、丹麦（69%）；拉脱维亚、爱尔兰（66%）；苏格兰（63%）；立陶宛（61%）；荷兰（58%）；白俄罗斯、英国（55%）；德国（53%）；波兰、威尔士（50%）；俄罗斯、捷克共和国（48%）；斯洛伐克（46%）；比利时（43%）；奥地利、瑞士、乌克兰（37%）；法国、斯洛文尼亚（34%）；匈牙利（28%）；克罗地亚（26%）；波斯尼亚和黑塞哥维那（24%）；罗马尼亚（20%）；意大利（18%）；塞尔维亚、保加利亚（17%）；西班牙（15%）；格鲁吉亚、葡萄牙（13%）；阿尔巴尼亚（11%）；土耳其和希腊（10%）。进一步分析表明，欧洲蓝眼睛的平均发生率为 34%，北欧地区为 50%，南欧为 18%。"

如果在教室里有 15 个奥地利学生，那么找到 3 个、6 个或 10 个蓝眼睛学生的概率是多少？（正确答案：9%、20.1%、1.4%）

■ **泊松分布**。2012 年，奥地利街头发生了 62 起致命事故。假设这些事故是均匀分布的，我们平均每周有 62/（365/7）= 1.19 起致命事故。在给定的一周内，没有发生、发生 2 次或发生 5 次事故的概率有多大？（正确答案：30.5%、21.5%、0.6%）

# 第7章
# 假设检验

本章描述了统计数据分析的典型工作流程。应特别注意对数据进行视觉上和定量的正态检验。接着解释了假设检验的概念和不同类型的错误，并讨论了 $p$ 值的解释。最后，介绍并解释了灵敏度和特异度的一般检验概念。

## 7.1 典型分析步骤

在"旧时代"（在计算机拥有几乎无限的计算能力之前），数据的统计分析通常仅限于假设检验：你制定一个假设，收集你的数据，然后接受或拒绝这个假设。由此产生的假设检验构成了迄今为止医学和生命科学中大多数分析的基本框架，而最重要的假设检验将在下面的章节中描述。

功能强大的计算机的出现改变了游戏规则。现在，对统计数据的分析是（或者至少应该是）一个高度交互化的过程：你查看数据，并生成可以解释你数据的模型。然后确定这些模型的最佳拟合参数，并通常是通过查看残差来检查这些模型。如果你对结果不满意，你可以修改模型来改进模型和数据之间的对应关系；当你满意了，就可以计算模型参数的置信区间，并根据这些值形成解释。我们在第 11 章介绍这种类型的统计分析。

无论哪种情况，你都应该从下列步骤开始。

- 视觉上检查下数据。
- 找到极端的样本，并仔细检查它们。
- 确定这些值的数据类型。
- 如果数据是连续型的，检查它们是否是正态分布。
- 选择并进行合适的检验，或用基于模型的数据分析方法开始分析。

### 7.1.1 数据筛选和离群值

数据分析的第一步是对数据进行目视检查。我们的视觉系统是非常强大的，如果数据被正确地显示，数据特征的趋势可以清晰可见。此外还要检查第一个和最后一个数据值是否已经正确读入了，我们推荐你检查缺失的数据和离群值。

离群值没有唯一的定义。然而，对于正态分布的样本，他们通常被定义为数据

在离样本均值超过 $1.5 \times IQR$（4 分位数间距），或两个以上的标准偏差之外的数据。离群值常常是由下列两种情况中的一种造成的：它们要么是由于记录中的错误造成的，在这种情况下，它们应该被排除在外；要么它们构成了非常重要和有价值的数据点，在这种情况下，它们必须包含在数据分析中。要决定情况属于这两种情况中的哪一种，您必须检查底层的原始数据（用于饱和或无效的数据值），以及您的实验计划（可能是在记录过程中发生的错误）。如果检测到潜在的问题，那么只有在这种情况下可以删除分析中的异常值。在其他情况下，数据都必须保留！

## 7.1.2　正态性检验

统计假设检验可分为参数检验和非参数检验。参数检验假定数据可以由一个或多个参数定义的分布很好地描述，在大多数情况下是通过正态分布来描述的。对于给定的数据集，需要确定并解释该分布的最佳拟合参数和它们的置信区间。

然而，该方法只在给定的数据集实际上能够被选择的分布近似的时候才工作正常。如果不是这样的话，参数检验的结果会完全错误。这种情况下，就必须使用非参数检验，尽管灵敏度不高，但是正因如此，它不依赖数据服从特定的分布。

### 1. 概率图

在统计学中，有许多工具用于视觉评估分布。存在大量的视觉化的方法来比较两个概率分布，比较二者之间的分位数，或紧密相关的参数。

**QQ- 图**　QQ 图中的 "Q" 代表的是 quantile（分位数）。将给定数据集的分位数和参考分布的分位数一起绘制，参考分布通常是正态分布。

**PP- 图**　将给定数据集的 CDF（累积分布函数）和参考分布的 CDF 一起绘制。

**概率图**　绘制了给定数据集的有序数值和参考分布的分位数。

在所有这 3 种情况下，结果都是类似地：如果进行比较的两个分布是类似地，那么点会近似地沿着线 $y=x$ 分布。如果分布是线性相关的，点会近似地沿着一条直线分布，但不一定是 $y=x$ 这条线（图 7.1）。

在 Python 中，概率图可以用下列命令生成。

```
stats.probplot(data, plot=plt)
```

为了理解这些图背后的原理，我们来看看图 7.2 右边的图形。我们有 100 个来自卡方分布的随机数据点，很显然它们是不对称的（图 7.2 左）。第一个数据点的 $x$ 值（大概）是正态分布（stats.norm().ppf(0.01)）的 1/100 分位数，对应的是 –2.33。（精确的值有一点偏差，因为做了细微的校正，被称作 "Filliben 估计"）$y$ 的值是我们数据集中最小的数值。类似地，第二个 $x$ 值近似对应于 stats.norm().ppf(0.02)，并且第二个 $y$ 的值是数据集中第二小的值，以此类推。

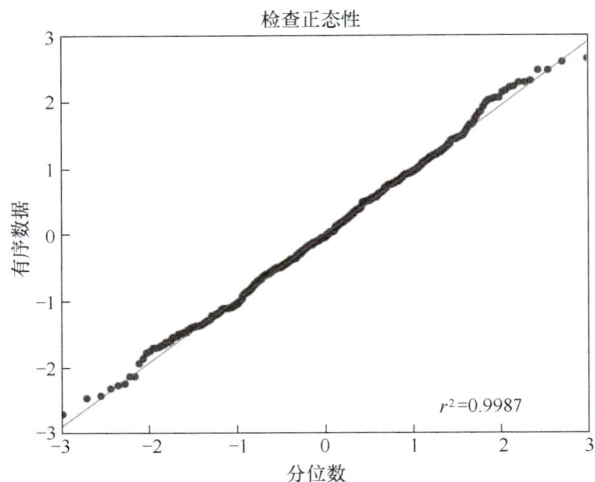

图 7.1　概率图，用来检查样本分布的正态性

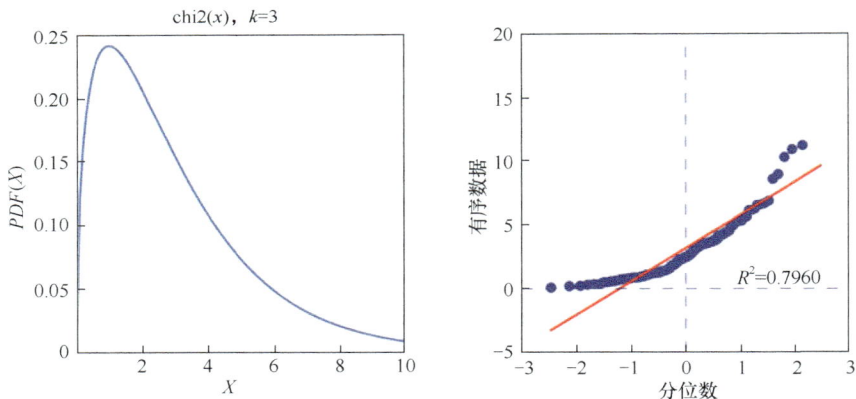

图 7.2　（左）卡方分布的概率密度函数（ $k=3$ ），显然是非正态的；（右）对应的概率图

## 2. 正态性检验

在正态性检验中，会出现不同的挑战：有时候只有很少的样本，而其他时候虽然有大量数据，但是有一些极端异常的值。为了应对这些不同的情况，我们开发了不同的正态性检验方法。这些正态性（或与特定分布的相似性）评估的检验可以大体上分为两类。

（1）基于和给定分布比较（"最佳拟合"）的检验，常常根据它的 CDF 来确定。例如 Kolmogorov-Smirnov 检验、Lilliefors 检验、Anderson-Darling 检验、Cramer-von Mises 准则、Shapiro-Wilk 和 Shapiro-Francia 检验。

（2）基于样本的描述性统计学的检验。例如偏度检验、峰度检验、D'Agostino-Pearson omnibus 检验或 Jarque-Bera 检验。

例如，Lilliefors 检验，是基于 Kolmogorov-Smirnov 检验的一个检验，它定量地计算样本的经验分布函数和参考分布的累积分布函数之间的距离（图 7.3），或者是两个样本之间的经验分布函数的距离。（最初的 Kolmogorov-Smirnov 检验不应该用在样本量小于 300 的样本中。）

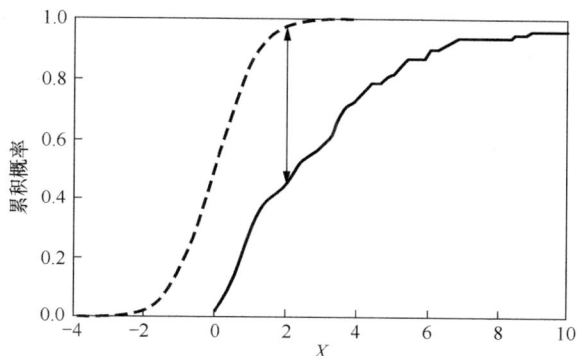

图 7.3　展示 Kolmogorov–Smirnov 统计量。虚线是正态分布的 CDF，实线是卡方分布的经验 CDF（图 7.2），黑色箭头是整合的 K–S 统计量

Shapiro-Wilk W 检验，是基于观测值的排序统计量的协方差矩阵的检验，可以被用于小于等于 50 的样本量下，并且被 Altman (1999)、Ghasemi 和 Zahediasl (2012) 所推荐。

Python 命令 stats.normaltest(x) 使用的是 D'Agostino-Pearson omnibus 检验。该检验综合了偏度和峰度检验，生成了单一、综合的 "omnibus" 统计量。

下面展示的是 Python 模块 C7_1_checkNormality.py 的输出结果，它检查了来自正态分布的 1000 个随机变量的正态性。注意，尽管全数据集的所有检验都表明潜在的分布是正态的，但如果只有前 100 个随机变量被纳入，那么极端值的效应会很大程度取决于检验的类型。

```
p-values for all 1000 data points: ----------------
Omnibus             0.913684
Shapiro-Wilk        0.558346
Lilliefors          0.569781
Kolmogorov-Smirnov  0.898967

p-values for the first 100 data points: ----------------
Omnibus             0.004530
Shapiro-Wilk        0.047102
Lilliefors          0.183717
Kolmogorov-Smirnov  0.640677
```

代码 "ISP_checkNormality.py"[1]：展示了如何图形化并结合不同的定量检验方法来检查给定分布是否是正态的。

### 7.1.3　转换

如果数据与正态分布相差很大，有时可以通过转换数据使分布近似正态。例如，数据通常具有只能是正的值（如人的尺寸），并且有长的正尾：应用对数变换通常可以使这些数据呈正态分布。图 6.18 中演示了这一点。

## 7.2　假设概念、错误、$p$ 值和样本量

### 7.2.1　一个例子

假设你在经营一家私立教育机构。你的合同说，如果当全国平均水平是 100 分时，你的学生在期末考试中得了 110 分，你就能获得奖金了。当结果明显降低，你就会失去你的奖金（因为学生不够好），你必须雇用更多的教师；当结果明显偏高，你也会失去你的奖金（因为你已经花了太多钱在教师身上），你不得不削减教师数量了。

你的 10 个学生在期末考试中的分数如下（图 7.4）：

```
In [1]: import numpy as np
In [2]: scores = np.array([ 109.4, 76.2, 128.7, 93.7, 85.6,
                 117.7, 117.2, 87.3, 100.3, 55.1])
```

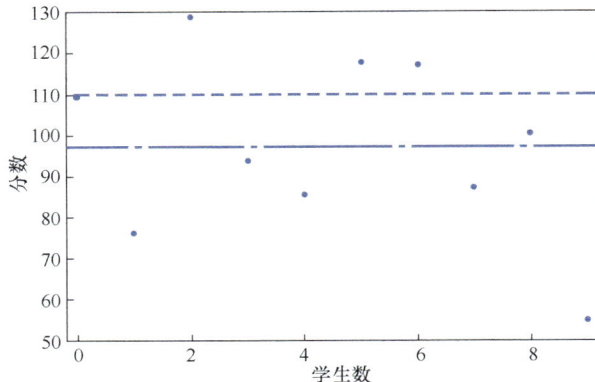

图 7.4　我们要问的问题是：基于我们的样本均值（点虚线）和观测到的数据方差（样本方差），我们是否认为总体均值与 110（虚线）不同？或者换句话说：我们的零假设是，总体均值和 110 之间的差异是 0。根据数据来看，我们能保持我们的零假设，还是不得不拒绝它？

---

1　https://github.com/thomas-haslwanter/statsintro_python/tree/master/ISP/Code_Quantlets/ 07_CheckNormality_CalcSamplesize/checkNormality。

我们想回答的问题：分数的均值（97.1）是否和 110 显著不同？

正态性检验（stats.normaltest(scores)）表示数据很可能是来自一个正态分布。由于我们不知道我们检验的学生结果的总体方差，我们必须尽力去猜测样本方差（同样，见图 5.1）。同时我们知道样本均值和总体均值之间的标准化的差异，即来自 *t* 分布的 *t* 统计量（公式 6.17）。

我们样本的均值和我们想比较的值（np.mean(scores) –110）的差是 –12.9。通过样本标准差（公式 6.17）进行标准化后，得到 *t*= –1.84。因为 *t* 分布只依赖于样本数量且是一条已知的曲线，我们可以通过下面代码计算得到 |*t*| > 1.84 的 *t* 统计量的可能性。

```
In [3]: tval = (110-np.mean(scores))/stats.sem(scores)   # 1.84
In [4]: td = stats.t(len(scores)-1)                       # "冻结的" t 分布
In [5]: p = 2*td.sf(tval)                                 # 0.0995
```

最后一行代码中的因子 2 是必需的，因为我们必须综合两个概率，*t*<–1.84 和 *t*>1.84。考虑到我们的样本数据，我们可以声明总体均值是 110 的可能性是 9.95%。但是由于我们习惯上将低于 5% 的可能性认为是统计学差异，我们可以做出结论，观察到的 97.1 并没有和 110 显著不同，所以奖金必须发放。

## 7.2.2 推广和应用

### 1. 推广

基于前面的例子，假设检验的一般步骤如下所述（图 5.1 中的手绘表示了许多将要介绍的术语的含义）。

- 从总体中抽取一个随机样本。（在我们的例子中，随机样本就是我们的分数）。
- 构建一个无效假设。（"总体均值和 110 之间没有差异。"）
- 计算一个我们已知概率分布的检验统计量。（在这里是样本均值，由于我们知道来自正态分布的样本均值服从 *t* 分布。）
- 比较观测值的统计量（此处为得到的 *t* 值）和对应的分布（*t* 分布），我们可以得到一个和观测值同样极端或更极端的概率，就是所谓的 *p* 值。

如果 *p* 值小于 0.05，我们拒绝无效假设，并声称有统计学显著差异。如果 *p* 值小于 0.001，那么结果常常被成为高度显著。假设检验最关键的地方就是，所有导致无效假设的结局都将被拒绝。

换句话说，*p* 值表示的是如果无效假设是真的，那么仅仅因为运气而得到一个极端或更极端的值的可能性。

和 *p* 值进行比较的相对的值是显著水平，经常用字母 *α* 表示。显著水平是用户自己选择的，经常被设定为 0.05。

这种对假设进行检验的方式叫作统计学推断。

请记住，$p$ 值仅仅表示在无效假设为真的情况下，得到一个确定的检验统计量的值的可能性——别无其他。

记住，不可能发生的事情确实会发生，即使不是非常频繁。例如，在 1980 年一个叫 Maureen Wilcon 的妇女同时购买了 Rhode Island 和 Massachusetts 的彩票。并且她两注彩票的号码都对了。对她而言不幸的是，她在 Rhode Island 的彩票上选对了 Massachusetts 的所有正确号码，在 Massachusetts 的彩票上选对了所有 Rhode Island 的号码。从统计学角度看，这样的事件 $p$ 值非常小——但它确实发生了。

### 2．额外的例子

例 1　让我们比较两组受试者的体重。零假设是两组体重之间不存在差异。如果统计学比较体重产生的 $p$ 值为 0.03，这意味着，零假设是正确的概率是 0.03，或 3%。由于这个概率小于 0.05，我们说，"两组的体重有显著差异。"

例 2　如果我们要检验一个假设，即一个组的平均值是 7，那么相应的无效假设将是："我们假设我们的总体的平均值和 7 之间没有差异。"

例 3（正态性检验）　如果我们检查一个数据样本是否服从正态分布，零假设就是 "我的数据和正态分布的数据之间没有什么区别"：这里大的 $p$ 值表示数据实际上是正态分布！

## 7.2.3　$p$ 值的解释

零假设的 $p < 0.05$ 的值被解释为：如果零假设是真的，找到比观察到的统计量同样极端的或更极端的一个检验统计量的机会小于 5%。这并不是说零假设是错误的，但更不可能说另一种假设是正确的！

只是呈现 $p$ 值已经不再是统计学数据分析的前沿了。此外还需要给出估计的参数的置信区间。

为了减少数据解释研究中的错误，有时分为探索性研究和验证性研究。举个 Matt Motyl 的例子，他是弗吉尼亚大学的心理学博士生。在 2010 年，从他的近 2000 人的研究数据表明，政治温和派比更极端的政治观点的人能更准确地看到灰色的阴影，其 $p$ 值为 0.01。然而，当他试图重现数据，$p$ 值下降至 0.59。因此，探索性的研究表明某些假设是可能的，但验证性研究表明假设不能成立（Nuzzo 2014）。

一项合作的科学研究展示了探索性和验证性研究之间令人印象深刻的差异，270 位科学家制定并试图重复 2008 年 3 大心理学期刊上发表的 100 篇实验性和相关性研究的发现。尽管 97% 的研究都有统计学显著的结果，但只有 36% 的重复实验是统计学显著的（OSC 2015）！

Sellke（2001）深入研究了这个问题，他推荐在数据产生 $p$ 值的时候，使用 "校

准的 $p$ 值"来估计拒绝无效假设时犯错误的概率:

$$\alpha(p) = \cfrac{1}{1 + \cfrac{1}{-e\,p\log(p)}} \qquad (7.1)$$

其中 e=exp(1),log 是自然对数。比如 $p=0.05$ 会使得 $\alpha = 0.29$,而 $p=0.01$ 会使得 $\alpha = 0.11$。然而,我必须承认在实际研究中,我并没见过谁运用了这个想法。

## 7.2.4　错误的类型

假设检验中,会发生两种类型的错误。

### 1．Ⅰ类错误

Ⅰ类错误是指无效假设是真的时候,结果是显著的。Ⅰ类错误的可能性经常用 $\alpha$ 表示,并且该值在数据分析前就确定。在质量控制中,Ⅰ类错误被叫作生产者风险,因为你在一个产品符合规范要求的情况下拒绝了它。

在图 7.7 中,Ⅰ类错误是,尽管对象是健康的,依然诊断其患有癌症("阳性"检测结果)。

例如,假设澳大利亚的年轻成年人总体的平均 IQ 是 105(即,如果澳大利亚男性比其他人更聪明),并且标准差是 15。我们现在想检查一下在 Linz 的 FH 学生的平均 IQ 是否和澳大利亚的平均值相同,我们选择了 20 个学生。我们设置 $\alpha = 0.05$,也就是说,我们设置显著水平为 95%。让我们现在假定这些学生的平均智商和澳大利亚人的平均智商相同。如果我们重复该研究 20 次,我们发现 20 次中有 1 次,样本均值和澳大利亚平均 IQ 值显著不同。这样的发现将会是错误的结果,哪怕我们的假设是正确的,这都会形成Ⅰ类错误。

### 2．Ⅱ类错误和检验效能

如果我们想回答这样一个问题:"当备择假设实际上是正确的时候,我们有多大可能拒绝无效假设?"换句话说,"检测出真实效果的可能性是多少?"我们面临着一个不同的问题。要回答这些问题,我们需要备择假设。

Ⅱ类错误是,尽管无效假设是错误的,但结果是不显著。在质量控制中,Ⅱ类错误被叫作消费者风险,因为消费者获得了不符合规范要求的产品。

在图 7.7 中,Ⅱ类错误是一个"健康"诊断("阴性"检测结果),尽管对象患有癌症。

这种类型错误的概率常常被称作 $\beta$。一个统计检验的"效能"被定义为 $(1-\beta) \times 100$,并且这也是正确的接受备择假设的概率。图 7.5 展示了统计学检验的效能的含义。注意,你需要一个备择假设才能得到一个检验的效能。

### 3. 解释 $p$ 值的陷阱

换句话说，$p$ 值测量的是假设的证据。不幸的是，$p$ 值经常被错误地看待成拒绝假设的错误概率，或者更糟糕的是，认为其是假设为真的后验概率（即，在数据收集之后）。作为一个例子，想想这种情况，备择假设是，均值是大于无效假设中均值的标准差的分数：在这种情况下，一个产生 $p=0.05$ 的样本可能在备择假设正确的情况下和无效假设正确的情况下等概率地出现。

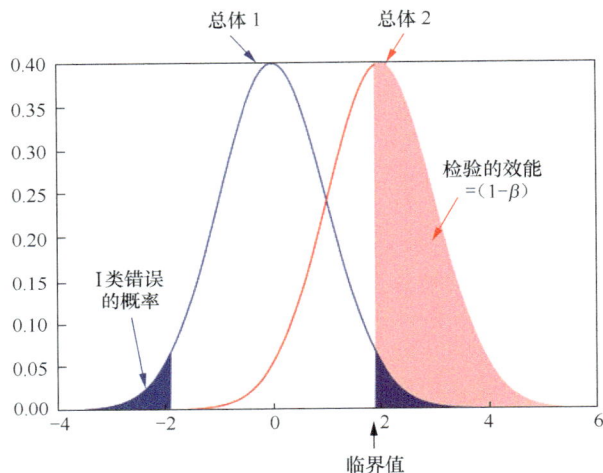

图 7.5　统计学检验的效能，比较两个抽样分布的均值

## 7.2.5　样本量

一个二元假设的敏感度 / 效能是当备择假设是真的时候，检验正确地拒绝了无效假设的概率。

决定统计学检验的效能和计算揭示一定大小效应所需的最小样本量，叫作效能分析。它包括 4 个因素：

（1）$\alpha$，Ⅰ类错误的概率；

（2）$\beta$，Ⅱ类错误的概率（⇒ 检验的效能）；

（3）$d$，效应的大小，即所研究的效应相对样本的标准差 $\sigma$ 的大小；

（4）$n$，样本大小。

这 4 个参数中只有 3 个可以被选择，第 4 个自动地被固定住了。图 7.6 展示了一个增加样本量从而增加检验效能的例子。

将能回答被提出的临床问题的平均治疗结果之间的绝对差异 $D$（$=d\times\sigma$）称作临床显著性或临床相关。

例如，我们常用 Fugl-Meyer 上肢评估来给中风后前臂和手的运动功能评分，最高分为 66 分。在 2014 年，一项对卒中后手臂特定任务的机器人治疗方法的多中心研究表明，该疗法能显著提升 0.78 点分数（Klamroth-Marganska，2014）。虽然这种改善是显著的，但它太小了，以至于在治疗病人上没什么差别，所以没有临床相关性。

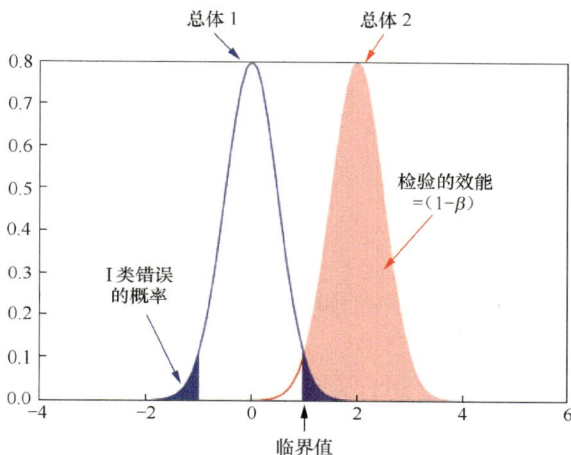

图 7.6 增加样本量对检验效能的影响

## 1. 举例

检验一个均值

如果我们有这样一个假设，即我们抽样的总体均值为 $x_1$，标准差为 $\sigma$，实际的总体均值为 $x_1 + D$，标准差也是 $\sigma$，我们可以用最小的样本量来找到这样的差异：

$$n = \frac{(z_{1-\alpha/2} + z_{1-\beta})^2}{d^2} \tag{7.2}$$

其中 $z$ 是标准化的正态变量。（见 6.3 节）

$$z = \frac{x - \mu}{\sigma} \tag{7.3}$$

并且 $d = \dfrac{D}{\sigma}$ 是效应的大小。

总的来说，如果真实的均值是 $x_1$，我们想要在 $1-\alpha\%$ 的检验中正确地检测；如果真实的均值偏移了 $D$ 或更多，我们想要在至少 $1-\beta\%$ 的概率下检测到。

两个不同总体之间的检验

为了找到两组正态分布均值之间的差异，它们的标准差分别是 $\sigma_1$ 和 $\sigma_2$，为了检测出绝对差异是 $D$，所需的每组最小样本量是

$$n_1 = n_2 = \frac{(z_{1-\alpha/2} + z_{1-\beta})^2 + (\sigma_1^2 + \sigma_2^2)}{D^2} \tag{7.4}$$

### 2. Python 解决方案

statsmodels 很巧妙地利用了上面提到的 4 个变量中有 3 个是独立的这个事实，它将其与 Python 中一个"具名参数"的特征结合起来，提供了一个程序，接受这些参数中的三个作为输入，并计算剩下的第 4 个参数，例如：

```
In [1]: from statsmodels.stats import power

In [2]: nobs = power.tt_ind_solve_power(
                effect_size = 0.5, alpha =0.05, power=0.8 )

In [3]: print(nobs)
Out[3]: 63.76561177540974
```

这告诉我们，如果我们比较两个具有相同个体数和相同标准差的组别，需要 $\alpha=0.05$ 和检验效能为 80%，并且我们想检验的组间差异是标准差的一半大，那么我们需要每组有 64 个个体。

类似地：

```
In [4]: effect_size = power.tt_ind_solve_power(
                alpha =0.05, power=0.8, nobs1=25 )

In [5]: print(effect_size)
Out[5]: 0.8087077886680407
```

这告诉我们，如果我们的 $\alpha=0.05$，检验效能为 80%，每组有 25 个个体，那么组间差异最小是样本标准差的 81%。

检验对应的命令是 tt_solve_power。

### 3. 程序：样本量

**代码 "ISP_sampleSize.py"** [1]：直接计算任意标准差的正态分布的样本量，检测组内的变化，比较两个具有不同方差的独立组别；比 statsmodel 中的函数 power.tt_in_solver_power 更灵活。

## 7.3　灵敏度和特异度

统计学分析中有些更让人迷惑的名词：灵敏度和特异度。相关的主题还有统计学检验的阳性预测值（PPV）和阴性预测值（NPV）。它们之间的关系如图 7.7 所示。

**灵敏度**　也叫作效能。被检验正确识别出来的阳性结果（= 病人患有疾病且检验结果是阳性的概率）。

---

1　https://github.com/thomas-haslwanter/statsintro_python/tree/master/ISP/Code_Quantlets/ 07_CheckNormality_CalcSamplesize/sampleSize。

**特异度**　被检测正确识别出来的阴性结果（＝病人健康且检验结果是阴性的概率）。

**阳性预测值（PPV）**　检测结果为阳性的病人中被正确诊断的比例。

**阴性预测值（NPV））**　检测结果为阴性的病人中被正确诊断的比例。

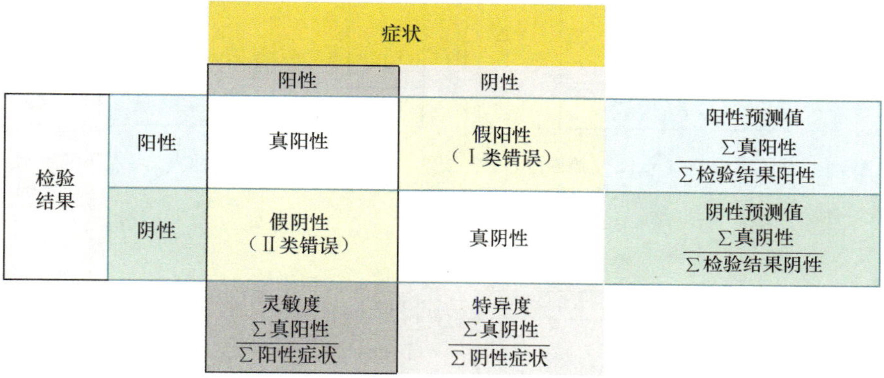

图 7.7　灵敏度、特异度、阳性预测值和阴性预测值之间的关系

例如，怀孕检测有着高的灵敏度：当一个妇女怀孕了，检验结果是阳性的概率非常高。

相比之下，在白宫使用核武器进行攻击的指示器应该具有很高的特异性：如果没有攻击，指示器出现阳性概率应该非常非常小。

尽管灵敏度和特异度是描述一个检验的，并且和患病率没有关系，但它们并不能表示异常检测结果病人中确实是异常的比例。该信息由阳性预测值 / 阴性预测值（PPV/NPV）提供。这些是和医生诊断病人时相关的值：当一个病人得到阳性的检验结果，这个病人有多大可能性真的生病了？不幸的是，正如图 7.8 所示，这些值被疾病的患病率所影响。疾病的患病率指的是每 10 万人中有多少人受到该病的影响，相对的是，发病率给出了每 10 万人新被诊断的个数。总结一下，我们需要知道疾病的患病率和一个检测的 PPV/NPV，才能提供合理的医疗检验结果的解释。

比如考虑这样一个检验，当检验结果是阳性的时候，有 50% 的概率确实有某种疾病。如果有一半的人有这个疾病，那么检验结果相当于对医生什么都没说。但是，如果这个疾病非常罕见，阳性的结果就表示病人有 50% 的概率患有这个罕见的疾病——非常有价值的信息。

图 7.8 展示了在一个确定了灵敏度和特异度的检验的情况下，患病率是如何影响诊断结果的解释的：高的患病率会增加检验的阳性预测值，但是会降低阴性预测值；低的患病率恰好相反。图 7.9 展示了一个例子。

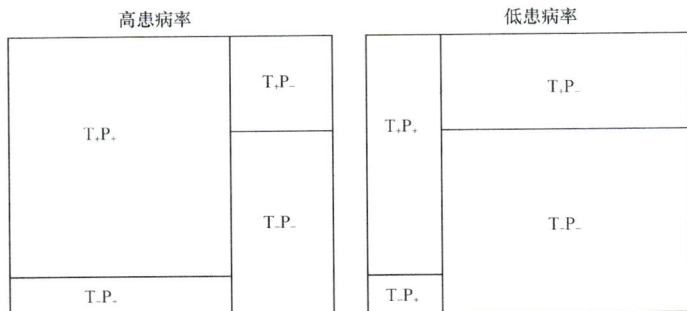

图 7.8 患病率对 PPV 和 NPV 的效应。“T” 表示 “检测”，“P” 表示 “病人”。( 和下图对比：$T_+P_+$ = TP,$T_-P_-$=TN,$T_+P_-$=FP，$T_-P_+$=FN )

| | | 症状 | | |
|---|---|---|---|---|
| | | 阳性 | 阴性 | |
| 检验结果 | 阳性 | 真阳性 (TP)=25 | 假阳性 (FP)=175 | 阳性预测值 =TP/(TP+FP) =25/(25+175)=12.5% |
| | 阴性 | 假阴性 (FN)=10 | 真阴性 (TN)=2000 | 阴性预测值 =TN/(FN+TN) =2000/(10+2000)=99.5% |
| | | 灵敏度 =TP/(TP+FN) =25/(25+10)=71% | 特异度 =TN/(FP+TN) =2000/(175+2000)=92% | |

图 7.9 示例

## 相关计算

在循证医学中，似然比用来评价进行一个诊断测试的价值。经常用检测的灵敏度和特异度来判断检测结果是否改变了状态（比如疾病状态）存在的概率。有两个版本的似然比，一个是阳性检测结果的，一个是针对阴性检测结果的。它们分别被称为阳性似然比（LR+）和阴性似然比（LR-）。

- 假阳性率（$\alpha$）= Ⅰ类错误 = 1– 特异度 $= \dfrac{FP}{FP+TN} = \dfrac{175}{175+2000} = 8\%$
- 假阴性率（$\beta$）= Ⅱ类错误 = 1– 灵敏度 $= \dfrac{FN}{TP+FN} = \dfrac{10}{25+10} = 29\%$
- 效能 = 灵敏度 = $1-\beta$
- 阳性似然比 $= \dfrac{灵敏度}{1-特异度} = \dfrac{71\%}{1-92\%} = 8.9$
- 阴性似然比 $= \dfrac{1-灵敏度}{特异度} = \dfrac{1-71\%}{92\%} = 0.32$

　　由于有着较大的假阳性数和较少的假阴性数，在这个例子中的阳性结果本身难以用于确诊癌症（PPV=12.5%），并且需要进一步的检查；然而，它却可以正确识别出 71% 的癌症（灵敏度）。但是作为一个筛检，阴性的结果能够保证病人并没有患有癌症（NPV = 99.5%），并且第一次筛检能够正确地识别 92% 的健康人（特异度）。

# 7.4　受试者操作特征（ROC）曲线

　　和灵敏度、特异度紧密相关的是受试者操作特征（ROC）曲线。它是一个展示真阳性率（在纵轴）和假阳性率（在横轴）之间关系的图形。

　　这项技术来自于工程领域，它被开发用来找到区分两个给定分布的指示器：ROC 曲线第一次用在第二次世界大战期间，用来分析雷达的效率。在雷达刚被发明的时候，很难分辨鸟和飞机。英国人提倡使用 ROC 曲线来优化他们依赖雷达辨别飞来的德国飞机和鸟的方法的能力。

　　假设这样一个例子，我们有两个不同的分布，比如一个是来自鸟的雷达信号，一个是来自德国飞机的雷达信号，我们必须为指示器确定一个截断值，将检测结果分配给分布一（"鸟"）或分布二（"德国飞机"）。我们能改变的唯一的参数就是截断值，那么问题来了：是否有最佳的截断值呢？

　　答案是肯定的：它就是 ROC 曲线上离对角线距离最大的那个点（图 7.10 中的箭头）。[1]

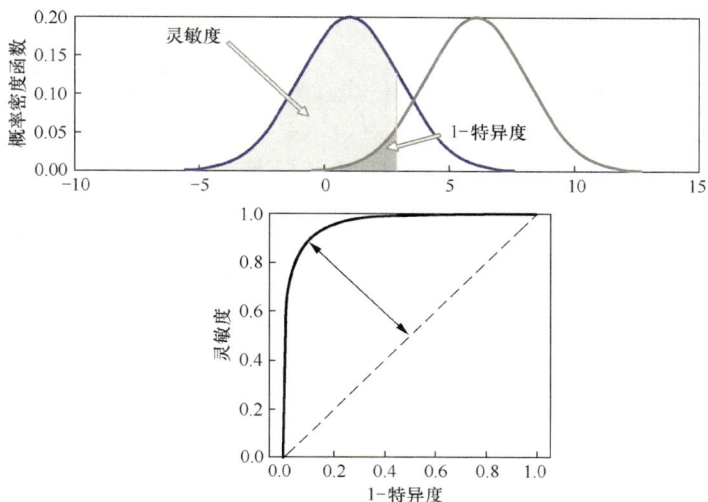

图 7.10 （上图）两个分布的概率密度函数。（下图）对应的 ROC 曲线，箭头指示的是曲线和对角线之间最大的距离

---

1　严格地讲，这种情况只有在 I 类错误和 II 类错误同等重要的情况下才成立。否则，错误的类型的权重也必须被考虑进来。

# 第8章

# 数值型数据的均值检验

本章覆盖了组间均值的假设检验的内容，并展示了如何在 Python 中实现每个检验：

- 比较一组数据和一个固定值；
- 两组之间的比较；
- 三组或多组之间的比较。

在每种情况中，又可以分为两种情况。如果数据大致符合正态分布，那么可以使用所谓的参数检验。这些检验比非参数检验更灵敏，但是需要满足特定的假设。如果数据不是正态分布的，或者它们只是以有序的形式呈现，那么可以使用对应的非参数检验。

## 8.1 样本均值的分布

### 8.1.1 单样本均值的 $t$ 检验

检验一个正态分布的数据的均值和一个参考值的差异，我们一般使用单样本 $t$ 检验，该检验基于 $t$ 分布。

如果我们知道一个正态分布总体的均值和标准差，那么我们可以计算对应的标准误，并用来自正态分布的值来判断得到一个特定值的可能性大小。然而，在实际中，我们必须从样本中估计均值和标准差；并且用来描述来自正态分布的样本均值的 $t$ 分布，和正态分布有一些轻微的差异。

#### 例子

由于了解该检验是如何计算 $t$ 统计量和对应 $p$ 值的基本原理非常重要，我会一步一步地通过分析一个具体的例子来展示背后的统计学知识。例如，我们从均值为 7、标准差为 3 的正态分布中抽取了 100 个数据。那么得到一个和该均值的差距大于等于 0.5 的可能性是多大呢？回答：在这个例子中，来自 $t$ 检验的概率是 0.057，来自正态分布的概率是 0.054。

- 我们有均值为 7、标准差为 3 的总体。
- 从该总体中，观察者抽取了 100 个随机样本。本例子中的样本均值是

7.10，见图8.1，和真正的均值接近，但不完全相同。样本的标准差是3.12，均值的标准误是0.312。这给了观察者一个总体变异程度的印象。

■ 观察者知道样本均值的分布服从 $t$ 分布，并且分布的宽度由均值的标准误（RSM）来描述。

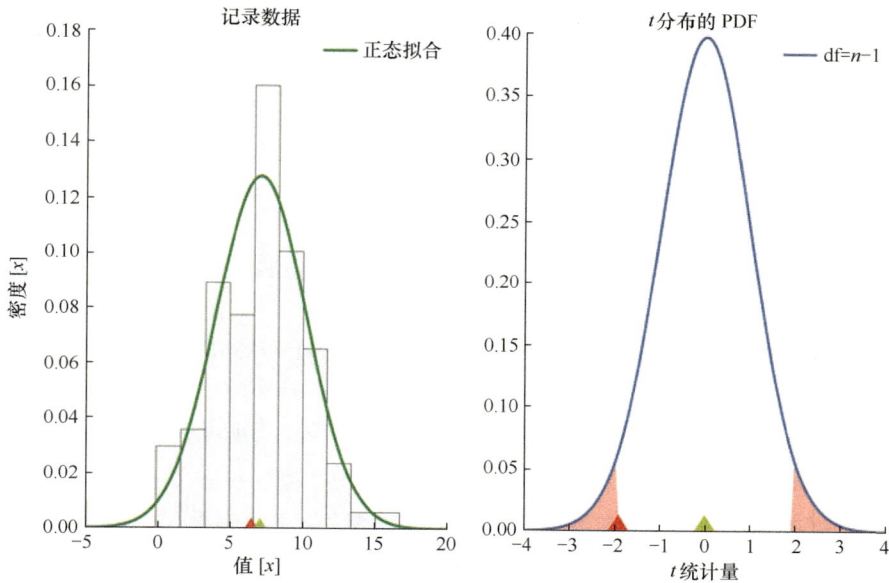

图 8.1 左：样本数据的频率直方图，带有正态拟合（绿线）。样本均值和总体均值非常接近，黄色三角形代表样本均值，红色三角形代作为对比的值。右：均值的抽样分布（$t$ 分布，自由度是 $n-1$）。底部是标准化的样本均值（黄色三角形）和进行比较的值（红色三角形）。红色阴影面积的和表示和红色箭头一样极端或更极端的值对应的 $p$ 值

■ 真正的均值取值是 $x_0$（即 6.5，图 8.1 左边，红色三角形所指）的可能性是多大呢？为了得到答案，这个值必须减去样本均值后再除以标准误来进行转换（图 8.1 右）。这就得到了该检验的 $t$ 统计量（−1.93）。

■ 对应的 $p$ 值，能够告诉我们真正的均值取值为 6.5 或相比样本均值更极端的值的可能性有多大，该值由曲线两翼下红色阴影面积得到：$2 \times \text{CDF}(t$ 统计量 $) = 0.057$，这表明和 6.5 的差距并不显著。系数为 "2" 是因为我们必须检查两个尾部，因此该检验叫作双侧 $t$ 检验。

■ 取值为 6.5 或更少的概率为其值的一半（$p=0.0285$）。由于在这个例子中我们只看该分布的一个尾部，所以被称为单侧 $t$ 检验。

在 Python 中，单样本 $t$ 检验的检验统计量和 $p$ 值可以这样计算：

```
t, pVal = stats.ttest_1samp(data, checkValue)
```

代码"ISP_oneGroup.py"[1]：单组连续数据的样本分析。

## 8.1.2　Wilcoxon 符号秩和检验

在非正态分布的数据中，我们不应该使用单样本 $t$ 检验（尽管该检验对于偏离正态性相当稳健，见图 6.14）。相反，我们必须使用均值的非参数检验方法。我们可以进行 Wilcoxon 符号秩和检验。注意和单样本 $t$ 检验不同，该检验检查是否有差异：

```
(rank, pVal) = stats.wilcoxon(data-checkValue)
```

该方法有 3 个步骤[2]：

（1）计算每个观测值和感兴趣的值的差异；

（2）忽略差异的符号，将它们按照大小排序；

（3）将所有负（或正）秩次的秩次加起来，也就是那些低于（或高于）选定的假设值的秩次。

在表格 8.1 中，你可以看到一个判断是否显著偏离 7725 的检验。负值的秩次之和为 3+5=8，并且可以在对应的表格中找到是显著的。在实际中，你的计算机程序会帮你做这些。这个例子也展示了秩次求值的另一个特征：相同的值（在这里是 7515）得到的是它们的平均秩次（这里是 1.5）。

表 8.1　11 位健康妇女的日常能量摄入，按照和推荐摄入量 7725 kJ 的差异（忽略符号）进行排序

| 对象 | 每日能量摄入 (kJ) | 和 7725 kJ 的差异 | 差异的秩次 |
| --- | --- | --- | --- |
| 1 | 5260 | 2465 | 11 |
| 2 | 5470 | 2255 | 10 |
| 3 | 5640 | 2085 | 9 |
| 4 | 6180 | 1545 | 8 |
| 5 | 6390 | 1335 | 7 |
| 6 | 6515 | 1210 | 6 |
| 7 | 6805 | 920 | 4 |
| 8 | 7515 | 210 | 1.5 |
| 9 | 7515 | 210 | 1.5 |
| 10 | 8230 | −505 | 3 |
| 11 | 8770 | −1045 | 5 |

---

1　https://github.com/thomas-haslwanter/statsintro_python/tree/master/ISP/Code_Quantlets/08_TestsMeanValues/oneGroup。

2　下面的例子和描述来自（Altman 1999, Table 9.2）。

## 8.2 两组之间的比较

### 8.2.1 配对 *t* 检验

在进行两组之间的比较时，有两种情况必须区分开。在第一种情况中，同一对象在不同时候的两个记录值进行互相比较。例如，用学生们进入初中时的尺寸和他们第一年后的尺寸，来检验他们是否生长了。由于我们只是对每个个体在第一次和第二次测量之间的差异感兴趣，该检验被叫作配对 *t* 检验，该检验基本上和单样本均值 *t* 检验相对应（图 8.2）。

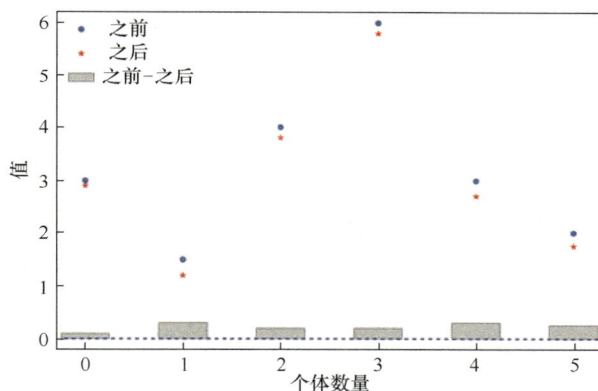

图 8.2 配对 *t* 检验可以检测出非配对 *t* 检验结果是不显著的差异。在这个例子中，所有的对象内部差异都是正的，配对 *t* 检验产生的 *p* 值 $p<0.001$，然而非配对 *t* 检验得到 *p* 值为 0.81

因此，stats.ttest_1samp 和 stats.ttest_rel 这两个检验会得到同样结果（除了会有微小的数字差异）。

```
In [1]: import numpy as np
In [2]: from scipy import stats

In [3]: np.random.seed(1234)
In [4]: data = np.random.randn(10)+0.1
In [5]: data1 = np.random.randn(10)*5   # 虚拟数据
In [6]: data2 = data1 + data      # 和 "data" 一样的组间差异
In [7]: stats.ttest_1samp(data, 0)
Out[7]: (-0.12458492298731401, 0.90359045085470857)

In [8]: stats.ttest_rel(data2, data1)
Out[8]: (-0.1245849229873135, 0.9035904508547089)
```

### 8.2.2　独立组别之间的 $t$ 检验

非配对 $t$ 检验，或两个独立组别的 $t$ 检验，比较的是两个组。比如，比较两个不同组病人在服用两种药物后的效果。

基本的思想和单样本 $t$ 检验是一样的。但我们需要的是两组之间均值差异的方差，而不是均值的方差。由于独立随机变量的和（或差）的方差等于方差的和，我们能得到：

$$
\begin{aligned}
se(\overline{x}_1 \pm \overline{x}_2) &= \sqrt{\mathrm{var}(\overline{x}_1) + \mathrm{var}(\overline{x}_2)} \\
&= \sqrt{\{se(\overline{x}_1)\}^2 + \{se(\overline{x}_2)\}^2} \\
&= \sqrt{\frac{s_1^2}{n_1} + \frac{s_2^2}{n_2}}
\end{aligned}
\tag{8.1}
$$

其中 $\overline{x}_i$ 是第 $i$ 个样本的均值，$se$ 表示的是标准误。

```
t_statistic, pVal = stats.ttest_ind(group1, group2)
```

### 8.2.3　两组之间的非参数比较：Mann-Whitney 检验

如果两组的测量值不是正态分布的，我们必须借助于非参数检验。比较两个独立组别最常用的非参数检验是 Mann-Whitney（-Wilcoxon）检验。注意，这个检验有时被称作 Wilcoxon 秩和检验。它和 Wilcoxon 符号秩和检验不同！该检验的检验统计量经常用 $u$ 来表示：

```
u_statistic, pVal = stats.mannwhitneyu(group1, group2)
```

**代码 "ISP_twoGroups.py"**[1]：比较两个组别，包括配对和非配对。

### 8.2.4　统计学假设检验与统计学建模

随着廉价计算能力的出现，统计建模已经成为一个蓬勃发展的领域。这也影响了经典统计分析，大部分的问题可以从两个角度来看：可以做一个假设，并验证或证伪这个假设；或是建立一个统计模型，并分析模型参数的显著性。

让我用经典的 $t$ 检验作个例子。

**1. 经典 $t$ 检验**

让我们在两个不同的场合下对一个赛车队的表现进行衡量。在第一次比赛中，团队的成员得分为 [79, 100, 93, 75, 84, 107, 66, 86, 103, 81, 83, 89, 105, 84, 86, 86, 112, 112, 100, 94]，在第二次比赛中，他们的得分为 [92, 100, 76, 97, 72, 79, 94, 71, 84, 76,

---

1　https://github.com/thomas-haslwanter/statsintro_python/tree/master/ISP/Code_Quantlets/08_Test sMeanValues/twoGroups。

82, 57, 67, 78, 94, 83, 85, 92, 76, 88]。

可以用下面的 Python 命令来生成这些数字并用 *t* 检验来比较两组数据。

```
import numpy as np
from scipy import stats

# 生成数据
np.random.seed(123)
race_1 = np.round(np.random.randn(20)*10+90)
race_2 = np.round(np.random.randn(20)*10+85)

# t 检验
(t, pVal) = stats.ttest_rel (race_1, race_2)

# 显示结果
print('The probability that the two distributions '
        'are equal is {0:5.3f} .'.format(pVal))
```

这将会生成：

```
The probability that the two distributions are equal is 0.033 .
```

random.seed(123) 命令用 123 初始化了一个随机数生成器。这能保证连续两次运行该代码会产生相同的结果，和上面得到的结果相同。

### 2. 统计学建模

用统计学模型的角度来表达，我们假设第一次和第二次比赛的差异是一个常量。（无效假设就是该值等于 0。）这个模型只有一个参数：这个常量。我们可以用下面的代码得到这个参数以及它的置信区间和大量的其他信息。

```
import pandas as pd
import statsmodels.formula.api as sm

np.random.seed(123)
df = pd.DataFrame({'Race1': race_1, 'Race2':race_2})

result = sm.ols(formula='I(Race2-Race1) ~ 1', data=df).fit()

print(result.summary())
```

最重要的是得到结果的倒数第二行。因此，来自 statsmodels 的 sm.ols（"ols"代表"ordinary least square"，普通最小二乘）函数能够检验模型，该模型描述了第一次和第二次比赛之间的差异，并只有一个偏差，这个偏差在建模语言中叫作截距。下面的结果显示，截距为 0 的概率只有 0.033，和 0 的差距是显著的。

```
                                OLS Regression Results
==============================================================================
Dep. Variable:         I(Race2 - Race1)   R-squared:                    0.000
Model:                              OLS   Adj. R-squared:               0.000
Method:                   Least Squares   F-statistic:                    nan
Date:                  Sun, 08 Feb 2015   Prob (F-statistic):             nan
Time:                          18:48:06   Log-Likelihood:             -85.296
No. Observations:                    20   AIC:                          172.6
Df Residuals:                        19   BIC:                          173.6
Df Model:                             0
Covariance Type:              nonrobust
==============================================================================
                 coef    std err          t      P>|t|      [95.0% Conf. Int.]
------------------------------------------------------------------------------
Intercept     -9.1000      3.950            -2.304      0.033    -17.367    -0.833
==============================================================================
Omnibus:                          0.894   Durbin-Watson:                2.009
Prob(Omnibus):                    0.639   Jarque-Bera (JB):             0.793
Skew:                             0.428   Prob(JB):                     0.673
Kurtosis:                         2.532   Cond. No.                      1.00
==============================================================================
```

在第 11 章对 OLS 模型的结果进行了更详细的解释。这里的重点是，用统计学模型得到的截距的 $t$ 值和 $p$ 值与上面的传统 $t$ 检验得到的是一样的。

## 8.3    多组比较

### 8.3.1    方差分析（ANOVA）

#### 1. 原理

方差分析的思想是将方差分为组间方差和组内方差，看看这些分布是否符合零假设，即所有组都来自同一分布（图 8.3）。区分不同群体的变量通常被称为因素或处理。

作为对比，$t$ 检验观察两组的均值，并检查它们是否和两组来自同一个分布的假设一致。

例如，如果我们有一组不进行处理，另一组用处理 A，第三组用处理 B，对它们进行比较，那么我们就在进行单因素方差分析，有时也称为单向方差分析，其中处理是分析的单因素。如果我们对男性和女性做同样测试，我们就进行的是两因素或双向方差分析，性别和处理作为两个处理因素。注意在方差分析中，在各分析组中有着相同的样本数是很重要的！（这被称为平衡方差分析：平衡的设计是指对于所有可能的因素组合都有相同数量的观测数。)

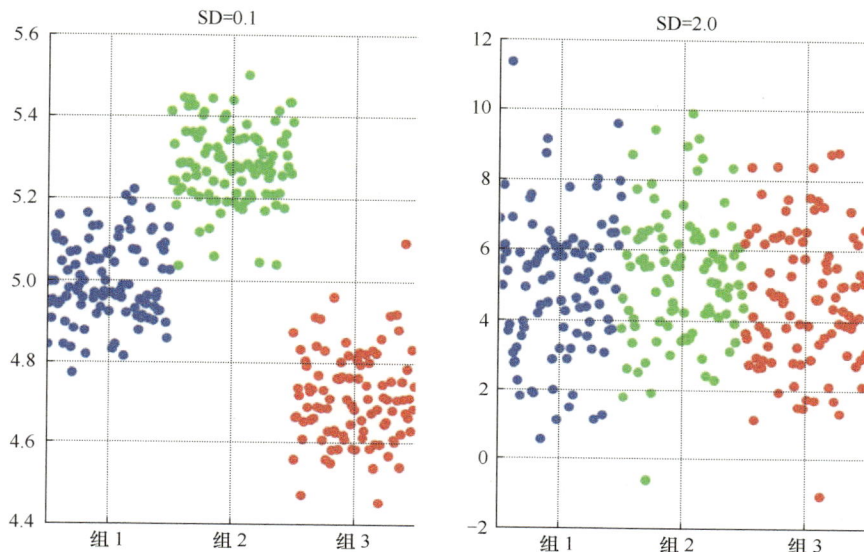

图 8.3 在两个例子中，两组间的差异是相同的。但在左边，组内差异比组间差异要小；
而在右边，组内差异比组间差异要大

　　由于无效假设是，组间没有差异，该检验基于观察到的组间变异（即，它们均值之间）和期望的观察到的组内变异（在对象间）的比较。

　　正如示例代码 C8_3_anovaOneway.py 中展示的，该比较用 $F$ 检验的一般形式来比较方差，但是对于两组来说，$t$ 检验能得到同样结果。

　　单因素方差分析假定所有的样本都来自同方差的正态分布的总体。同方差的假设可以用 Levene 检验来检查。

　　方差分析使用了传统的术语。DF 表示自由度（degrees of freedom）（见 5.3 节），总和叫作平方和（SS），二者之间的比率叫作均方（MS），并且平方的项都偏离了样本均值。总的来说，样本方差被定义为

$$s^2 = \frac{1}{DF} \sum (y_i - \overline{y})^2 = \frac{SS}{DF} \tag{8.2}$$

　　最基本的技术就是将总的平方和 SS 分割为在模型中使用的相关组分的效应（图 8.4）。因此，方差分析估计 3 种样本方差：基于所有观测偏离总均值的总方差（从 $SS_{Total}$ 计算），一个处理方差（来自 $SS_{Treatments}$），还有一个基于所有观测值偏离他们合适的处理均值的错误方差（来自 $SS_{Error}$）。处理方差是基于处理均值偏离总均值，结果被乘以了每个处理组中的观测数，用于计算观测方差和均值方差之间的差距。这 3 个平方和的关系如下：

$$SS_{Total} = SS_{Error} + SS_{Treatments} \tag{8.3}$$

其中 $SS_{Total}$ 是偏离总均值的平方和，$SS_{Error}$ 是偏离组内均值的平方和，$SS_{Treatments}$ 是每组和总均值的偏离平方和（图 8.4）。如果无效假设是真的，所有的 3 个方差估计（公式 8.2）是相等的（在抽样误差内）。

自由度的个数也可以用类似地方式进行分割：（对于错误来说）的组分形成了一个卡方分布，这个分布描述了相关的平方和，如果没有处理效应的话，这也对处理同样成立。

$$DF_{Total} = DF_{Error} + DF_{Treatments} \tag{8.4}$$

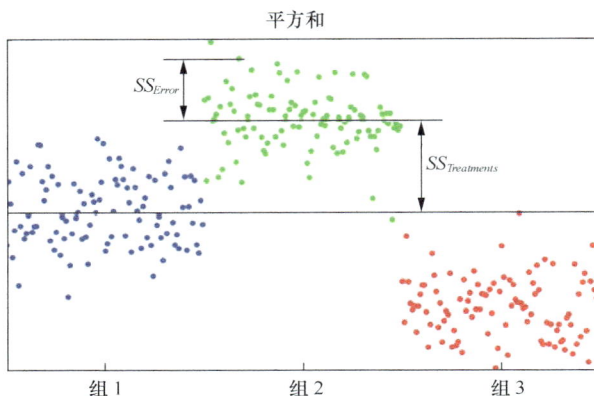

图 8.4　长的蓝线表示所有数据的总的均值。$SS_{Error}$ 描述的是组内的变异性，$SS_{Treatments}$（所有对应的点的和）描述组间的变异性

### 2. 例子：单因素方差分析

举个例子，3 组心脏搭桥病人给予不同水平的一氧化氮通气（Amess et al. 1978），检测他们的红细胞内叶酸水平，下面的 Python 代码描述了这个例子。一共 22 位病人纳入了该分析。

方差分析的无效假设是，所有的组别都来自同一个总体。不管是保留还是拒绝这个无效假设的检验可以这样完成：

```
from scipy import stats
F_statistic, pVal = stats.f_oneway(group_1, group_2, group_3)
```

其中第 $i$ 组数据在向量 group_i 中（整个程序可以在 ISP_anovaOneway.py 中找到）。statsmodels 中提供了有着更详细输出结果的方差分析的实现。

```
import pandas as pd
from statsmodels.formula.api import ols
from statsmodels.stats.anova import anova_lm
```

```
df = pd.DataFrame(data, columns=['value', 'treatment'])
model = ols('value ~ C(treatment)', df).fit()
anovaResults = anova_lm(model)
print(anovaResults)
```

其中数值类的值在数组 **data** 的第一列,(分类)组变量在第二列,这会产生下列输出。

| | DF | SS | MS | F | p(>F) |
|---|---|---|---|---|---|
| C(treatment) | 2 | 15515.76 | 7757.88 | 3.71 | 0.043 |
| Residual | 19 | 39716.09 | 2090.32 | NaN | NaN |

- 首先,计算出了"平方和"。在这里组间平方和是 15515.76,残差平方和是 39716.09。总平方和是这两个值的和。
- 均方是平方和除以对应的自由度。
- F 检验或方差比检验被用来比较总偏离的因子。F 值是大的均方值除以小的均方值(如果我们只有两个组,F 值是对应 t 值的平方,见 ISP_anovaOneway.py)。

$$F = \frac{variance\_between\_treatments}{variance\_within\_treatments}$$

$$F = \frac{MS_{Treatments}}{MS_{Error}} = \frac{SS_{Treatments}/(n_{groups}-1)}{SS_{Error}/(n_{total}-n_{groups})} \quad (8.5)$$

- 在无效假设下,两个正态分布的总体有着相同的误差,那么我们期待两个样本方差的比服从 F 分布(见 6.5 节),从 F 值我们可以查到对应的 p 值。

**代码 "ISP_anovaOneway.py"** [1]。单因素方差分析的不同方面:如何(用 Levene 检验来)检查假设,用不同的方法来进行方差分析,并演示了两组之间的比较,方差分析和 t 检验是相同的。

## 8.3.2　多重比较

单因素方差分析的无效假设是所有样本的均值是相同的。所以如果单因素方差分析产生了一个显著的结果,我们只知道他们不是相同的。

但是,我们常常并不只是关心所有的样本是否相同这样的联合假设,我们也想要知道等值假设在哪对样本中被拒绝了。这种情况下,我们同时进行多种检验,每一个检验用于一对样本。(一般来说,这由 t 检验完成。)

这些检验有时被称为事后分析。在实验的设计和分析中,事后分析(来自拉丁语 post hoc,"在这之后")由下列部分组成,在实验结束后检查数据的在之前没有预设的

---

1　https://github.com/thomas-haslwanter/statsintro_python/tree/master/ISP/Code_Quantlets/08_Test sMeanValues/anovaOneway。

模式。现在就是这种情况，因为方差分析的无效假设就是组间没有差异。

随之而来的结果就是，多重检验问题：由于我们进行了多重比较检验，我们应该补偿一下得到显著结果的风险，尽管我们的无效假设是真的。我们可以通过校正 $p$ 值来解决这个问题。我们有许多的选择可以来做这件事：

- Tukey HSD；
- Bonferroni 校正；
- Holms 校正；
- 其他。

### 1. Tukey's 检验

Tukey's 检验，有时被称为 Tukey 诚实显著差异检验（HSD）方法，在多重检验时控制一类错误，是被一门广泛接受的技术。它基于一个我们还没遇到的一个统计量——学生化范围，常常用变量 $q$ 表示。学生化范围通过一列数字进行计算：

$$q_n = \frac{\max\{x_1, \cdots, x_n\} - \min\{x_1, \cdots, x_n\}}{s} \tag{8.6}$$

其中，$s$ 是样本标准差。在 Tukey HSD 方法中，样本 $x_1, \cdots, x_n$ 是均值的一组样本，$q$ 是基本的检验统计量。它可以在拒绝无效假设，即所有的组来自相同总体，它们的均值相等后，用来在事后分析中检验哪两组均值有着显出差异（两两比较，如图 8.5 所示。

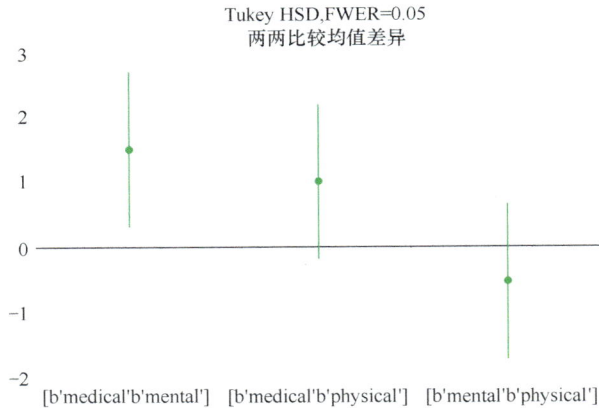

图 8.5　比较多个组的均值——在这里是 3 个不同的处理选项

**代码 "ISP_multipleTesting.py"** [1]：该脚本提供了一个比较 3 组处理的例子。

---

1　https://github.com/thomas-haslwanter/statsintro_python/tree/master/ISP/Code_Quantlets/08_TestsMeanValues/multipleTesting。

## 2. Bonferroni 校正

Tukey 学生化距离检验（HSD）是一个专门用来比较 $k$ 个样本的所有配对的检验。相反，我们可以在所有的配对上进行 $t$ 检验，计算 $p$ 值，并应用一个多重检验问题中的 $p$ 值校正方法。最简单同时也是非常保守的方法是将得到的 $p$ 值除以我们进行检验的次数（Bonferroni 校正）。例如，如果你进行了 4 次比较，那么你应该检查显著性 $p=0.05/4=0.0125$，而不是 $p=0.05$。

尽管多重检验还没有被标准化地包括在 Python 中，你可以从 statsmodels 包中获得许多多重检验校正：

```
In [7]: from statsmodels.sandbox.stats.multicomp \
   ... :     import multipletests

In [8]: multipletests([.05, 0.3, 0.01], method='bonferroni')
Out[8]:
(array([False, False,  True], dtype=bool),
array([ 0.15,  0.9 ,  0.03]),
0.016952427508441503,
0.016666666666666666)
```

## 3. Holm 校正

Holm 调整，有时也叫作 Holm-Bonferoni 方法，按照顺序比较最低的 $p$ 值和随着每次检验都逐渐减小的 I 类错误率。例如，如果你有 3 个组（也就因此有 3 次比较），这个方法会让第一个 $p$ 值在 0.05/3 的水平（0.017）进行检验，第二个 $p$ 值在 0.05/2 的水平（0.025）进行检验，第三个 $p$ 值在 0.05/1 的水平（0.05）进行检验。正如 Holm（1979）陈述的那样，"除了琐碎的不感兴趣的例子，连续地拒绝 Bonferroni 检验有着非常高的概率拒绝错误的假设，因此它应该在所有情况下代替经典 Bonferroni 检验，尽管后者经常被使用。"

## 8.3.3 Kruskal–Wallis 检验

当我们将两组进行相互比较的时候，如果数据是正态分布的，我们就使用 $t$ 检验，如果是非正态分布的，就用非参数的 Mann-Whitney 检验。对于 3 组或 3 组以上，对于正态分布数据的检验是方差分析检验；对于非正态分布的数据，对应的检验是 Kruskal-Wallis 检验。当无效假设是真的情况下，Kruskal-Wallis 检验的检验统计量服从卡方分布。

代码 "ISP_kruskalWallis.py" [1]：一个 Kruskal–Wallis 检验的例子（对于非正态分布的数据）。

---

1 https://github.com/thomas-haslwanter/statsintro_python/tree/master/ISP/Code_Quantlets/08_TestsMeanValues/kruskalWallis。

## 8.3.4 两因素方差分析

和单因素方差分析相比，用两因素方差分析进行分析有新的要素。我们不仅观察每个因素是否显著，也检查这些因素的交互因素是否对数据的分布有显著影响。

让我们举一个测量胎儿头围的例子吧，在一个调查超声胎儿头围数据的重复性的研究中，4 个观察者观察了 3 个胎儿。

对这些数据实现两因素方差分析最优雅的方法是使用 statsmodels。

```python
import pandas as pd
from C2_8_getdata import getData
from statsmodels.formula.api import ols
from statsmodels.stats.anova import anova_lm

# 获得数据
data = getData('altman_12_6.txt', subDir='..\Data\data_altman')

# 将它们转换为数据框格式
df = pd.DataFrame(data, columns=['hs', 'fetus', 'observer'])

# 用交互项确定方差分析
formula = 'hs ~ C(fetus) + C(observer) + C(fetus):C(observer)'
lm = ols(formula, df).fit()
anovaResults = anova_lm(lm)

print(anovaResults)
```

这会得到下面的结果：

|  | df | sum_sq | mean_sq | F | PR(>F) |
|---|---|---|---|---|---|
| C(fetus) | 2 | 324.00 | 162.00 | 2113.10 | 1.05e-27 |
| C(observer) | 3 | 1.19 | 0.39 | 5.21 | 6.497-03 |
| C(fetus):C(observer) | 6 | 0.56 | 0.09 | 1.22 | 3.29e-01 |
| Residual | 24 | 1.84 | 0.07 | NaN | NaN |

用文字来说：正如我们期待的那样，尽管不同胎儿的头部尺寸显示出了显著的差异（$p<0.001$），但观察者的选择也有显著的效应（$p<0.05$）。然而，没有一个单独的观察者对任何单独的胎儿有显著影响。

**代码 "ISP_anovaTwoway.py"**[1]：两因素方差分析（ANOVA）。

## 8.3.5 三因素方差分析

有两个以上的因素的话，建议使用统计学建模的方法进行数据分析（见 11 章）。

---

[1] https://github.com/thomas-haslwanter/statsintro_python/tree/master/ISP/Code_Quantlets/08_TestsMeanValues/anovaTwoway。

然而，正如我们常常分析统计学数据那样，应该首先对数据进行视觉检查。Seaborn 让这变得非常简单。图 8.6 展示了两组人分别进食不同食物后不同时间（1/15/30 分钟）、不同活动（休息 / 步行 / 跑步）后的脉搏频率。

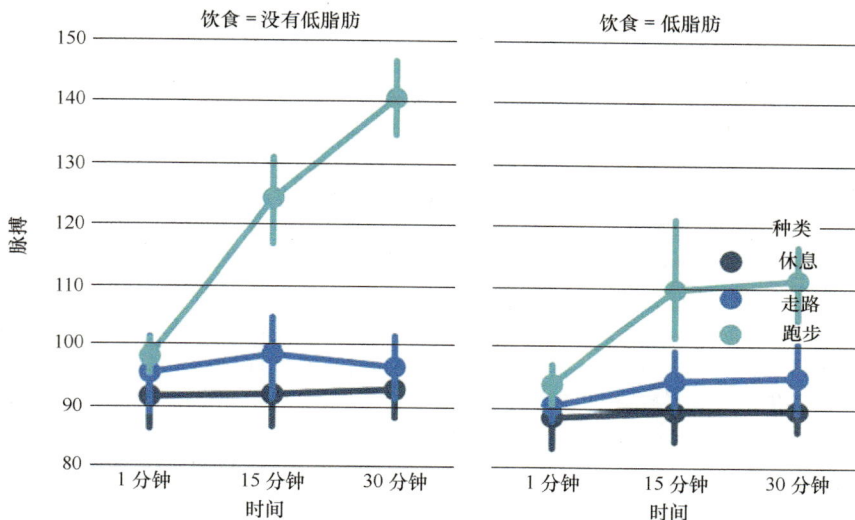

图 8.6　三因素方差分析

```
import matplotlib.pyplot as plt
import seaborn as sns
sns.set(style="whitegrid")

df = sns.load_dataset("exercise")

sns.factorplot("time", "pulse", hue="kind", col="diet", data=df,
               hue_order=["rest", "walking", "running"],
               palette="YlGnBu_d", aspect=.75).despine(left=True)
plt.show()
```

## 8.4　总结：选择正确的检验方法进行组间比较

### 8.4.1　典型的检验

表 8.2 显示了名义和有序数据统计问题的典型检验。当我们有单变量数据和两个组别，我们可以问的问题是："它们是不同的吗？"答案是由假设检验提供的：如果数据是正态分布的，则采用 $t$ 检验，否则采用 Mann-Whitney 检验。

表 8.2    针对名义数据和有序数据的统计学问题的典型检验

| 比较的组数 | 独立样本 | 配对样本 |
| --- | --- | --- |
| **名义数据的组数** | | |
| 2 个或以上 | Fisher 精确概率检验或卡方检验 | McNemar 检验 |
| **有序数据的组数** | | |
| 2 | Mann–Whitney U 检验 | Wilcoxon 符号秩检验 |
| 3 个或以上 | Kruskal–Wallis 检验 | Friedman 检验 |
| **连续数据的组数** | | |
| 1 | 单样本 t 检验或 Wilcoxon 符号秩和检验 | — |
| 2 | 学生 t 检验或 Mann–Whitney 检验 | 配对 t 检验或 Wilcoxon 符号秩和检验 |
| 3 个或以上 | 方差分析或 Kruskal–Wallis 检验 | 重复测量的方差分析或 Friedman 检验 |

注意，将一组数据和一个固定值进行比较的检验和比较配对样本的两组数据的检验是相同的。

那么我们有多于两组的时候，会发生什么？

对于超过两个组，要回答这个问题："它们是不同的吗？"我们必须使用方差分析（ANOVA）测试残差正态分布的数据。如果不满足这些条件，就必须使用 Kruskal-Wallis 检验。

如果我们有配对数据，我们该怎么做？

如果我们有两组配对的数据，且差异不是正态分布的，我们可以使用 Wilcoxon 符号秩和检验。针对两组以上配对数据的秩检验是 Friedman 检验。

应用 Friedman 检验的一个例子：10 名专业钢琴演奏者被蒙住眼睛，并被要求评判 3 种不同钢琴的质量。每个演奏者给钢琴的等级为 1 ～ 10（最低等级为 1，最高等级为 10）。零假设是所有 3 个钢琴的评分相等。为了检验"无效假设"，Friedman 检验被用于 10 名钢琴演奏者的评分。

值得一提的是，在 Thom Baguley 的博客里他建议说，在一些情况下单因素重复测量时，方差分析不是很合适，秩变换后进行方差分析能够提供比 Friedman 检验更好的统计效能和更稳健的检验。

## 8.4.2    假设的例子

**1 组，名义变量**    平均卡路里摄入。比如，"我们的孩子是否摄入的比他们需要的多？"

**1 组，有序变量**    巨行星顺序。"在我们的太阳系中，巨行星在行星的序列中比平均距离更远吗？"

**2组，名义变量** 男性 / 女性，金发 / 黑发。比如，"拥有金发的女性要多于男性吗？"

**2组，配对名义变量** 2个实验室，分析血样。比如，"实验室1进行的血样分析是否比实验室2的分析预示着更多的感染？"

**2组，有序变量** 牙买加人 / 美国人，100米短跑排名。比如，"牙买加短跑运动员比美国短跑运动员更成功？"

**2组，配对有序变量** 短跑运动员，进食前 / 后。比如，"进食巧克力会让短跑运动员更成功吗？"

**3组，有序变量** 单身 / 结婚 / 离异，100米短跑排名。比如，"婚姻状态是否会影响短跑运动员的成功呢？"

**3组，配对有序变量** 短跑运动员，进食前 / 后。比如，"进食米饭是否会让中国短跑运动员更成功？"

**2组，连续型变量** 男性 / 女性智商值。比如，"女性是否比男性更聪明"？

**2组，配对连续型变量** 男性 / 女性，看着跑车。比如，"看着跑车是否会让男性比女性的心跳频率提升？"

**3组，连续型变量** 提洛尔人、维也纳人、叙利亚人；智商。比如，"提洛尔人是否比澳大利亚其他联邦州的人更聪明？"

**3组，配对连续型变量** 提洛尔人、维也纳人、叙利亚人；看着山。比如，"看着山峰的时候，提洛尔人是否比其他人更心跳加速？"

## 8.5 练习

### 8-1 一组或两组

■ 单样车均值的 $t$ 检验和 Wilcoxon 符号秩和检验

11个健康妇女的每日能量摄入如下：[5260, 5470, 5640, 6180, 6390, 6515, 6805, 7515, 7515, 8230, 8770] kJ.

这些值和推荐值7725有显著差别吗？（正确答案，是的，$p_{ttest}$=0.018，$p_{wilcoxon}$=0.026。）

■ 独立样本 $t$ 检验

在一个诊所中，15个懒惰的病人的体重是[76, 101, 66, 72, 88, 82, 79, 73, 76, 85, 75, 64, 76, 81, 86]kg，15个经常运动的病人的体重是[ 64, 65, 56, 62, 59, 76, 66, 82, 91, 57, 92, 80, 82, 67, 54]kg。

懒惰的病人明显更重吗？（正确答案：是的。$p$=0.045。）

■ 正态性检验

这两个数据集是正态分布的吗？（正确答案：是的，它们是。）

■    Mann-Whitney 检验

如果用 Mann-Whitney 检验，懒惰的病人还是否更重？（正确答案：不是，$p=0.077$。注意，单侧检验的话，答案还是"是"。）

## 8-2    多个组别

下面的例子来自 A.J.Dobson 的《An Introduction to Generalized Linear Models》这本非常棒但有些进阶的书。

■    获取数据

Data/data_others/Table 6.6 Plant experiment.xls 文件可以在 https://github.com/thomas-haslwanter/statsintro_python/tree/master/ipynb/Data/data_others 获得，它包含了植物在 3 种不同的生长条件下的实验数据。将数据读入 Python。提示：使用 xlrd 模块。

■    进行方差分析

这 3 组是否有差异？（正确答案：是的，他们有差异。）

■    多重比较

使用 Tukey 检验，哪一组是不同的？（正确答案：只有处理 A 和处理 B 是不同的。）

■    Kruskal–Wallis

非参数检验会得到不同的结果吗？（正确答案：不会。）

# 第9章
# 分类数据的检验

在数据样本中，落入某一特定组的数据称为频数，因此对分类数据的分析是对频数的分析。当两个或多个组进行比较时，数据通常以频数表的形式显示，有时也称为列联表。例如，表9.1给出了右利手/左利手个体的数目，取决于个体是男性还是女性。

如果只有一个因素（即，只有一行的表格），分析的选项就有一定的局限性（9.2.1小节）。相对的，频数表的分析有大量的统计学检验可供使用：

**卡方检验** 这是最常见的类型。这是一个假设检验，它检查频率表中单个单元格中的条目（如表9.1所示）是否来自同一分布。换句话说，它会检查零假设 $H_0$，即结果是行或列中独立出现的。备择假设 $H_a$ 没有指定关联的类型，因此需要密切关注数据来解释检验所提供的信息。

**Fisher 精确检验** 然而卡方检验是近似的，Fisher 精确检验法是一种精确的检验。它比卡方检验计算上更昂贵，更复杂，最初只用于小样本数。然而，一般来说，现在更建议使用该检验。

**McNemar 检验** 这是一个对 $2 \times 2$ 表的配对检验。例如，如果你想看看两个医生在检查（同一个）病人时是否有类似地结果，你可以使用这个检验。

**Cochran's Q 检验** Cochran's Q 检验是对相关样本的 McNemar's 检验的扩展，它提供了检验 3 组或多组配对频数或比率差异的方法。比如，如果你有完全相同的样本给 3 个不同的实验室分析，你想检查结果是否统计学上相等，你可以使用这个检验。

表 9.1　频数表的例子（行和列的总数总是用斜体书写）

|  | 右利手 | 左利手 | 总数 |
|---|---|---|---|
| 男性 | 43 | 9 | *52* |
| 女性 | 44 | 4 | *48* |
| 总数 | *87* | *13* | *100* |

## 9.1　单个率

### 9.1.1　置信区间

如果我们有一组样本数据，我们可以检查该样本是否代表标准总体。为了这样做，我们需要知道特征在标准人群中的比例 $p$。一个 $n$ 人的组的特征出现服从二项分布，其中均值 $=p \times n$。带有该特征的样本的标准误是：

$$se(p) = \sqrt{p(1-p)/n} \tag{9.1}$$

并且对应的 95% 置信区间是：

$$ci = mean \pm se \times t_{n,0.025}$$

因此，$t_{n,0.025}$ 可以通过 $t$ 分布在 0.025 处的逆生存函数进行计算。如果数据在置信区间外面，它们就不能代表这个总体。

## 9.1.2 解释

看起来简单的公式 9.1 比它第一眼看上去要更复杂。

如果我们有 $n$ 个来自二项分布 $B(k,p)$ 的独立样本，它们的样本均值的方差是：

$$var\left(\frac{1}{n}\sum_{i=1}^{n}X_i\right) = \frac{1}{n^2}\sum_{i=1}^{n}var(X_i) = \frac{n\,var(X_i)}{n^2} = \frac{var(X_i)}{n} = \frac{kpq}{n}$$

其中，$q = 1-p$。因为：

（1）$var(cX) = c^2 var(X)$ 对于任意随机变量 $X$ 和任意常数都成立。

（2）独立随机样本的和的方差等于方差的和。

样本均值的标准误 $\overline{X}$ 是方差的均方根：$\sqrt{\dfrac{kpq}{n}}$。因此，

- 当 $k=n$ 时，我们可以得到 $se = \sqrt{pq}$。

- 当 $k=1$ 时，二项变量只是伯努利试验，标准误则是 $se = \sqrt{\dfrac{pq}{n}}$。

## 9.1.3 例子

例如，让我们来看看乳腺癌的发病率和死亡率，并试着回答以下两个问题：在奥地利应用科学大学的学生中，我们每年应该预期发生多少乳腺癌？有多少女性 FH 学位的学生可能会因乳腺癌结束自己的生命？

我们知道如下信息。

- 奥地利应用科技大学有大约 5000 名学生，其中大约一半是女性。

- 乳腺癌主要是女性发病。

- 20 ～ 30 岁年龄组乳腺癌的发病率约为 10，发病率通常被定义为每年每 100000 人新出现一种疾病的数量。

- 3.8% 的女性死于癌症。

从这些信息中，可以为我们的计算得到下面参数。

- $n=2500$

- $p_{incidence} = 10/100000$
- $p_{mortality} = 3.8/100$

乳腺癌发病率的 95% 可信区间是 −0.7 ~ 1.2，死亡人数为 76 ~ 114。因此，我们预计，每年最有可能没有一个或只有一个 FH 学位的学生将被诊断为乳腺癌，但目前 76 ~ 114 个女学生最终会死于这种疾病。

## 9.2　频数表

如果数据可以被组织在一组类别中，并且它们被作为频数给出，即每个类别中的样本总数（而不是百分比），那么本节中描述的检验适合于这类数据分析。

许多这些检验都分析的是距离期望值的偏差。由于卡方分布描述了数据的变异程度（换句话说，它们离均值的偏差），这些检验中许多都是指该分布，因此也就被称为卡方检验。

其中 $n$ 是表格中包含的所有观测总数，双向表中的每个单元格的期望值是：

$$expectedFrequency = \frac{RowTotal \times ColumnTotal}{n} \qquad (9.2)$$

假定我们观察到的绝对频数是 $o_i$，期望的绝对频数是 $e_i$。在所有数据都来自同一总体的无效假设之下，检验统计量为：

$$V = \sum_i \frac{(o_i - e_i)^2}{e_i} \approx \chi_f^2 \qquad (9.3)$$

其服从卡方分布，其中 $f$ 为自由度，$i$ 也许表示一个从 1 到 $f$ 的索引，或者是多重索引（$i_1, \cdots, i_n$），从（$1, \cdots, 1$）到（$f_1, \cdots, f_n$），并且 $f = \sum_{i=1}^{n} f_i$。

### 9.2.1　单因素卡方检验

例如，假设你和你的朋友去远足。每天晚上，你抽签，谁必须洗餐具。但在旅行结束时，似乎大部分工作都是你做的。

| 你 | Peter | Hans | Paul | Mary | Joe |
|----|-------|------|------|------|-----|
| 10 | 6 | 5 | 4 | 5 | 3 |

你预计可能有人作弊了，并且计算目前这种分布是随机的概率是多大。

$$expectedFrequency = \frac{n_{total}}{n_{people}} \qquad (9.4)$$

答案是 5.5。出现这种分布是随机的概率是：

```
V, p = stats.chisquare(data)
print(p)
>>> 0.373130385949
```

换句话说，你做了这么多清洁工作，真的有可能是因为运气不佳!

## 9.2.2    卡方列联表检验

当数据可以被组织成行列的形式，我们可以检查在每一列中的数字是否取决于行值。由于这个原因，该检验有时被叫作列联表检验。使用表 9.1 中的例子，如果女性比男性有更多的左利手，那么 $\dfrac{左利手}{右利手}$ 的比值将取决于行，并且女性的值比男性的大。

卡方列联表检验基于的检验统计量测量的是观测值和期望值的差异，这里的期望值指的是在无关的无效假设下，我们期望得到的数据（如表 9.2 所示）。

**表 9.2    和表 9.1 对应的期望值**

|     | 右利手 | 左利手 | 总计 |
| --- | --- | --- | --- |
| 男性 | 45.2 | 6.8 | 52 |
| 女性 | 41.8 | 6.2 | 48 |
| 总计 | 87 | 13 | 100 |

### 1. 假设

检验统计量 $V$ 近似于卡方分布，当：

- 对于所有的绝对期望频数 $e_i$，都满足 $e_i \geqslant 1$。
- 对于至少 80% 的绝对期望频数，都满足 $e_i \geqslant 5$。

对于小样本数，应该对连续卡方分布所造成的偏误进行校正，因为频数按照定义是整数。该校正被称作 Yates 校正。

### 2. 自由度

自由度（DOF）可以由可自由选择的绝对观测频数的数目来计算。例如，一个在底部和侧边带有总数的 2×2 表格，只有一个单元格需要被填充，其他的可以通过减法获得，如表 9.3 所示。

**表 9.3    2×2 频数表的一般结构**

|     |     | B | | 总数 |
| --- | --- | --- | --- | --- |
|     |     | 0 | 1 |     |
| A | 0 | $a$ | $b$ | $a+b$ |
|     | 1 | $c$ | $d$ | $c+d$ |
| 总数 | | $a+c$ | $b+d$ | $N=a+b+c+d$ |

一般来说，一个 $r \times c$ 的表格，有 $r$ 行 $c$ 列，它的自由度为

$$df = (r-1) \times (c-1) \tag{9.5}$$

我们知道绝对期望值的和是：

$$\sum_i o_i = n \tag{9.6}$$

也许必须从自由度个数中减去我们从样本中估计的参数的个数，因为这蕴含着观察到的频数之间更进一步的关系。

### 3．例子 1

Python 命令 stats.chi2_contingency 返回下列的列表：

（卡方值，$p$ 值，自由度，期望值）

```
data = np.array([[43,9],
                 [44,4]])
V, p, dof, expected = stats.chi2_contingency(data)
print(p)
>>> 0.300384770391
```

对于表格 9.1 中的示例数据，结果是（$\chi^2$=1.1, $p$=0.3, $df$=1）。换句话说，在男性和女性之间，左利手与右利手相比没有差异。

**注意**：这些值用的是默认设置，即使用了 Yates 校正。如果没有校正，即根据公式 9.3，结果是 $\chi^2$=1.8, $p$=0.18。

### 4．例子 2

卡方检验可以用于"快糙猛"的正态检验，比如：

$H_0$——随机变量 $X$ 是对称分布的；

$H_1$——随机变量 $X$ 不是对称分布的。

我们知道，如果是对称分布，那么其算术均值和中位数应该几乎相同。所以检验该假设的一个简单方法就是计算多少个观测值比均值小，多少个观测值比均值大。如果均值和中位数相等，那么 50% 的观测值应该小于均值，50% 的观测值应该大于均值。它满足

$$V = \frac{(n_- - n/2)^2}{n/2} + \frac{(n_+ - n/2)^2}{n/2} \approx \chi_1^2 \tag{9.7}$$

### 5．评论

卡方检验是一种纯假设检验。它告诉你观察到的频率是否可能是来自一个总体的随机样本选择。卡方检验有许多不同的表达形式，这是由于公式的原始推导（从计算机普及之前）不同。如 $2 \times 2$ 表、$r$—$c$ 表，或列联表的卡方检验都是指频率表，

并通常用卡方检验分析。

## 9.2.3　Fisher 精确检验

如果不满足 80% 的单元格期望值至少为 5 的要求，则应使用 Fisher 精确测试。此检验基于所观察到的行和列总数。该方法包括评估与所有可能的 2×2 表相关联的概率，这些表与所观察到的数据具有相同的行和列总数，使得假设零假设（即行和列变量是无关的）是真的。在大多数情况下，Fisher 的精确测试优于卡方检验。但直到强大的计算机问世，它才实际可用。你应该在频率表的最多 10 ～ 15 个单元格中使用它。它被称为"精确"，因为偏离一个空假设的显著性可以精确地计算出来，而不是依赖于一个近似值，当样本量增长到无穷大时，这种近似就变得精确了，就像许多统计测试一样。

在使用该检验时，您必须决定是否使用单尾检验或双尾检验。前者寻找比观察值极端或更极端的概率。后者（也就是 Python 中的默认值）也会考虑在相反的方向上是极端的表格。

**注意：**Python 命令 stats.fisher_exact 默认返回找一个比观察值同样极端或更极端的 $p$ 值。根据文献 Altman（1999），这是个合理的方法，虽然不是所有的统计学家都同意这一点。

### 例子："女士品茶"

R.A. Fisher[1] 是现代统计学之父。他早期的一个实验，也许是最著名的，是测试一个英国女士的说法，她可以判断是否在茶之前倒出牛奶或是相反（图 9.1）。这是一个看似微不足道的事件，它对现代统计学的历史有着最深远的影响，因此，可以说是对现代数量科学有着最深远的影响（Box 1978）。

来到 Rothamstead 不久后，Fisher 的出现将一个平常的下午茶时间改变成了一个

图 9.1　先倒牛奶，然后倒茶（左），或先倒茶，然后倒牛奶（右）：你能尝到味道的不同吗？

历史性的事件。一天下午，当他从瓮中拿了一杯茶给他旁边的那位女士，B. Muriel Bristol 博士，一位藻类学家。她谢绝了，说她更喜欢先倒牛奶的杯子。"胡说，"Fisher 笑着说，"当然没什么区别。"但她强调说，当然有区别。一个声音从后面传来，"让我们测试一下她"，是 William Roach，他不久就要和 Bristol 小姐结婚了。随即，他们开始了实验的准备工作，Roach 协助准备杯子。结果 Bristol 小姐关于哪个杯子先

---

1 来自《Stat Labs: Mathematical statistics through applications》，D. Nolan and T. Speed, Springer-Verlag, 纽约，2000 年。

倒入了茶，猜对了足够多的杯子。

　　Bristol 小姐的个人胜利没有记载，也许 Fisher 不满意当时的即兴实验流程。然而，可以肯定的是，即使当他构思并在搁板桌旁进行实验时，旁观者毫无疑问地站在其结果的一边，他正在思考它提出的问题。

　　这个实验的真正科学意义正是在于这些问题。这些问题是，允许偶然的细节，在设计一个实验之前必须考虑的问题。我们将把这些问题视为"品茶小姐"，但你可以想象这些问题应该如何适应不同的情况。

- 温度、甜度等的偶然变化应该如何处理？理想的情况是，除了先倒牛奶或先倒茶的顺序外，你想使每一杯茶都一样。但是，永远无法控制每一杯茶之间的各种不同之处。如果我们不能控制这些变化，那么我们所能做的最好的事情就是——我们确实说的是"最好"——随机化。
- 在这个测试中应该使用多少杯？他们应该配对吗？杯子应该以什么顺序排列？这里的关键思想是，杯子的数量和顺序应该使一个受试者有充分的机会证明自己的能力，使作弊者不容易成功地辨别出所有茶中的倒茶顺序。
- 从一个满分或一个或多个错误中得出什么结论？如果女士不能区分不同的倒茶的顺序，那就只能靠猜测了，那人就不太可能准确地判断出所有被测试杯子哪个是哪个。同样，如果她确实具有区分倒茶先后顺序的技能，那么为了将她与一个单纯的猜测者区分开，要求她不犯错误可能是不合理的。

Fisher 描述的一个真实场景，并被许多人称为"女士品茶"的实验如下所述。

- 对于每一个杯子，我们都记录下它实际的倒茶顺序和这位女士所说的顺序。我们将结果汇总成如下的表格：

| | | 实际倒茶顺序 | | 合计 |
|---|---|---|---|---|
| | | 先倒茶 | 先倒奶 | |
| 女士说 | 先倒茶 | $a$ | $b$ | $a+b$ |
| | 先倒奶 | $c$ | $d$ | $c+d$ |
| | 合计 | $a+c$ | $b+d$ | $n$ |

其中 $n$ 是制作的茶的总杯数。先倒茶的杯数是 $a+c$，这位女士将其中的 $a+b$ 分类为先倒茶。理想情况下，如果她能够尝试区别，$b$ 和 $c$ 的计数应该很小。另一方面，如果她实际上不能分辨，我们会期望 $a$ 和 $c$ 大致上相等。

- 假设现在为了检验这位女士的能力，我们准备了 8 杯茶，4 杯先倒茶，4 杯先倒奶，并且告诉了这位女士这个实验设计（就是有 4 杯先倒茶，4 杯先倒奶）。假设杯子是以随机的顺序给她的。她的任务就是分辨出哪 4 杯先倒茶，哪 4 杯先倒奶。

这个设计将表格中行和列的总和固定为 4，也就是：

$$a+b = a+c = c+d = b+d = 4$$

在这些限制下，当 $a$、$b$、$c$、$d$ 中任何一个确定下来了，剩下的 3 个也被唯一的确定了：

$$b = 4-a, c = 4-a, \text{并且 } d = a$$

总的来说，对于这个设计，不管提供了多少杯茶，行总数 $a+b$ 将等于 $a+c$，因为受试对象知道有多少杯茶是先倒茶的（或先倒奶的）。所以一旦 $a$ 被确定，另外 3 个计数也被确定下来了。

我们可以检验这位女士的辨别技能，如果她有这种能力的话，通过将提供的杯子随机化的方法。如果我们认为她没有辨别能力，那么这种将顺序随机化的方法将让她选择为先倒茶的 4 杯的可能性等于从 8 杯中任意选择 4 杯的可能性。从 8 杯中选择 4 杯为 "先倒茶" 一共有 $\binom{8}{4} = 70$ 种可能（在 Python 中，选择 scipy.misc.comb(8, 4, exact=True)）的方式。如果受试对象没有办法分辨随机化的两种准备，那么这 70 种方式中的每一个的可能性都是相等的。这 70 个中只有一个方法能完全正确分类。所以一个人如果没有辨别技能，那么他就只有 1/70 的机会完全不犯错。

- 结果就是，如果我们假定她没有辨别能力，正确分类为先倒茶（表格中的 "$a$"）的数量服从 "超几何" 概率分布（在 Python 中是 hd=stats.hypergeom(8,4,4)）。一共有 5 种可能性：对 $a$ 来说可以为 0、1、2、3、4，对应的概率（和计算概率的 Python 命令）列在下面。

| 正确辨别的次数 | Python 命令 | 概率 |
| --- | --- | --- |
| 0 | hd.pmf(0) | 1/70 |
| 1 | hd.pmf(1) | 16/70 |
| 2 | hd.pmf(2) | 36/70 |
| 3 | hd.pmf(3) | 16/70 |
| 4 | hd.pmf(4) | 1/70 |

- 有了这些概率，我们可以计算检验该女士无法分辨这两种准备的假设的 $p$ 值了。回忆一下，$p$ 值是在无效假设下，观察到一个比目前观察到的结果同样极端或更极端的概率。如果她每一次都说对了，$p$ 值就是 1/70，如果她说错了一次（正确了 3 次），那么 $p$ 值就是 $1/70 + 16/70 \sim 0.24$。

上述检验被称为 "Fisher 精确检验"，它的实现有点繁琐：

```
oddsratio, p = stats.fisher_exact(obs, alternative='greater')
```

其中 obs 是包含观测值的矩阵。

## 9.2.4 McNemar 检验

虽然 McNemar 测试与分类关联测试表面上类似，可能通过 $2 \times 2$ 卡方检验或 $2 \times 2$ Fisher 精确概率测试来执行，但它正在做一个完全不同的事情。关联检验检查表格单元格之间存在的关系。McNemar 检验检查从表的边际总和得出的比例之间的差异（见表 9.3）：$p_A = (a + b)/N$ 并且 $p_B = (a + c)/N$。McNemar 检验的问题是：这两个比例，$p_A$ 和 $p_B$，是否显著不同？它得到的答案必须考虑到这两个比例不是独立的。$p_A$ 和 $p_B$ 的关联是由于它们两个都包含了表格左上角单元格的数量 $a$。

比如，McNemar 检验可以用于在病人自身对照的研究中，或"前后比较"的研究设计中。

**例子**

在下面的例子中，研究人员尝试确定药物是否对特定疾病有效果。表中给出了个体数量，在行中给出了治疗前的诊断（疾病：存在或不存在），并在列中给出了治疗后的诊断（表 9.4）。该检验需要将相同的个体包括在前后测量（匹配对）中。

表 9.4　McNemar 检验：例子

|  | 之后：出现 | 之后：未出现 | 总数 |
|---|---|---|---|
| 之前：出现 | 101 | 121 | *222* |
| 之前：未出现 | 59 | 33 | *92* |
| 总数 | *160* | *154* | *314* |

在这个例子中，"边缘同质性"的零假设意味着没有治疗效果。从上述数据可以看出，Yates 连续性校正的 McNemar 检验统计量为

$$\chi^2 = \frac{(|b-c| - correctionFactor)^2}{b+c} \tag{9.8}$$

其中 $\chi^2$ 服从 1 个自由度的卡方分布。对于小样本数，$correctionFactor$ 应该是 0.5（Yates 校正）或 1.0（Edward 校正）。（对于 $b+c<25$，应该进行二项式计算，事实上，大多数软件包只是简单的在所有情况下都执行二项式计算，因为所有情况下的结果都是精确检验。）用 Yates 校正，我们得到：

$$\chi^2 = \frac{(|121-59| - 0.5)^2}{121+59} \tag{9.9}$$

结果值是 21.01，这非常不可能来自无效假设推断的分布。（$p_b = p_c$）。因此，该检验为无治疗效果的无效假设提供了很强的拒绝证据。

在 Python 中实现 McNemar 检验，代码如下：

```
from statsmodels.sandbox.stats.runs import mcnemar
```

```
obs = [[a,b], [c, d]]
chi2, p = mcnemar(obs)
```

其中 obs 再一次表示观察值矩阵。

## 9.2.5　Cochran's Q 检验

Cochran's Q 检验是一个假设检验，其中响应变量只能采用两种可能的结果（编码为 0 和 1）。这是一个非参数统计检验，以验证 $k$ 个处理是否具有相同的效果。Cochran's Q 检验不应与 Cochran's C 检验混淆，Cochran's C 检验是一种方差异常检验。

**例子**

12 名受试者被要求执行 3 项任务。每个任务的结果都是成功或失败。结果被编码为 0 是失败和 1 是成功。在例子中，对象 1 在任务 2 中成功，但任务 1 和任务 3 失败（参见表 9.5）。

表 9.5　Cochran's Q 检验：12 个对象在 3 个任务上成功或失败

| 对象 | 任务 1 | 任务 2 | 任务 3 |
| --- | --- | --- | --- |
| 1 | 0 | 1 | 0 |
| 2 | 1 | 1 | 0 |
| 3 | 1 | 1 | 1 |
| 4 | 0 | 0 | 0 |
| 5 | 1 | 0 | 0 |
| 6 | 0 | 1 | 1 |
| 7 | 0 | 0 | 0 |
| 8 | 1 | 1 | 0 |
| 9 | 0 | 1 | 0 |
| 10 | 0 | 1 | 0 |
| 11 | 0 | 1 | 0 |
| 12 | 0 | 1 | 0 |

对于 Cochran's Q 检验的零假设是变量之间没有差异。如果计算出的概率 $p$ 低于选定的显著水平，则零假设被拒绝，可以得出结论，在至少 2 个变量中的比例是显著不同的。对于我们的例子（表 9.5），分析数据得到了 Cochran's Q = 8.6667，显著的 $p = 0.013$。换言之，3 个任务中至少有一个比其他任务更容易或更困难。

在 Python 中实现 Cochran's Q 检验，可以用

```
from statsmodels.sandbox.stats.runs import cochrans_q
```

```
obs =np.array([[0,1,1,0,1,0,0,1,0,0,0,0],
                [1,1,1,0,0,1,0,1,1,1,1,1],
                [0,0,1,0,0,1,0,0,0,0,0,0]]),
q_stat, p = cochrans_q(obs)
```

**代码 "ISP_compGroups.py"**[1]。分析分类数据：一旦选择了正确的检验方法，计算步骤是无关紧要的。

## 9.3 练习

### 9-1 Fisher 精确检验：品茶实验

在一个聚会上，一位女士声称能够判断茶或牛奶是否先加入杯中。Fisher 提出要给她 8 个杯子，每种 4 杯，随机排列。然后我们可以问，只是由于偶然，她得到正确的次数的可能性。

实验为该女士提供了 8 个随机顺序的茶——4 个通过首先添加牛奶调制，4 个通过首先添加茶调制。她要选出用某一种方法准备的 4 杯茶。（这样比较，给了这位女士判断杯子的优势。）

无效假设是，这位女士没有这样的能力。（在真实的历史实验中，这位女士 8 个杯子都说对了。）

■ 计算一下如果她 4 对里面猜对了 3 对，这位女士的声明是否被支持？

（正确答案：不，如果她答对 3 个，那么选择 "3 个或更多" 的概率是 0.243。如果我们把拒绝阈值设为 0.05，她需要得到所有 4 个正确的答案。）

### 9-2 卡方列联表检验（1 自由度）

一个新药对心率效果的检验产生了如下结果：

| | 心率 | | 总数 |
|---|---|---|---|
| | 增加 | 未增加 | |
| 治疗 | 36 | 14 | 50 |
| 未治疗 | 30 | 25 | 55 |
| 总数 | 66 | 39 | 105 |

■ 该药是否影响心率？（正确答案：不。）
■ 如果一个未被治疗的人的反应会有所不同，结果会是什么？在有 Yates 校正和没有 Yates 校正的情况下进行检验。

---

1 https://github.com/thomas-haslwanter/statsintro_python/tree/master/ISP/Code_Quantlets/09_TestsCategoricalData/compGroups。

（正确答案：

没有 Yates 校正：是的，$p=0.042$；

带有 Yates 校正：不，$p=0.067$）

| | 心率 | | 总数 |
|---|---|---|---|
| | 增加 | 未增加 | |
| 治疗 | 36 | 14 | 50 |
| 未治疗 | 29 | 26 | 55 |
| 总数 | 65 | 40 | 105 |

### 9-3　单向卡方检验（>1 自由度）

Linz 市想知道人们是否想沿着多瑙河建一条长长的海滩。他们采访当地人，并决定从 5 个年龄组中每组收集 20 个答复：（<15，15～30，30～45，45～60，>60）。

问卷声明："滨海开发将有利于 Linz"，可能的答案是

| 1 | 2 | 3 | 4 |
|---|---|---|---|
| 强烈同意 | 同意 | 不同意 | 强烈不同意 |

市议会想了解人的年龄是否影响了他们对开发的感觉，特别是那些对计划开发感到消极（即"不同意"或"强烈不同意"）的人的影响。

| 年龄组（类型） | 消极反馈的频数<br>（观察值） |
|---|---|
| <15 | 4 |
| 15～30 | 6 |
| 30～45 | 14 |
| 45～60 | 10 |
| >60 | 16 |

这些分类似乎显示了组间观点有着巨大分歧。

- 这些差异显著吗？（正确答案：是的，$p=0.034$）
- 结果分析有多少个自由度？（正确答案：4）

### 9-4　McNemar 检验

在涉嫌谋杀的诉讼中，辩方使用问卷调查表明被告是疯子。由于调查问卷的结果，宣布被告"因精神错乱而无罪"。

作为答复，州检察官想说明问卷是无效的。他聘请了一位有经验的神经科医生，给他展示了 40 位病人，其中 20 个完成了问卷得到了"精神错乱"的结果，另外 20

个得到了"正常"的结果。当这些人被神经科医生检查的时候，结果就混起来了：19个"正常"的人被发现是正常的，但是 20 个"精神错乱"的人中有 6 个人被专家认为是神智正常。

| | 专家诊断正常 | 专家诊断精神错乱 | 总数 |
|---|---|---|---|
| 正常 | 19 | 1 | 20 |
| 精神错乱 | 6 | 14 | 20 |
| 总数 | 22 | 18 | 40 |

- 结果是否和问卷显著不同？（正确答案：不是）
- 如果专家正确诊断所有的"正常"人，结果会显著不同吗？（正确答案：是的）

# 第10章
# 生存时间分析

　　在分析生存时间的时候，出现了与目前为止我们讨论的问题所不同的问题。一个问题是如何处理研究中退出的个体。例如，假设我们测试了一种新的抗癌药物。有些人死亡，另一些人可能认为新药无效，决定在研究结束前退出研究。

　　用于这种类型研究的术语是生存分析，尽管相同的方法也用于分析其他领域的类似问题。例如，这些技术可用于调查机器在报废之前持续运行多长时间，或者人们订阅邮件列表的时间（"死亡"对应于从邮件列表中取消订阅）。

## 10.1　生存分布

　　Weibull 分布通常用于建模可靠性数据或生存数据。由于它是 Fréchet 首先发现的（1927），而是由 Weibull（1951）详细描述的，有时也被称为 Fréchet 分配。

　　在 scipy.stats 中，Weibull 分布可以通过名称 weibull_min 获得，或者用 frechet_r，表示 *Fréchet right*。（补充的 weibull_max，也叫 frechet_l，表示 *Fréchet left*，简单的反映了其来源。）

　　Weibull 分布用一个形状参数描述，Weibull 系数 $k$（见 6.5.2 小节）。所有的 Python 发行版都提供了方便用于拟合的函数，能够让我们迅速地拟合分布的参数。

**清单 10.1　L10_1_WeibullDemo.py**

```
''' 拟合 Weibull 系数的例子 '''

# 作者：Thomas Haslwanter, 日期：2015 年 7 月

# 引入标准包
import matplotlib.pyplot as plt
import scipy as sp
from scipy import stats

# 生成一些样本数据，Weibull 系数为 1.5
WeibullDist = stats.weibull_min(1.5)
data = WeibullDist.rvs(500)

# 现在拟合参数
```

```
fitPars = stats.weibull_min.fit(data)

# 注意: fitPars 包含 (WeibullModulus, Location, Scale)
print('The fitted Weibull modulus is {0:5.2f}, compared to
    the exact value of 1.5 .'.format(fitPars[0]))
```

## 10.2  生存概率

对于生存数据的分析，Cam Davidson-Pilon 开发了 Python 的包 lifelines。它可以通过下面命令安装：

```
pip install lifelines
```

包含生存分析和生存回归建模的一个丰富的文档，可以在 readthedocs 网站上找到。

### 10.2.1  删失

使用数据进行生存分析的困难在于，在研究结束时，许多人可能仍然"活着"。在统计学中，只知道部分的测量值的表达叫删失。举个例子，假设有一个邮件列表，其订阅者分为两个亚组。第一组很快就厌倦了电子邮件，3 个月后就取消订阅了。第二组享受它，通常订阅了一年半（图 10.1）。我们进行一个为期一年的研究，并调查平均订阅时间。

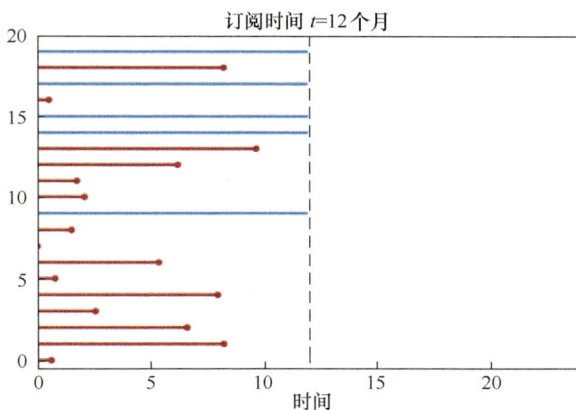

图 10.1  邮件列表订阅行为研究的虚拟结果

代码 "ISP_lifelinesDemo.py" [1]：图形化展示生存分析。

红线表示那些观察到退出的个体的订阅时间，蓝线表示右删失（未观察到的退出）的个体的订阅时间。如果要求我们估计总体的平均订阅时间，我们天真的决定

---

1  https://github.com/thomas-haslwanter/statsintro_python/tree/master/ISP/Code_Quantlets/ 10_SurvivalAnalysis/lifelinesDemo。

不把右删失个体包括进来，那么很明显我们会严重低估真实的平均订阅时间。

如果有些个体在研究中提升了他们的隐私设定，即他们在研究结束前禁止我们监控他们，那么一个类似的，更进一步的问题将会发生。这些数据也是右删失数据。

## 10.2.2    Kaplan‑Meier 生存曲线

处理这些问题的一个巧妙方法是用 Kaplan-Meier 曲线描述这些数据，Altman（1999）对此作了详细描述。首先，时间被细分为小时期。然后计算一个对象在某一特定时期内存活的可能性。生存概率由下式可得：

$$p_k = p_{k-1} \times \frac{r_k - f_k}{r_k} \tag{10.1}$$

其中 $p_k$ 是生存期间 $k$ 的概率，$r_k$ 是恰好在第 $k$ 天之后仍然有风险的对象数量（即，还在随访的），$f_k$ 是在第 $k$ 天观察到的失败对象个数。描述结果的生存概率的曲线叫作寿命表，生存曲线，或 Kaplan-Meier 曲线（见图 10.2）。

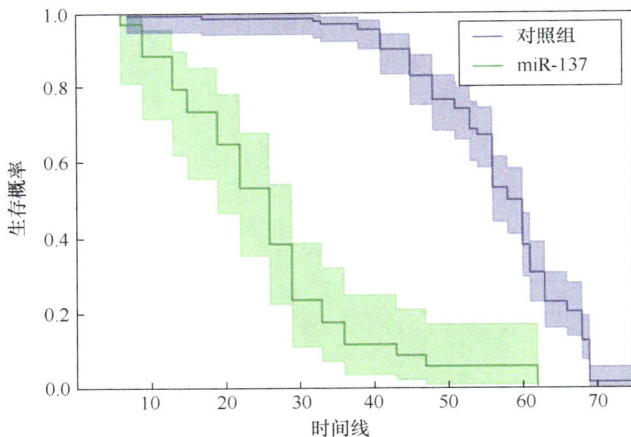

图 10.2    两组果蝇存活概率的比较，阴影区域表示 95% 置信区间

下列数据展示了来自一个对果蝇属果蝇的研究结果。这些数字给出了果蝇基因型和生存的天数。由于我们采用果蝇进行研究，我们没有必要担心左删失：我们知道每个果蝇的出生日期。我们确实有意外杀死一些果蝇或一些果蝇逃跑的问题。这些将是右删失，因为我们并没有真正地观察到它们"自然"原因的死亡。

清单 10.2    L10_2_lifelinesSurvival.py

```
''' 生存曲线的图形化展示，用秩和检验比较两个曲线
"miR-137" 是一个短的非编码 RNA 分子，它的功能是调节其他基因的表达水平
'''
```

```
# 作者：Thomas Haslwanter，日期：2015 年 1 月

# 引入标准包

import matplotlib.pyplot as plt

# 额外的包
import sys
sys.path.append(r'..\Quantlets\Utilities')
import ISP_mystyle

from lifelines.datasets import load_waltons
from lifelines import KaplanMeierFitter
from lifelines.statistics import logrank_test

# 设置我最爱的字体
ISP_mystyle.setFonts(18)

# 载入并展示数据
df = load_waltons()  # 返回一个 Pandas 数据框

print(df.head())
'''
    T   E      group
0   6   1     miR-137
1   13  1     miR-137
2   13  1     miR-137
3   13  1     miR-137
4   19  1     miR-137
'''

T = df['T']
E = df['E']

groups = df['group']
ix = (groups == 'miR-137')

kmf = KaplanMeierFitter()

kmf.fit(T[~ix], E[~ix], label='control')
ax = kmf.plot()

kmf.fit(T[ix], E[ix], label='miR-137')
kmf.plot(ax=ax)
```

```
plt.ylabel('Survival Probability')
outFile = 'lifelines_survival.png'
ISP_mystyle.showData(outFile)

# 比较两个曲线
results = logrank_test(T[ix], T[~ix], event_observed_A=E[ix],
        event_observed_B=E[~ix])
results.print_summary()
```

这段代码产生了下列输出：

```
Results
    t 0: -1
    alpha: 0.95
    df: 1
    test: logrank
    null distribution: chi squared

p-value   _|_ test statistic _|_ test result _|_ is significant
    0.00000 |         122.249   |   Reject Null  |        True
```

注意，只有当一个"失败"发生的时候，即当一个对象死亡的时候，生存曲线才会改变。删失的条目，描述的要么是一个对象退出了研究，要么是研究结束了。删失的条目虽然会计入"失败"的次数，但是它不会影响生存曲线。

## 10.3 在两组间比较生存曲线

比较两个独立组别的生存时间的最常见的检验是 logrank 检验。这是个非参数假设检验，检验两组来自同一个潜在的总体的概率。为了探索不同变量对生存的影响，我们需要更加高级的方法。例如，Cox 回归模型，也叫作 Cox 比例风险模型。它是在 1972 年被 Cox 引入的，广泛应用于想要同时探索多个变量的情况。

这些检验和生存数据的分析模型，在 lifelines 包中可以得到，只要你会使用 Python，你可以很容易地应用它们。

# 第三部分
## 统计建模

　　假设检验可以决定两组或两组以上的数据样本是否来自同一总体或不同的总体，但它们不能量化两个或多个变量之间的关系强度。包括变量的定量预测的问题，在本书的第三部分讨论。用 Python 编写的基本代数工具可以解决如直线拟合或相关系数的确定之类的简单问题。但是一些包极大地扩展了 Python 用于统计数据分析和建模的能力。本部分将展示以下软件包的应用：

- statsmodels；
- PyMC；
- scikit-learn；
- scikits.bootstrap。

　　此外，还简短地介绍了广义线性模型。logistic 回归也被放在这个部分，因为 logistic 回归是一个广义线性模型。贝叶斯统计学，包括一个可运行的马尔可夫链蒙特卡洛模拟的实际例子，也将被介绍，并给该章画上圆满的句号。

# 第11章
# 线性回归模型

假设检验与统计建模的方法有很大的不同。假设检验通常由一个无效假设开始。根据问题和数据，然后选择适当的统计检验以及期望的显著性水平，然后要么接受或拒绝无效假设。

相比之下，统计建模通常需要对数据进行更为交互的分析。一开始是对数据进行目视检查，寻找相关性和／或关系。基于这第一次检查，选择了一个可以描述数据的统计模型。在简单的情况下，可以用线性模型描述数据中的关系。

$$y=k×x+d$$

接下来：

- 模型的参数（比如 $k$ 和 $d$）已经被确定了；
- 模型的质量被评估；
- 然后检查残差（即，剩余的错误），检查我们提出的模型是否错过了数据中关键的特征。

如果残差太大，或者如果对残差的肉眼检查显示出离群值或建议另一个模型，则对模型进行修改。重复这个过程直到结果满意为止。

本章描述如何在 Python 中实现和解决线性回归模型。并对由此产生的模型参数以及模型的假设和模型结果的解释进行了讨论。由于 bootstrapping 对某些模型的评估有帮助，本章最后一节展示了一个 bootstrapping 的 Python 实现。

## 11.1 线性相关

对于两个相关的变量，相关性度量的是两个变量之间的关联程度。相反，线性回归是用一个变量的值来预测另一个变量的值。

### 11.1.1 相关系数

两个变量之间的相关系数回答了这个问题："这两个变量有关系吗？"也就是说，如果一个变量的变化，那另一个也改变了吗？如果这两个变量是正态分布的，确定相关系数的标准方法通常是 Pearson，它是

$$r = \frac{\sum\limits_{i=1}^{n}(X_i - \bar{X})(Y_i - \bar{Y})}{\sqrt{\sum\limits_{i=1}^{n}(X_i - \bar{X})^2}\sqrt{\sum\limits_{i=1}^{n}(Y_i - \bar{Y})^2}} \tag{11.1}$$

其中样本协方差 $s_{xy}$ 被定义为

$$s_{xy} = \frac{\sum\limits_{i=1}^{n}(X_i - \bar{X})(Y_i - \bar{Y})}{n-1} \tag{11.2}$$

并且 $s_x$ 和 $s_y$ 分别是 $x$ 和 $y$ 的值的样本标准差，公式 11.1 也可以写为

$$r = \frac{s_{xy}}{s_x \cdot s_y} \tag{11.3}$$

Pearson 相关系数，有时也称为总体相关系数或样本相关性，它的取值范围是 –1 ～ +1。图 11.1 给出了例子。注意相关系数的公式在 $x$ 和 $y$ 之间是对称的，但线性回归中不是这样的。

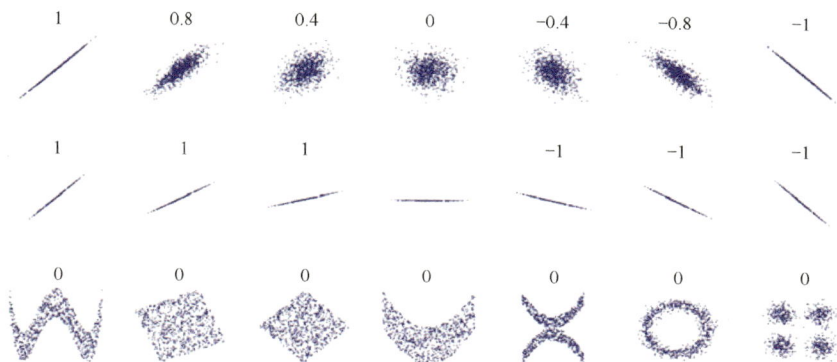

图 11.1　几组 ($x$, $y$) 点，和每组 $x$ 和 $y$ 的相关系数。注意，相关性反映了线性关系 (顶行) 的噪声和方向，而不是该关系 (中间) 的斜率，也不反映非线性关系的许多方面 (底部)。注意：中心的图形具有 0 的斜率，但在这种情况下，相关系数未定义，因为 $Y$ 的方差为零 (来源：维基百科。)

## 11.1.2　秩相关

如果数据不是正态分布的，那么需要采用不同的方法。在这种情况下，我们可以对数据集的每个变量进行排序，并比较这个顺序。计算秩相关的常用方法有两种。

Spearman's $\rho$ 和 Pearson 相关系数 $r$ 完全一样，但是计算的不是原始的数字，而是观测值的秩。

Kendall's $\tau$ 也是一个秩相关系数，测量两个测量量之间的关联。它比 Spearman's $\rho$ 更难计算，但是有争论认为 Spearman's $\rho$ 的置信区间比 Kendall's $\tau$ 参数的置信区间更不可靠和难以解释。

代码 "ISP_bivariate.py" [1]：分析多变量数据（回归，相关）。

## 11.2　一般线性回归模型

当我们想用一个或多个其他的变量预测一个变量的时候，我们可以用线性回归的方法（图 11.2）。

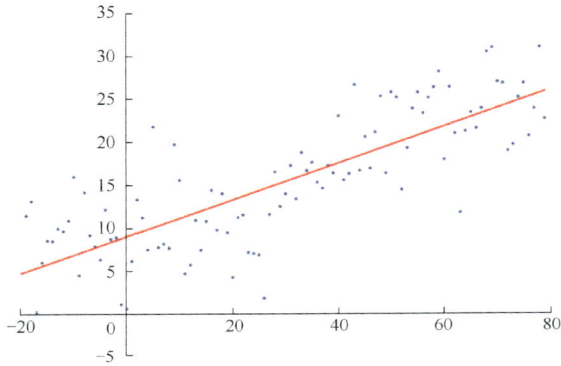

图 11.2　给定数据集的线性回归最佳拟合线

例如，当我们寻找给定数据集 $(x_i, y_i)$ 的最佳拟合线的时候，我们是在寻找让下式的残差平方和 $\epsilon_i$ 最小的参数 $(k, d)$：

$$y_i = k \times x_i + d + \epsilon_i \tag{11.4}$$

其中 $k$ 是线的斜率，$d$ 是截距。残差是观测值和预测值之间的差异（见图 11.3）。

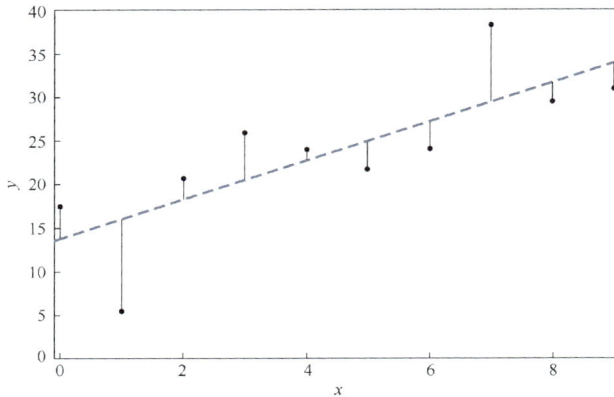

图 11.3　线性回归的最佳拟合线（虚线）和残差（实线）

---

1　https://github.com/thomas-haslwanter/statsintro_python/tree/master/ISP/Code_Quantlets/11_Line arModels/bivariate。

由于线性回归方程是用最小化残差平方和的方法来解决的，线性回归有时也被称为普通最小二乘法（OLS）回归。

这实际上只是一个更一般化的技术的一维示例，这在下一节中有所描述。

注意，与相关性相反，$x$ 和 $y$ 之间的这种关系不再是对称的：它假设 $x$ 值是精确的，所有的变异性都在于残差。

## 11.2.1　例子 1：简单线性回归

假设有一些数据点 $\{y_i, x_i\}$，其中，$i=1$，2，$\cdots$，7。简单线性回归模型是：

$$y_i = \beta_0 + \beta_1 x_i + \epsilon_i \tag{11.5}$$

其中 $\beta_0$ 是 $y$ 轴的截距，$\beta_1$ 是回归线的斜率。该模型可以用矩阵的形式表示为

$$
\begin{bmatrix} y_1 \\ y_2 \\ y_3 \\ y_4 \\ y_5 \\ y_6 \\ y_7 \end{bmatrix} =
\begin{bmatrix} 1 & x_1 \\ 1 & x_2 \\ 1 & x_3 \\ 1 & x_4 \\ 1 & x_5 \\ 1 & x_6 \\ 1 & x_7 \end{bmatrix}
\begin{bmatrix} \beta_0 \\ \beta_1 \end{bmatrix} +
\begin{bmatrix} \epsilon_1 \\ \epsilon_2 \\ \epsilon_3 \\ \epsilon_4 \\ \epsilon_5 \\ \epsilon_6 \\ \epsilon_7 \end{bmatrix}
\tag{11.6}
$$

其中右侧矩阵中的第一列表示 $y$ 截距项，而第二列是与 $y$ 值相关联的 $x$ 值。（第 11.4 节显示了如何用 Python 求解这些方程式的 $\beta_i$。）

## 11.2.2　例子 2：二次方拟合

给定数据的二次方拟合的方程是：

$$y_i = \beta_0 + \beta_1 x_i + \beta_2 x_i^2 + \epsilon_i \tag{11.7}$$

可以写为矩阵形式：

$$
\begin{bmatrix} y_1 \\ y_2 \\ y_3 \\ y_4 \\ y_5 \\ y_6 \\ y_7 \end{bmatrix} =
\begin{bmatrix} 1 & x_1 & x_1^2 \\ 1 & x_2 & x_2^2 \\ 1 & x_3 & x_3^2 \\ 1 & x_4 & x_4^2 \\ 1 & x_5 & x_5^2 \\ 1 & x_6 & x_6^2 \\ 1 & x_7 & x_7^2 \end{bmatrix}
\begin{bmatrix} \beta_0 \\ \beta_1 \\ \beta_2 \end{bmatrix} +
\begin{bmatrix} \epsilon_1 \\ \epsilon_2 \\ \epsilon_3 \\ \epsilon_4 \\ \epsilon_5 \\ \epsilon_6 \\ \epsilon_7 \end{bmatrix}
\tag{11.8}
$$

注意，未知的参数 $\beta_i$ 只以线性的形式进入模型，并且二次项的成分只能存在于（已知）的数据矩阵。

### 11.2.3  决定系数

一个数据集有 $y_i$ 的值，每一个都有一个相关联的模型的值 $f_i$（有时被称为 $\hat{y}_i$）。在这里，$y_i$ 被称为观察值，模型值 $f_i$ 有时被叫作预测值。

在下面，$\bar{y}$ 是观察值的均值：

$$\bar{y} = \frac{1}{n}\sum_{i=1}^{n} y_i \tag{11.9}$$

其中 $n$ 是观察数的数量。

数据集的"变异性"通过不同的平方和来测量。

- $SS_{\text{mod}} = \sum_{i=1}^{n}(\hat{y}_i - \bar{y})^2$ 是模型平方和，或回归平方和。该值有时被叫作可解释平方和。
- $SS_{\text{res}} = \sum_{i=1}^{n}(y_i - \hat{y}_i)^2$ 是残差平方和，或误差平方和。
- $SS_{\text{tot}} = \sum_{i=1}^{n}(y_i - \bar{y})^2$ 是总平方和，它等于样本方差乘以 $n$–1。

对于线性回归模型（图 11.4）：

$$SS_{\text{mod}} + SS_{\text{res}} = SS_{\text{tot}} \tag{11.10}$$

应该避免 $SS_R$ 和 $SS_E$ 这样的标记，因为在一些情况下，它们的意思分别是"回归平方和"和"可解释平方和"。

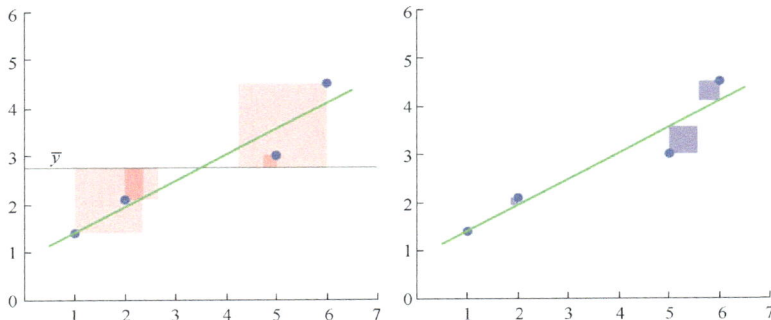

图 11.4   和单纯的平均值（左边的图）相比，线性回归（右边的图）拟合数据越好，$R^2$ 的值就越接近 1。蓝色方块的面积表示线性回归模型的残差的平方，红色方块的面积表示平均值模型的残差的平方

通过该表达式，决定系数 $R^2$ 最一般的定义为

$$R^2 \equiv 1 - \frac{SS_{\text{res}}}{SS_{\text{tot}}} \tag{11.11}$$

由于

$$SS_{\text{tot}} = SS_{\text{mod}} + SS_{\text{res}} \tag{11.12}$$

公式 11.11 等价于

$$R^2 = \frac{SS_{\text{mod}}}{SS_{\text{tot}}} \tag{11.13}$$

用文字来说，决定系数是模型的可解释平方和与总平方和的比值。

对于简单线性回归（即直线拟合），决定系数或 $R^2$ 是相关系数 $r$ 的平方。这比相关系数 $r$ 更好解释：$R^2$ 接近 1 对应更紧密的关联，其值接近 0 对应更弱的关联。注意对于一般的模型而言，写为 $R^2$ 较常见，然而对于简单线性回归来说，我们使用 $r^2$。

### 1. 和未解释的方差的关系

在一般形式下，$R^2$ 可以看作和未解释方差有关，因为公式 11.11 的第二项比较了未解释方差（模型错误的方差）和（数据的）总方差。

### 2. "良好的"拟合

$R^2$ 值必须是多大才能被认为是"良好的"拟合，这取决于学科。和生物学和社会科学相比，我们期望它会在物理科学中更高。在金融学或市场营销中，它还取决于用什么进行建模。

**注意**：*如果我们的自变量和因变量之间存在非线性关系，那么简单的相关性和 $R^2$ 会造成误导。*

## 11.3  Patsy：公式的语言

在统计学中用于描述公式的迷你语言，首先在 $R$ 语言和 $S$ 语言中使用，但是现在通过 Python 的包 patsy，在 Python 中也可以使用。

比如，有一个变量 $y$，我们想要用 $x$ 对它进行回归：

$$y \sim x \tag{11.14}$$

更复杂的情况是，$y$ 取决于变量 $x$、$a$、$b$，以及 $a$、$b$ 的交互项，可以这样表示：

$$y \sim x+a+b+a{:}b \tag{11.15}$$

该公式语言是基于 Wilkinson 和 Rogers（1973）引入的记号法。表 11.1 中在右手边使用的符号表示不同的交互作用。完整的描述可以在 readthedocs 网站上找到。

表 11.1　公式语法中的大部分元素

| 操作符 | 含义 |
|---|---|
| $\sim$ | 将左手边和右手边分隔开，如果省略则公式假定只有右手边 |
| $+$ | 将每一侧的项联合起来（并集） |
| $-$ | 将右边的项从左边的项中移除（差集） |
| $*$ | $a*b$ 是扩展形式 $a+b+a{:}b$ 的缩写 |
| $/$ | $a/b$ 是扩展形式 $a+a{:}b$ 的缩写。当 $b$ 嵌套在 $a$ 里面的时候使用（比如，省和市） |
| $:$ | 计算左边和右边的项的交互项 |
| $**$ | 一系列左边的项和一个在右边的 $n$，计算一系列项的 $n$ 次方 |

## 设计矩阵

### 1. 定义

一个非常一般化的回归模型的定义如下：

$$y = f(x, \epsilon) \qquad (11.16)$$

作为线性回归的例子，模型可以重写为：

$$y = \boldsymbol{X}\beta + \epsilon \qquad (11.17)$$

矩阵 $\boldsymbol{X}$ 有时被叫作模型的设计矩阵。对于简单线性回归和多重线性回归而言，对应的设计矩阵分别在 11.6 节和 12.2 节给出。

给定一个有 $n$ 个统计单元的数据集 $\{y_i, x_{i1}, \cdots, x_{ip}\}_{i=1}^n$ [1]，线性回归模型假定因变量 $y_i$ 和回归量 $\boldsymbol{x}_i$ 的第 $p$ 个向量是线性关系。该关系通过一个扰乱项或误差变量 $\epsilon_i$ 进行建模，该变量是一个未被观察的随机变量，它给因变量和回归量之间的线性关系加上了噪音。因此，该模型服从下列形式：

$$y_i = \beta_1 \boldsymbol{x}_{i1} + \cdots + \beta_p x_{ip} + \epsilon_i = \boldsymbol{x}_i^{\mathrm{T}} \boldsymbol{\beta} + \epsilon_i, \quad i = 1, \cdots, n \qquad (11.18)$$

其中 T 表示转置，所以 $x_i^{\mathrm{T}} \beta$ 是向量 $\boldsymbol{x}_i$ 和 $\boldsymbol{\beta}$ 的内积。

这 $n$ 个方程经常堆叠在一起，并写成向量的形式：

$$\boldsymbol{y} = \boldsymbol{X}\beta + \epsilon \qquad (11.19)$$

其中：

$$y = \begin{pmatrix} y_1 \\ y_1 \\ \vdots \\ y_n \end{pmatrix}, \boldsymbol{X} = \begin{pmatrix} x_1^{\mathrm{T}} \\ x_2^{\mathrm{T}} \\ \vdots \\ x_n^{\mathrm{T}} \end{pmatrix} = \begin{pmatrix} x_{11} & \cdots & x_{1p} \\ x_{21} & \cdots & x_{2p} \\ \vdots & & \vdots \\ x_{n1} & \cdots & x_{np} \end{pmatrix}, \beta = \begin{pmatrix} \beta_1 \\ \vdots \\ \beta_p \end{pmatrix}, \epsilon = \begin{pmatrix} \epsilon_1 \\ \epsilon_2 \\ \vdots \\ \epsilon_n \end{pmatrix} \qquad (11.20)$$

术语和一般用法的备注如下。

- $y_i$ 被叫作回归变数，内生变量，响应变量，测量变量或非独立变量。决定数据集中哪一个变量作为因变量建模，哪些作为自变量建模，主要是基于这些变量中哪一个变量被其他变量引起或直接影响的推论。或者，有一个实际的理由来对用其他变量对某个变量进行建模，在这种情况下，不需要假定之间有因果关系。

- $x_i$ 被称为回归量，外生变量，解释变量，协变量，输入变量，预测变量或独立变量。（自变量的表达是和因变量相对的，但是不要和独立随机变量弄混，在这里，"独立"表示这些变量不依赖其他任何东西）。

  - 一般来说会包含一个常数作为回归量。比如我们可以对 $i = 1, \cdots, n$ 取 $x_{i1} = 1$。那么对应的 $\beta$ 元素就被叫作截距。许多线性模型的统计推断过

---

1　该部分来自维基百科，最后一次访问 2015 年 10 月 21 日。

程需要展示截距项，所以尽管理论上的考虑表明其值应该为 0，该项也常常被包含进来。

- 有时回归量中有一个变量可以是数据中另一个回归量的非线性函数，比如在多项式回归和分段回归中。只要模型的参数向量 $\boldsymbol{\beta}$ 是线性的，这个模型就是线性的（见公式 11.8，其中用线性回归取拟合数据的二次方曲线。）

- $\boldsymbol{\beta}$ 是一个 $p$ 维的参数向量。它的元素也被叫作效应，或回归系数。线性回归中的统计估计和推断主要指的就是 $\boldsymbol{\beta}$。

- $\epsilon_i$ 被叫作残差，误差项，扰乱项或噪声。该变量包括了除了回归量 $\boldsymbol{x}_i$ 之外所有其他对因变量 $y_i$ 有影响的因素。误差项与解释变量之间的关系，例如是否是相关的，是建立一个线性回归模型的一个关键步骤，因为这将决定使用的估计方法。

- 如果在公式 11.18 中 $i = 1$ 和 $p = 1$，我们得到一个简单的线性回归，对应于公式 11.4。如果 $i > 1$，我们讨论的就是多重线性回归或多元线性回归（见公式 12.2）。

### 2. 例子

单因素方差分析（单元格平均模型）

这个例子演示了有 3 组和 7 个观察值的单因素方差分析（ANOVA）。在给定的数据集中，前 3 个观察值属于第一组，接下来的两个观察值属于第二组，最后两个观察值属于第三组。如果要拟合的模型只是每组的均值，那么该模型是：

$$y_{ij} = \mu_i + \epsilon_{ij}, \ i = 1, 2, 3 \tag{11.21}$$

它可以被写为

$$\begin{bmatrix} y_1 \\ y_2 \\ y_3 \\ y_4 \\ y_5 \\ y_6 \\ y_7 \end{bmatrix} = \begin{bmatrix} 1 & 0 & 0 \\ 1 & 0 & 0 \\ 1 & 0 & 0 \\ 0 & 1 & 0 \\ 0 & 1 & 0 \\ 0 & 0 & 1 \\ 0 & 0 & 1 \end{bmatrix} \begin{bmatrix} \mu_1 \\ \mu_2 \\ \mu_3 \end{bmatrix} + \begin{bmatrix} \epsilon_1 \\ \epsilon_2 \\ \epsilon_3 \\ \epsilon_4 \\ \epsilon_5 \\ \epsilon_6 \\ \epsilon_7 \end{bmatrix} \tag{11.22}$$

应该注意的是，在模型中，$\mu_i$ 代表第 $i$ 组的均值。

单因素方差分析（参考组偏移量）

方差分析的模型也相当于可以写为，每组的参数 $\tau_i$ 是某个总参考值的偏移量。一般来说该参考点是我们考虑的组别中的其中一组。当我们将多个处理组和对照组进行比较的时候，将对照组认为是参考组，这是有意义的。在这个例子中，第一组被选为参考组。这样的话，要拟合的就是：

$$y_{ij} = \mu + \tau_i + \epsilon_{ij}, \ i = 1, 2, 3 \qquad (11.23)$$

限制 $\tau_i$ 的值为 0。

$$\begin{bmatrix} y_1 \\ y_2 \\ y_3 \\ y_4 \\ y_5 \\ y_6 \\ y_7 \end{bmatrix} = \begin{bmatrix} 1 & 0 & 0 \\ 1 & 0 & 0 \\ 1 & 0 & 0 \\ 1 & 1 & 0 \\ 1 & 1 & 0 \\ 1 & 0 & 1 \\ 1 & 0 & 1 \end{bmatrix} \begin{bmatrix} \mu \\ \tau_2 \\ \tau_3 \end{bmatrix} + \begin{bmatrix} \epsilon_1 \\ \epsilon_2 \\ \epsilon_3 \\ \epsilon_4 \\ \epsilon_5 \\ \epsilon_6 \\ \epsilon_7 \end{bmatrix} \qquad (11.24)$$

在该模型中，$\mu$ 是参考组的均值，$\tau_i$ 是第 $i$ 组和参考组的差异。$\tau_1$ 没有包含在矩阵中，因为它和参考组（它自己）的差异必然是 0。

# 11.4    用 Python 进行线性回归分析

## 11.4.1    例子 1：拟合带置信区间的直线

对于单变量分布，基于标准差的置信区间表示我们期望包含 95% 的数据的区间，而基于平均值的标准误的置信区间表示 95% 概率下包含真正均值的区间。我们也有这两种类型的置信区间（一个用于数据，一个用于拟合参数）用于直线拟合，它们如图 11.5 所示。

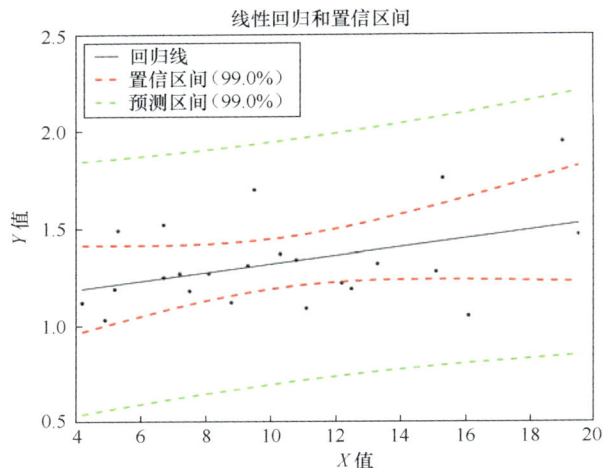

图 11.5    带有均值和预测值的置信区间的回归。红色虚线表示均值的置信区间；绿色虚线表示预测值的置信区间。相应的代码可以在 ISP_fitLine.py 找到

对应的公式是公式 11.4，公式的语法在公式 11.14 给出。

**代码 "ISP_fitLine.py"** [1]：线性回归拟合，输出显示见图 11.5。

## 11.4.2    例子 2：嘈杂的二次多项式

为了了解如何使用不同的模型来评估给定的数据集，让我们来看一个简单的例子：拟合一个有噪声的、略微二次项弯曲的曲线。让我们从 numpy 中实现的算法开始，然后用线性、二次方、三次方曲线来拟合数据。

```
In [1]: import numpy as np
   ...: import matplotlib.pyplot as plt

In [2]: ''' 生成一个有噪声的、略微二次项弯曲的数据集 '''
   ...: x = np.arange(100)
   ...: y = 150 + 3*x + 0.03*x**2 + 5*np.random.randn(len(x))
   ...:

In [3]: # 为线性拟合，二次方拟合和三次方拟合
   ... # 创建设计矩阵
   ...: M1 = np.vstack( (np.ones_like(x), x) ).T
   ...: M2 = np.vstack( (np.ones_like(x), x, x**2) ).T
   ...: M3 = np.vstack( (np.ones_like(x), x, x**2, x**3) ).T
   ...:
   ...: # 用 statsmodels 的另一个等价的解决方案是
   ...: # M1 = sm.add_constant(x)
   ...:
In [4]: # 解出方程
   ...: p1 = np.linalg.lstsq(M1, y)
   ...: p2 = np.linalg.lstsq(M2, y)
   ...: p3 = np.linalg.lstsq(M3, y)
   ...:

In [5]: np.set_printoptions(precision=3)

In [6]: print('The coefficients from the linear fit: {0}'
   ...:           .format(p1[0]))
The coefficients from the linear fit:
[ 100.42   5.98]

In [7]: print('The coefficients from the quadratic fit: {0}'
   ...:           .format(p2[0]))
The coefficients from the quadratic fit:
```

---

1    https://github.com/thomas-haslwanter/statsintro_python/tree/master/ISP/Code_Quantlets/11_Line arModels/
fitLine。

```
[  1.48e+02           3.10e+00              2.91e-02]

In [8]: print('The coefficients from the cubic fit: {0}'
   ...:               .format(p3[0]))
The coefficients from the cubic fit:
[  1.47e+02   3.12e+00              2.84e-02              4.81e-06]
```

通过简单的分析解法，我们可以得到线性模型、二次方模型、三次方模型的拟合参数（公式 11.18 中的 $\beta_i$）。正如我们在图 11.6 中看到的，二次方拟合和三次方拟合都非常好，并且基本看不出差别。

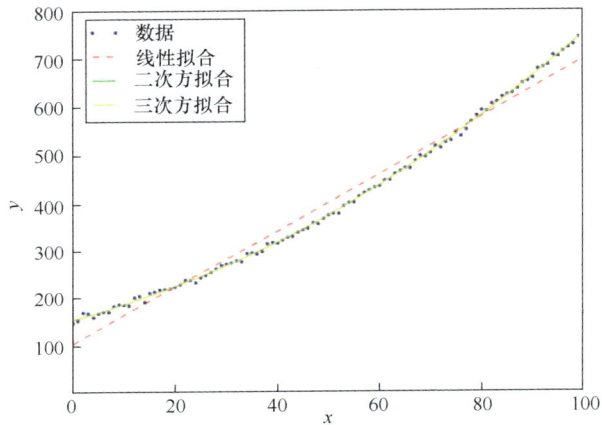

图 11.6　带有噪声的、略微二次弯曲的数据集，叠加了线性、二次方、三次方拟合。
二次方和三次方曲线几乎是一样的。

如果我们想找出哪个才是拟合的"最好的"，我们可以使用 statsmodels 提供的工具来再次拟合模型。使用 statsmodels，我们不仅可以得到最佳拟合参数，还能得到关于模型的许多有价值的额外信息。

```
In [9]: '''用 statsmodels 的工具的解法 '''
   ...: import statsmodels.api as sm
   ...:
   ...: Res1 = sm.OLS(y, M1).fit()
   ...: Res2 = sm.OLS(y, M2).fit()
   ...: Res3 = sm.OLS(y, M3).fit()

In [10]: print(Res1.summary2())


            Results: Ordinary least squares
===========================================================
Model:                OLS      Adj. R-squared:       0.983
Dependent Variable:   y        AIC:                  909.6344
```

```
Date:                    2015-06-27 13:50    BIC:                        914.8447
No. Observations:        100                 Log-Likelihood:             -452.82
Df Model:                1                   F-statistic:                5818.
Df Residuals:            98                  Prob (F-statistic):         4.46e-89
R-squared:               0.983               Scale:                      512.18
---------------------------------------------------------------------------------
         Coef.        Std.Err.        t        P>|t|        [0.025        0.975]
---------------------------------------------------------------------------------
const  100.4163      4.4925       22.3519      0.0000      91.5010      109.3316
x1       5.9802      0.0784       76.2769      0.0000       5.8246        6.1358
---------------------------------------------------------------------------------
Omnibus:                 10.925          Durbin-Watson:              0.131
Prob(Omnibus):           0.004           Jarque-Bera (JB):           6.718
Skew:                    0.476           Prob(JB):                   0.035
Kurtosis:                2.160           Condition No.:              114
=================================================================================
```

```
In [11]: print('The AIC-value is {0:4.1f} for the linear fit,\n
   ...:       {1:4.1f} for the quadratic fit, and \n
   ...:       {2:4.1f} for the cubic fit'.format(Res1.aic, Res2.aic,
   ...:                                           Res3.aic))
The AIC-value is 909.8 for the linear fit,
    578.7 for the quadratic fit, and
    580.2 for the cubic fit
```

在下一节中，我们将详细解释所有这些参数的含义。在这里我只想指出 AIC 值（Akaike 信息准则）可用于评估模型的质量：AIC 值越低，模型越好。我们看到，二次模型的 AIC 值最小，因此是最好的模型：它提供了与三次方模型相同的拟合质量，但使用较少的参数来得到该质量。

在我们转到下一个示例之前，让我来说明如何使用公式语言执行相同的拟合，但不需要手动生成设计矩阵，以及如何提取模型参数、标准误和置信区间。值得注意的是，使用 pandas 数据框允许 Python 添加单独参数的信息。

```
In [14]: ''' 基于公式的建模 '''
   ...: import pandas as pd
   ...: import statsmodels.formula.api as smf
   ...:
   ...: # 将数据转化为 pandas 的数据框
   ...: # 这样我们可以用它们的名字在公式里处理它们
   ...: df = pd.DataFrame({'x':x, 'y':y})
   ...:
   ...: # 拟合模型，并展示结果
   ...: Res1F = smf.ols('y~x', df).fit()
   ...: Res2F = smf.ols('y ~ x+I(x**2)', df).fit()
```

```
      ...: Res3F = smf.ols('y ~ x+I(x**2)+I(x**3)', df).fit()

In [15]: # 作为示例，显示二次方拟合的参数
      ...: Res2F.params
Out[15]:
Intercept    148.022539
x              3.043490
I(x ** 2)      0.029454
dtype: float64

In [16]: Res2F.bse
Out[16]:
Intercept    1.473074
x            0.068770
I(x ** 2)    0.000672
dtype: float64

In [17]: Res2F.conf_int()
Out[17]:

                     0            1
Intercept    145.098896   150.946182
x              2.907001     3.179978
I(x ** 2)      0.028119     0.030788
```

置信区间（Out[17]）是特别有意义的，因为置信区间和 0 重叠的参数是不显著的。

**代码 "ISP_modelImplementations.py"** [1]：在 Python 中解出一个线性回归模型的三种方法。

## 11.5　线性回归模型的结果

线性回归模型的输出，比如第 187 页的输出，一开始可能令人生畏。由于理解这种类型的输出对于更复杂的模型是很有价值的步骤，我将在下面的一个简单的例子中，一步一步地解释输出。我们将使用 Python 来探索线性回归的拟合度量：确定系数（$R^2$），假设检验（$F$，$T$，Omnibus）等度量。[2]

### 11.5.1　例子：英国的烟草和酒精

首先，我们将从 DASL 库中的一个小数据集查看英国不同地区的烟草和酒精购买之

---

1　https://github.com/thomas-haslwanter/statsintro_python/tree/master/ISP/Code_Quantlets/11_Line arModels/modelImplementations。

2　下面的内容基于 Connor Johnson 的博客，得到了作者的许可。

间的相关性。该数据集有趣的特点是北爱尔兰报告为异常值（图 11.7）。尽管如此，我们将使用此数据集描述计算线性回归的两个工具。我们将使用 statsmodels 和 sklearn 模块来计算线性回归，同时使用 pandas 进行数据管理，并使用 matplotlib 进行绘图。首先，我们导入模块，获取数据到 Python 中并观察它们。

```
In [1]: import numpy as np
   ...: import pandas as pd
   ...: import matplotlib as mpl
   ...: import matplotlib.pyplot as plt
   ...: import statsmodels.formula.api as sm
   ...: from sklearn.linear_model import LinearRegression
   ...: from scipy import stats
   ...:

In [2]: data_str = '''Region Alcohol Tobacco
   ...: North 6.47 4.03
   ...: Yorkshire 6.13 3.76
   ...: Northeast 6.19 3.77
   ...: East_Midlands 4.89 3.34
   ...: West_Midlands 5.63 3.47
   ...: East_Anglia 4.52 2.92
   ...: Southeast 5.89 3.20
   ...: Southwest 4.79 2.71
   ...: Wales 5.27 3.53
   ...: Scotland 6.08 4.51
   ...: Northern_Ireland 4.02 4.56'''
   ...:
   ...: # 读入数据, 注意在 Python 2.x 中
   ...: # 你必须更改 import 命令
   ...: from io import StringIO
   ...: df = pd.read_csv(StringIO(data_str), sep=r'\s+')
   ...:

In [3]: # 绘制数据
   ...: df.plot('Tobacco', 'Alcohol', style='o')
   ...: plt.ylabel('Alcohol')
   ...: plt.title('Sales in Several UK Regions')
   ...: plt.show()
   ...:
```

暂时忽略异常值（最后一个数据点），拟合模型就很容易了。

```
In [4]: result = sm.ols('Alcohol ~ Tobacco', df[:-1]).fit()
   ...: print(result.summary())
   ...:
```

注意使用了 statsmodels 里的 formula.api 模块，那么截距就会被自动加上，这样会得到：

在英国一些区域的销量

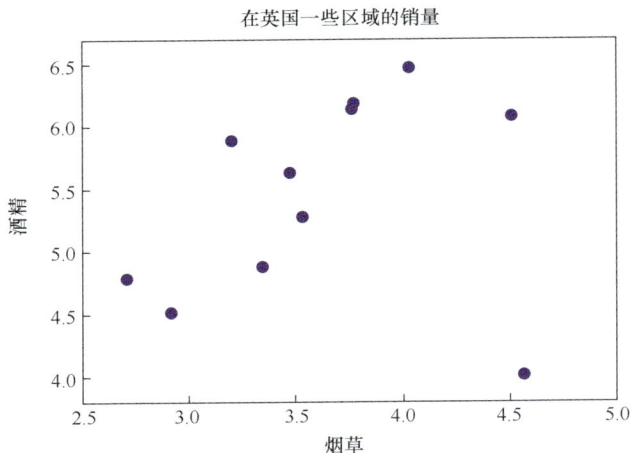

图 11.7　烟草与酒精在英国的销量。我们注意到似乎有一个线性的趋势，
还有个异常值，对应着北爱尔兰。

```
                          OLS Regression Results
==============================================================================
Dep. Variable:          Alcohol   R-squared:                       0.615
Model:                      OLS   Adj. R-squared:                  0.567
Method:           Least Squares   F-statistic:                     12.78
Date:          Sun, 27 Apr 2014   Prob (F-statistic):            0.00723
Time:                  13:19:51   Log-Likelihood:                -4.9998
No. Observations:            10   AIC:                             14.00
Df Residuals:                 8   BIC:                             14.60
Df Model:                     1
==============================================================================
                 coef    std err          t      P>|t|      [95.0% Conf. Int.]
------------------------------------------------------------------------------
Intercept      2.0412      1.001      2.038      0.076      -0.268       4.350
Tobacco        1.0059      0.281      3.576      0.007       0.357       1.655
==============================================================================
Omnibus:                      2.542   Durbin-Watson:                   1.975
Prob(Omnibus):                0.281   Jarque-Bera (JB):                0.904
Skew:                        -0.014   Prob(JB):                        0.636
Kurtosis:                     1.527   Cond. No.                         27.2
==============================================================================
```

现在我们有了一张非常好的数字表，起初看起来相当吓人。为了解释单个数字的含义，我将一个一个解释每一个数字。第一个表的左栏大部分是自解释的。模型的自由度是预测变量或解释变量的个数。残差的自由度是观测数减去模型的自由度，

再减去一个（考虑到偏移量）。

在 summary 的大部分值都可以通过 result 对象得到。比如，$R^2$ 值可以通过 result. rsquared 得到。如果你使用的是 IPython，你可以输入 result.，然后敲击 TAB 键，就可以看到 result 对象所有可能的属性的列表了。

## 11.5.2 带有截距的回归的定义

平方和变量 $SS_{xx}$ 已经在上面定义了，见 11.2.3 小节。$n$ 是观察值的个数，$k$ 是回归参数的个数。例如，你要拟合一条直线，$k=2$。如前所述（11.2.3 小节），$\hat{y}_i$ 表示拟合的模型的值，$\bar{y}$ 表示均值。除这些以外，下面的变量也会被用到。

- $DF_{mod} = k-1$ 是（校正后）模型自由度。（"−1" 是因为我们只对相关性感兴趣，而不对数据的绝对偏移量感兴趣。）
- $DF_{res} = n-k$ 是残差自由度。
- $DF_{tot} = n-1$ 是（校正后）总自由度。水平线回归就是无效假设模型。
对于带截距项的多重回归模型：$DF_{mod} + DF_{res} = DF_{tot}$。
- $MS_{mod} = SS_{mod}/DF_{mod}$：模型均方。
- $MS_{res} = SS_{res}/DF_{res}$：残差均方。$MS_{res}$ 是多重回归对 $\sigma^2$ 的无偏估计。
- $MS_{tot} = SS_{tot}/DF_{tot}$：总均方，$y$ 变量的样本方差。

## 11.5.3 $R^2$ 值

正如我们已经在 11.2.3 小节见过的，$R^2$ 值表示的是 $y$ 变量的方差中由于 $x$ 变量的方差所引起的比例。对于简单线性回归来说，$R^2$ 是样本相关系数 $r_{xy}$ 的平方。对于带截距项的多重线性回归（也包括简单线性回归）来说，$R^2$ 值定义如下：

$$R^2 = \frac{SS_{mod}}{SS_{tot}} \tag{11.25}$$

## 11.5.4 $\bar{R}^2$：调整后的 $R^2$ 值

为了评估模型的质量，许多研究人员更偏好使用调整后的 $R^2$ 值，常常用 $R$ 上面一根横线表示，该参数会惩罚模型中过多的参数。

这是在 $\bar{R}^2$ 定义后面的逻辑：$R^2$ 定义为 $R^2 = 1 - SS_{res}/SS_{tot}$ 或者是 $1 - R^2 = SS_{res}/SS_{tot}$。为了将回归参数的个数考虑进来，我们定义调整后的 $R$ 方值为

$$1 - \bar{R}^2 = \frac{Residual Variance}{Total Variance} \tag{11.26}$$

其中，（样本）残差方差用 $SS_{res}/DF_{res} = SS_{res}/(n-k)$ 来估计，而（样本）总方差用 $SS_{tot}/DF_{tot} = SS_{tot}/(n-1)$ 来估计，因此：

$$1 - \overline{R}^2 = \frac{SS_{\text{res}}/(n-k)}{SS_{\text{tot}}/(n-1)}$$

$$= \frac{SS_{\text{res}}}{SS_{\text{tot}}} \frac{n-1}{n-k} \tag{11.27}$$

所以

$$\overline{R}^2 = 1 - \frac{SS_{\text{res}}}{SS_{\text{tot}}} \frac{n-1}{n-k}$$

$$= 1 - (1 - R^2) \frac{n-1}{n-k} \tag{11.28}$$

## 1. $F$ 检验

对于带截距项的多重回归模型来说：

$$Y_j = \alpha + \beta_1 X_{1j} + \ldots + \beta_n X_{nj} + \epsilon_i$$

$$= \alpha X + \sum_{i=1}^{n} \beta_i X_{ij} + \epsilon_j \tag{11.29}$$

$$= E(Y_j | X) + \epsilon_j$$

最后一行 $E(Y_j | X)$ 表示"在给定 $X$ 的时候，$Y$ 的期望值。"

我们想要检验下面的无效假设和备择假设：

$H_0: \beta_1 = \beta_2 = \cdots = \beta_n = 0$

$H_1: \beta_j \neq 0$，至少有一个 $j$ 成立。

该检验就是熟知的用于回归的整体 $F$ 检验。

记住，如果 $t_1$，$t_2$，$\cdots$，$t_m$ 是独立的，服从 $N(0, \sigma^2)$ 的随机变量，那么 $\sum_{i=1}^{m} \frac{t_i^2}{\sigma^2}$ 是一个有着 $m$ 自由度的卡方随机变量。那么，如果 $H_0$ 是真的，且残差是无偏的，方差齐的（即，所有的函数值有着相同的方差），独立的和服从正态分布的（见 11.6 节），那么：

（1）$SS_{\text{res}}/\sigma^2$ 服从 $DF_{\text{res}}$ 的自由度的卡方分布；

（2）$SS_{\text{mod}}/\sigma^2$ 服从 $DF_{\text{mod}}$ 的自由度的卡方分布；

（3）$SS_{\text{res}}$ 和 $SS_{\text{mod}}$ 是独立的随机变量。

如果 $u$ 是一个 $n$ 自由度的卡方随机变量，$v$ 是一个 $m$ 自由度的卡方随机变量，并且 $u$ 和 $v$ 都是独立的，那么 $F = \frac{u/n}{v/m}$ 服从 $(n,m)$ 自由度的 $F$ 分布。

如果 $H_0$ 为真，

$$F = \frac{(SS_{\text{mod}}/\sigma^2)/DF_{\text{mod}}}{(SS_{\text{res}}/\sigma^2)/DF_{\text{res}}}$$

$$= \frac{SS_{\text{mod}}/DF_{\text{mod}}}{SS_{\text{res}}/DF_{\text{res}}} \tag{11.30}$$

$$= \frac{MS_{\text{mod}}}{MS_{\text{res}}}$$

服从 $(DF_{\mathrm{mod}}, DF_{\mathrm{res}})$ 自由度的 $F$ 分布，并且独立于 $\sigma$。

我们可以在 Python 中直接检验。

```
In [5]: N = result.nobs
   ...: k = result.df_model+1
   ...: dfm, dfe = k-1, N - k
   ...: F = result.mse_model / result.mse_resid
   ...: p = 1.0 - stats.f.cdf(F,dfm,dfe)
   ...: print('F-statistic: {:.3f}, p-value: {:.5f}'
   ...:                 .format( F, p ))
   ...:
F-statistic: 12.785, p-value: 0.00723
```

对应于上面的模型 summary 中的值。

在这里，stats.f.cdf(F, m, n) 返回形状参数 m = k-1 = 1 和 n = N-k=8 的 $F$ 分布到 $F$ 统计量的累计和。用 1 减去这个值，我们得到了尾部的概率，表示的是观察到比我们目前观察到的 $F$ 统计量更极端的概率。

### 2. 对数似然函数

统计学中一个非常常见的方法是最大似然估计的思想。基本思想与 OLS（最小二乘）方法截然不同：在最小二乘法中，模型是常数，响应误差是可变的；相比之下，在最大似然法中，数据响应值被认为是常数，并且将模型的可能性最大化。（（Duda（2004）对极大似然估计的概念进行了很好的解释。）

对于经典的线性回归模型（带有正态的误差），我们有

$$\epsilon = y_i - \sum_{k=1}^{n} \beta_k x_{ik} = y_i - \hat{y}_i \ \in N(0, \sigma) \tag{11.31}$$

所以概率密度就是

$$p(\epsilon_i) = \Phi\left( \frac{y_i - \hat{y}_i}{\sigma} \right) \tag{11.32}$$

其中 $\Phi(z)$ 是标准正态概率分布函数。独立样本的概率是独立概率的乘积：

$$\Pi_{total} = \prod_{i=1}^{n} p(\epsilon_i) \tag{11.33}$$

对数似然函数定义为

$$\ln(\mathcal{L}) = \ln(\Pi_{total})$$

$$= \ln\left[ \prod_{i=1}^{n} \frac{1}{\sigma\sqrt{2\pi}} \exp\left( -\frac{(y_i - \hat{y}_i)^2}{2\sigma^2} \right) \right]$$

$$= \sum_{i=1}^{n} \left[ \ln\left( \frac{1}{\sigma\sqrt{2\pi}} \right) - \left( \frac{(y_i - \hat{y}_i)^2}{2\sigma^2} \right) \right]$$

$\sigma^2$ 的最大似然估计是

$$E(\sigma^2) = \frac{SS_{\text{res}}}{n} \tag{11.34}$$

我们可以在 Python 中如下计算：

```
In [6]: N = result.nobs
   ...: SSR = result.ssr
   ...: s2 = SSR / N
   ...: L = (1.0/np.sqrt(2*np.pi*s2)) ** N*np.exp(-SSR/(s2*2.0))
   ...: print('ln(L) =', np.log( L ))
   ...:
ln(L) = -4.99975869739
```

再一次和模型 summary 一致。

### 3. 统计模型的信息内容：AIC 和 BIC

为了判断模型的质量，应首先目视检查残差。此外，还可以使用一些数值标准来评估统计模型的质量。这些标准代表了平衡模型准确性与简洁性的各种方法。

我们已经遇到了校正后的 $R^2$ 值（11.5.4 小节），和 $R^2$ 相比，它在模型有许多回归量的时候会降低。

其他经常遇见的标准是 Akaike 信息准则（AIC）和 Schwartz/ 贝叶斯信息准则（BIC），后者基于前面章节介绍的对数似然。这两种方法引入了模型复杂度的惩罚，不过 AIC 对复杂性的惩罚没有 BIC 那么厉害。Akaike 信息准则（AIC）可以通过下式得到：

$$AIC = 2 \times k - 2 \times \ln(\mathcal{L}) \tag{11.35}$$

Schwartz/ 贝叶斯信息准则（BIC）可以如下得到：

$$BIC = k \times \ln(N) - 2 \times \ln(\mathcal{L}) \tag{11.36}$$

这里，$N$ 是观测次数，$k$ 是参数的数量，$\mathcal{L}$ 是可能性。我们在这个例子中有两个参数，即斜率和截距。AIC 是不同模型之间信息损失的相对估计。BIC 最初是使用贝叶斯论证提出的，并不涉及信息的想法。这两种措施仅在尝试在不同模型之间作出决定时才使用。那么，如果我们对基于卷烟销量的酒精销量做了一个回归，和另一个基于烟草销量和打火机销量的酒精消耗量的模型，那么我们应该选择具有较低 AIC 或 BIC 值的模型。

## 11.5.5　模型的系数和它们的解释

第 191 页的模型摘要中的第二个表格包含了模型系数及其解释。

### 1. 系数

线性回归的系数 / 权重包含在 result.params 中，并作为 pandas 的 Series 对象返回，因为我们使用的是 pandas 数据框作为输入。这很好，因为出于方便考虑系数被命名了。

```
In [7]: result.params
Out[7]:
Intercept    2.041223
Tobacco      1.005896
dtype: float64
```

我们可以通过计算直接得到

$$\beta = (X^T X)^{-1} X^T \cdot y \tag{11.37}$$

这里，$X$ 是设计矩阵，即自变量成列的矩阵，多了额外的一列 1 作为常数项；$y$ 是响应变量的列向量。

$\beta$ 是 $X$ 对应列的系数列向量。在 Python 中：

```
In [8]: df['Ones'] = np.ones( len(df) )
   ...: Y = df.Alcohol[:-1]
   ...: X = df[['Tobacco','Ones']][:-1]
   ...:
```

**注意：** "-1" 的索引将最后一个数据点排除在外，也就是北爱尔兰那个异常值。

### 2. 标准误

为了获得系数的标准误，我们将计算协方差—方差矩阵，也叫作协方差矩阵，通过下式来估计预测变量的系数 $\beta$：

$$C = \mathrm{cov}(\beta) = \sigma^2 (XX^T)^{-1} \tag{11.38}$$

这里，$\sigma^2$ 是方差或残差的均方误差。标准误是这个协方差矩阵主对角线上元素的平方根。我们可以执行上面的操作，并使用下面的 Python 代码计算每个元素的平方根。

```
In [9]: X = df.Tobacco[:-1]
   ...:
   ...: # 加上一列 1 作为常数截距项
   ...: X = np.vstack(( np.ones(X.size), X ))
   ...:
   ...: # 将 numpy 数组转化为矩阵
   ...: X = np.matrix( X )
   ...:
   ...: # 进行矩阵乘法,
   ...: # 然后再求逆
   ...: C = np.linalg.inv( X * X.T )
   ...:
   ...: # 乘以残差的均方误差
   ...: C *= result.mse_resid
   ...:
   ...: # 计算平方根
   ...: SE = np.sqrt(C)
   ...:
```

```
    ...: print(SE)
    ...:
[[ 1.00136021            nan]
 [         nan    0.28132158]]
```

### 3. t 统计量

我们使用 t 检验来检查给定预测变量的系数为 0 的无效假设，也就是说给定的预测变量对响应变量没有影响。备择假设是预测变量对响应变量有贡献。在检验中，我们设定了一些阈值，$\alpha$=0.05 或 0001，并且如果 $\Pr(T \geqslant |t|) < a$，那么我们在阈值 $\alpha$ 下拒绝无效假设，否则我们就无法拒绝无效假设。假定模型的残差是大致正态分布在 0 的时候，t 检验能够大体上让我们评估不同预测变量的重要性。如果残差并非正态分布在 0 附近，这说明变量之间存在一些非线性关系，那么每个预测变量的重要程度就不能用 t 检验来评估了。更进一步的说，也许最好试着修正我们的模型，使得残差在 0 周围正态性聚集。

t 统计量由感兴趣的预测变量的系数（或因子）与其相应的标准误之比给出。如果 $\beta$ 是我们预测变量或因素的系数向量，SE 是我们的标准误差，那么 t 统计量是：

$$t_i = \beta_i / SE_{i,i} \qquad\qquad (11.39)$$

因此，对于第一个因子，对应于我们例子中的斜率，我们有下面的代码：

```
In [10]: i = 1
    ...: beta = result.params[i]
    ...: se = SE[i,i]
    ...: t = beta / se
    ...: print('t =', t)
    ...:
t = 3.57560845424
```

一旦我们得到了 t 统计量，根据我们使用这些代码得到的误差的正态性的假设，我们可以计算观察到一个统计量至少和我们已经观察到的同样极端的概率。

```
In [11]: N = result.nobs
    ...: k = result.df_model + 1
    ...: dof = N - k
    ...: p_onesided = 1.0 - stats.t( dof ).cdf( t )
    ...: p = p_onesided * 2.0
    ...: print('p = {0:.3f}'.format(p))
    ...:
p = 0.007
```

在这里，dof 是自由度，为 8：观察数的个数 N，减去参数的个数 2。CDF 是 PDF 的累积加和。我们感兴趣的是右手边，超过我们 t 统计量的尾部的曲线下面积，所以我们用 1 减去累加至统计量的和，这样就能获得另一边尾部的概率了。接着我们将该尾部概率乘以 2 就可以得到双尾概率了。

### 4. 置信区间

置信区间使用标准误，$t$ 检验的 $p$ 值和具有 $N—k$ 自由度的 $t$ 检验的临界值构建，其中 $k$ 是观测数，$P$ 是模型参数的个数，即预测变量的数量。置信区间是根据我们观察到的，我们期望找到感兴趣的参数的值的范围。您将注意到，我们对预测变量系数和常数项有置信区间。较小的置信区间表明，我们对估计的系数或常数项的值有信心。较大的置信区间表明估计的项存在更多的不确定性或方差。再次，让我重申，假设检验只是一个观点。此外，这是一个在 19 世纪后期和 20 世纪初期发展起来的观点，当时数据集通常较小且收集成本较高，而且数据科学家使用的是对数表进行计算。

置信区间可以通过下式得到：

$$CI = \beta_i \pm z \cdot SE_{i,i} \qquad (11.40)$$

其中，$\beta_i$ 是估计的系数之一，$z$ 是一个 $t$ 统计量需要获得小于 $\alpha$ 置信水平的概率的界值，$SE_{i,i}$ 是标准误，界值通过逆累积分布函数进行计算。在代码中，$t$ 分布计算的置信区间如下：

```
In [12]: i = 0
    ...:
    ...: # 估计的系数和它的方差
    ...: beta, c = result.params[i], SE[i,i]
    ...:
    ...: # t 统计量的界值
    ...: N = result.nobs
    ...: P = result.df_model
    ...: dof = N - P - 1
    ...: z = stats.t( dof ).ppf(0.975)
    ...:
    ...: # 置信区间
    ...: print(beta - z * c, beta + z * c)
    ...:
-0.267917709371 4.35036388305
```

## 11.5.6 残差分析

第 191 页的模型摘要中的第三个表包含了残差的特征参数。如果它们明显偏离了正态分布，那么模型很可能忽略了数据的一个基本元素。

statsmodels.formula.api 提供的 OLS 命令提供了关于模型残差的额外信息：Omnibus、偏度、峰度、Durbin-Watson、Jarque-Bera 和状态数。下面我们将简要介绍这些参数。

### 1. 偏度和峰度

偏度和峰度是指一种分布的形状。偏度是一种分布不对称性的度量，峰度是其曲率的度量，特别是曲线的指向性。（对于正态分布的数据，大约是 3）。

$$S = \frac{\hat{\mu}_3}{\hat{\sigma}^3} = \frac{\frac{1}{N}\sum_{i=1}^{N}(y_i - \hat{y}_i)^3}{\left(\frac{1}{N}\sum_{i=1}^{N}(y_i - \hat{y}_i)^2\right)^{3/2}} \qquad (11.41a)$$

$$K = \frac{\hat{\mu}_4}{\hat{\sigma}^4} = \frac{\frac{1}{N}\sum_{i=1}^{N}(y_i - \hat{y}_i)^4}{\left(\frac{1}{N}\sum_{i=1}^{N}(y_i - \hat{y}_i)^2\right)^{2}} \qquad (11.41b)$$

正如你所见，$\hat{\mu}_3$和 $\hat{\mu}_4$是一个分布的第 3、第 4 中心矩。

超出峰度被定义为 $K$–3，这是为了保证正态分布的峰度值为 0。

在 Python 中的一个可能的实现是：

```
In [13]: d = Y - result.fittedvalues
   ...:
   ...: S = np.mean( d**3.0 ) / np.mean( d**2.0  )**(3.0/2.0)
   ...: # 相当于是:
   ...: # S = stats.skew(result.resid, bias=True)
   ...:
   ...: K = np.mean( d**4.0 ) / np.mean( d**2.0  )**(4.0/2.0)
   ...: # 相当于是:
   ...: # K = stats.kurtosis(result.resid, fisher=False,
   ...: #                    bias=True)
   ...: print('Skewness: {:.3f},   Kurtosis: {:.3f}'.format(S,K))
   ...:
Skewness: -0.014,   Kurtosis: 1.527
```

### 2. Omnibus 检验

Omnibus 检验使用偏度和峰度来检验一个分布是正态分布这一无效假设。在这种情况下，我们观察分布的残差。如果我们得到一个非常小的 P(Omnibus) 值，那么残差不是在 0 附近正态分布的，我们也许应该更仔细地观察我们的模型。Statsmodels 的 OLS 函数用的是 stats.normaltest() 函数。

```
In [14]: (K2, p) = stats.normaltest(result.resid)
   ...: print('Omnibus: {0:.3f}, p = {1:.3f}'.format(K2, p))
   ...:
Omnibus: 2.542, p = 0.281
```

因此，如果峰度或偏度中的一个显示非正态，则应该使用该检验。

### 3．Durbin-Watson

Durbin-Watson 检验用来检测残差中的自相关（彼此间隔一定时间的值之间的关

系），在这里，间隔是1。

$$DW = \frac{\sum_{i=2}^{N}((y_i - \hat{y}_i) - (y_{i-1} - \hat{y}_{i-1}))^2}{\sum_{i=1}^{N}(y_i - \hat{y}_i)^2} \tag{11.42}$$

```
In [15]: DW = np.sum( np.diff( result.resid.values )**2.0 ) \
    ...:          / result.ssr
    ...: print('Durbin-Watson: {:.5f}'.format( DW ))
    ...:
Durbin-Watson: 1.97535
```

### 4. Jarque-Bera 检验

Jarque-Bera 检验是另一个考虑偏度（$S$）和峰度（$K$）的检验。无效假设是，分布是正态的，偏度和过度峰度都是0，或者，偏度是0且正常的峰度为3。不幸的是，小样本情况下 Jarque-Bera 倾向于拒绝无效假设——分布是正态的，当这实际上是真的时候。

$$JB = \frac{N}{6}\left(S^2 + \frac{1}{4}(K-3)^2\right) \tag{11.43}$$

用2个自由度的卡方分布计算 Jarque-Bera 统计量：

```
In [16]: JB = (N/6.0) * ( S**2.0 + (1.0/4.0)*( K - 3.0 )**2.0 )
    ...: p = 1.0 - stats.chi2(2).cdf(JB)
    ...: print('JB-statistic: {:.5f},   p-value: {:.5f}'
    ...:        .format( JB, p ))
    ...:
JB-statistic: 0.90421,   p-value: 0.63629
```

### 5. 条件数

条件数测量一个函数的输出对其输入的灵敏度。当两个预测变量高度相关时，称为多重共线性时，这些预测变量的系数或因子可能会在数据或模型的小变化中不稳定地波动。理想情况下，类似的模型应该是类似的，即具有近似相等的系数。多重共线性可能导致数值矩阵求逆失败或产生不准确的结果（见 Kaplan 2009）。解决这个问题的一个方法是岭回归的技术，它可以在 Python 包 sklearn 中获得。

我们首先得到预测变量（包括常数1向量）的乘积的特征值，然后通过最大特征值和最小特征值的比值的平方根来计算条件数。如果条件数大于30，那么回归可能存在多重共线性。

```
In [17]: X = np.matrix( X )
    ...: EV = np.linalg.eig( X * X.T )
    ...: print(EV)
    ...:
(array([  0.18412885,    136.51527115]),
```

```
matrix([[-0.96332746, -0.26832855],
        [ 0.26832855, -0.96332746]]))
```

注意，*X.T\*X* 应该是 (*P*+1)×(*P*+1) 维的，其中 *P* 是模型（预测变量的个数）的自由度，+1 表示额外的作为截距的常数 1 向量。在我们的例子中，乘积应该是 2×2 的矩阵，所以我们有两个特征值。那么我们的条件数就是：

```
In [18]: CN = np.sqrt( EV[0].max() / EV[0].min() )
    ...: print('Condition No.: {:.5f}'.format( CN ))
    ...:
Condition No.: 27.22887
```

我们的条件数恰好比 30 低一点（太弱了！），所以我们可以睡个好觉。

## 11.5.7 异常值

现在我们已经看到了具有合理线性度的线性回归的例子，你可以与具有显著异常值的示例进行比较。在实践中，应该在丢弃异常值之前弄明白它们，因为它们可能变得非常重要。它们可能意味着新的趋势，或者一些可能的灾难性事件。

```
In [19]: X = df[['Tobacco','Ones']]
    ...: Y = df.Alcohol
    ...: result = sm.OLS( Y, X ).fit()
    ...: result.summary()
    ...:
```

OLS Regression Results

| | | | | | |
|---|---|---|---|---|---|
| Dep. Variable: | Alcohol | R-squared: | | | 0.050 |
| Model: | OLS | Adj. R-squared: | | | -0.056 |
| Method: | Least Squares | F-statistic: | | | 0.4735 |
| Date: | Sun, 27 Apr 2014 | Prob (F-statistic): | | | 0.509 |
| Time: | 12:58:27 | Log-Likelihood: | | | -12.317 |
| No. Observations: | 11 | AIC: | | | 28.63 |
| Df Residuals: | 9 | BIC: | | | 29.43 |
| Df Model: | 1 | | | | |

| | coef | std err | t | P>\|t\| | [95.0% Conf. Int.] |
|---|---|---|---|---|---|
| Intercept | 4.3512 | 1.607 | 2.708 | 0.024 | 0.717    7.986 |
| Tobacco | 0.3019 | 0.439 | 0.688 | 0.509 | -0.691    1.295 |

| | | | |
|---|---|---|---|
| Omnibus: | 3.123 | Durbin-Watson: | 1.655 |
| Prob(Omnibus): | 0.210 | Jarque-Bera (JB): | 1.397 |
| Skew: | -0.873 | Prob(JB): | 0.497 |
| Kurtosis: | 3.022 | Cond. No. | 25.5 |

## 11.5.8　用 Sklearn 进行回归

Scikit-learn 无疑是最先进的开源机器学习软件包。它提供了简单而有效的数据挖掘和数据分析工具，包括监督和无监督学习。

它提供了下列工具。

- 分类：辨别出新的观测值应该属于哪一组类别。
- 回归：对一个新的例子预测一个连续值。
- 聚类：自动将类似的对象聚成一类。
- 降维：减少需要考虑的随机变量的个数。
- 模型选择：比较、验证和选择参数和模型。
- 预处理：特征抽取和标准化。

在这里我们用它进行一个简单的回归分析。

为了使用 sklearn，我们需要以列向量的形式输入我们的数据。因此，在我们的例子中，将 DataFrame 转换为 np.matrix，使得垂直数组在数据集中被切下后保持垂直。（这很必要，因为这个别扭的 Python 特性，即 numpy 数组的一维切片是一个向量，而该向量通常定义为水平方向）。

```
In [20]: data = np.matrix( df )
```

接下来，我们创建回归对象，并将数据拟合它们。在这种情况下，我们将考虑一个干净的集合，它将更适合线性回归，其中包括除北爱尔兰以外的所有地区的数据，以及由原始数据组成的原始集。

```
In [21]: cln = LinearRegression()
    ...: org = LinearRegression()
    ...:
    ...: X, Y = data[:,2], data[:,1]
    ...: cln.fit( X[:-1], Y[:-1] )
    ...: org.fit( X, Y )
    ...:
    ...: clean_score    = '{0:.3f}'.format(
                                cln.score( X[:-1], Y[:-1] ) )
    ...: original_score = '{0:.3f}'.format( org.score( X, Y ) )
    ...:
```

下一段代码产生区域的散点图，所有区域绘制为空蓝色圆圈，除了北爱尔兰，它被描绘成一颗红星。

```
In [22]: mpl.rcParams['font.size']=16
    ...:
    ...: plt.plot( df.Tobacco[:-1], df.Alcohol[:-1], 'bo',
    ...:     markersize=10, label='All other regions,
    ...:     $R^$ = '+clean_score )
```

```
    ...:
    ...: plt.hold(True)
    ...: plt.plot( df.Tobacco[-1:], df.Alcohol[-1:], 'r*',
    ...:      ms=20, lw=10, label='N. Ireland, outlier,
    ...:      $R^2$ = '+original_score)
    ...:
```

下一部分生成从 2.5 到 4.85 的一组点，然后分别使用在原始和干净的集合上训练的线性回归对象来预测这些点的响应变量值。

```
In [23]: test = np.c_[np.arange(2.5, 4.85, 0.1)]
    ...: plt.plot( test, cln.predict( test ), 'k' )
    ...: plt.plot( test, org.predict( test ), 'k--' )
    ...:
```

最后，我们给轴加上坐标和标签，加上标题，叠加上网格，将图例放在底部，然后保存图片，如图 11.8 所示。

```
In [24]: xlabel('Tobacco') ; xlim(2.5,4.75)
    ...: ylabel('Alcohol') ; ylim(2.75,7.0)
    ...: title('Regression of Alcohol from Tobacco')
    ...: grid()
    ...: legend(loc='lower center')
    ...: plt.show()
    ...:
```

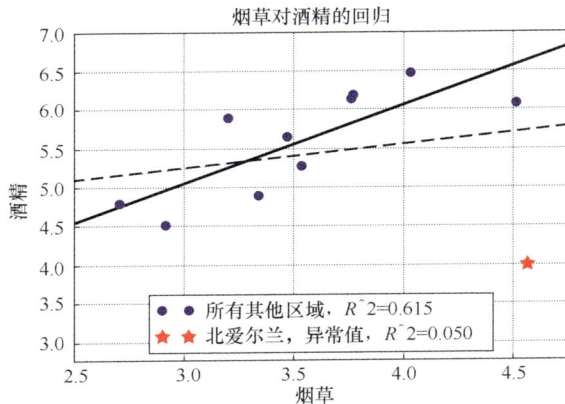

图 11.8   用 Sklearn 进行回归

## 11.5.9   结论

在你做任何事之前，先可视化你的数据。如果你的数据是高维的，那么至少用箱图检查一些切片。在一天结束的时候，根据你的领域知识，独自判断你的模型。统计学检验应该指导你进行推断，但它们不应该占主导地位。在大多数情况下，你的数据都不满足大多数可用检验的假设。Nuzzo（2014）写了一篇非常有趣，可公开访问的关于古典假设检验的文章。更直观的假设检验方法是贝叶斯分析（见第 14 章）。

## 11.6　线性回归模型的假设

具有标准估计技术的标准线性回归模型对预测变量、响应变量及其关系做出了许多假设。已经有许多扩展被开发出来，其允许每一个假设被放宽（即，减小到较弱的形式），并且在某些情况下完全消除这些假设。有些方法足够普适，所以它们可以同时放宽多个假设，而在其他情况下，这可以通过组合不同的扩展来实现。通常这些扩展使得估计过程更加复杂和耗时，并且还可能需要更多的数据以获得准确的模型。

下面是带有标准估计技术的标准线性回归模型的主要假设。

（1）独立变量（即 $x$）是已知的。

（2）有效性：最重要的是，你所分析的数据应该映射到你试图回答的研究问题上。这听起来很明显，但往往被忽视或忽视，因为它可能会不方便。例如，线性回归不能正确描述二次曲线。一个有效的模型的误差也应该是正态的。

（3）可加性和线性：回归模型最重要的数学假设是它的确定性成分是独立预测因子的线性函数。

（4）误差的等方差。

（5）独立变量值误差的独立性。

（6）独立变量的独立性。

**代码 "ISP_anscombe.py"** [1]：生成 Anscombe's Quartet 的代码。

让我们更详细地单独讨论它们 [2]。

（1）弱异质性。这本质上意味着预测变量 $x$ 可以被视为固定值，而不是随机变量。例如，这意味着假设预测变量是无误差的，也就是说，它们不受测量误差的污染。虽然在许多环境中不现实，但放弃这种假设会导致模型中的有错误的变量更为严重。

（2）有效性。图 11.9（Anscombe's Quartet）显示了如果选择了错误的模型，或者如果不符合某些假设，线性拟合可以是无意义的。

（3）线性度。这意味着响应变量的平均值是参数（回归系数）和预测变量的线性组合。请注意，这种假设比最初看起来的限制要小得多。由于预测变量被视为固定值（见上文），线性度实际上只是对参数的限制。

预测变量本身可以任意转换，实际上可以添加相同的潜在预测变量的多个副本，每个变量转换的形式都不同。这个技巧在在多项式回归中被使用，其使用线性回归来将响

1　https://github.com/thomas-haslwanter/statsintro_python/tree/master/ISP/Code_Quantlets/11_Line arModels/anscombe。

2　该节和下一章基于维基百科线性回归词条，最后一次访问是 2015 年 10 月 21 日。

应变量拟合为预测变量的（达到给定秩的）任意多项式函数（参见 11.2.2 小节）。这使线性回归成为非常强大的推断方法。实际上，诸如多项式回归的模型通常是"过于强大"的，因为它们往往会过拟合数据。因此，通常需要采用某种正则化来防止来自估计过程的不合理的解决方案。常见的例子是岭回归和 LASSO 回归。也可以使用贝叶斯线性回归，其性质或多或少可以免于过拟合的问题。（事实上，岭回归和 LASSO 回归都可以被看作贝叶斯线性回归的特殊情况，其特定类型的先验分布置于回归系数上。）

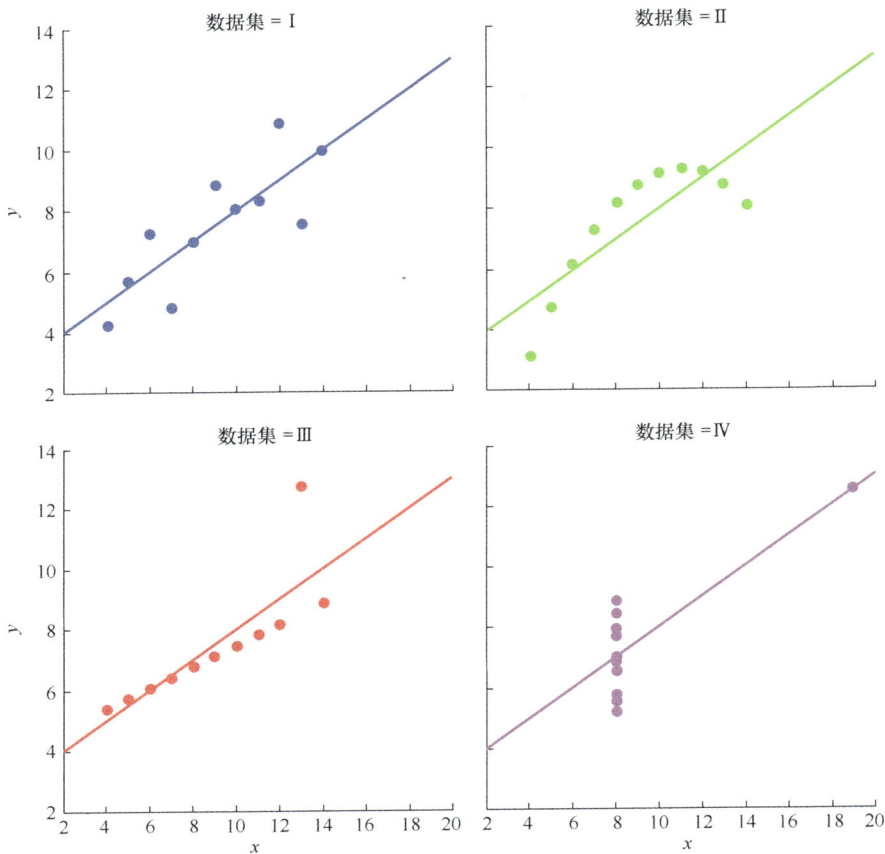

图 11.9  "Anscombe's Quartet" 中的数据集有着同样线性回归线，但是它们的数据自身却非常不同

（4）恒定方差（又称方差齐性）。这意味着不同的响应变量在其错误中具有相同的方差，而与预测变量的值无关。在实践中，如果响应变量可以在大范围内变化，则该假设是无效的（即，误差是异方差的）。为了确定异质误差方差，或当残差模式违反同质性的模型假设时（对于 $x$ 的所有点，误差在"最佳拟合线"周围都是相同的变量），应该谨慎地在残差与预测值之间寻找"扇形效应"。这就是说，当与预测

结果画在一起的时候，残差的平方或绝对值将有系统性的变化。误差不会在回归线上均匀分布。异方差将平均化围绕点的可区分方差，导致得到一个不准确地表示线的所有方差的单个方差。实际上，残差出现聚集，并沿着线性回归线上的点的较大和较小值的预测图分散开来，那么模型的均方误差将是错误的。通常，例如，平均值大的响应变量将具有比均值较小的相应变量更大的方差。例如，给定一个人，其预计收入为 10 万美元，他可能很容易获得 80 000 美元或 120 000 美元的实际收入（标准差约为 20 000 美元），而预计收入为 10 000 美元的另一人则不大可能拥有相同的 20 000 美元标准差，这意味着他们的实际收入将在 –10 000 ～ 30 000 美元之间变化。（实际上，正如这展示的那样，通常在正态分布误差的假设不满足的情况下，方差或标准偏差应该与平均值成正比，而不是常数）。简单的线性回归估计方法给出较少的精确参数估计和误导性的推论量，如存在方差不齐时的标准误差。然而，各种估计技术（例如，加权最小二乘法和异方差一致标准误差）可以以非常通用的方式处理异方差性。当假设方差是平均值的函数时，也可以使用贝叶斯线性回归技术。在某些情况下，也可以通过对响应变量应用转换来解决问题（例如，使用线性回归模型拟合响应变量的对数，这意味着响应变量具有对数正态分布而不是正态分布）。

（5）误差的独立性。这假设响应变量的错误彼此不相关。（实际的统计独立性比仅仅缺乏相关性更强，但通常不需要这么强，尽管如果知道这种独立性，我们可以利用它）。一些方法（例如广义最小二乘法）能够处理相关的误差，尽管除非使用某种正则化来将模型偏置为不相关误差的假设，它们通常需要明显更多的数据。贝叶斯线性回归是处理这个问题的一般方法。

（6）对于标准最小二乘估计方法，设计矩阵 $X$ 必须具有列满秩 $p$；否则，我们在预测变量中有一个称为多重共线性的条件。（这个问题由 Kaplan（2009）进行了详细的分析。）它可以通过有两个或更多个完全相关的预测变量来触发（例如，如果相同的预测变量被错误地给出两次，则要么没有转换一个副本，要么用线性方法转换了一个副本）。如果与要估计的参数的数量相比可用数据太少（例如，比回归系数更少的数据点），这种情况也可能发生。在多重共线性的情况下，参数向量 $\beta$ 将是不能被确定，它没有唯一的解决方案。最多我们将能够识别一些参数，即将其值缩小到 $R^p$ 的一些线性子空间。用于拟合具有多重共线性的线性模型的方法已经被开发出来了。请注意，用于参数估计的计算量较高的迭代算法（例如广义线性模型中使用的那些算法），并不会受到此问题的影响，实际上，处理分类值的预测变量时，常常对每个可能的类别引入单独的指示预测变量，这不可避免地引入了多重共线性。

除了这些假设之外，数据的其他一些统计特性强烈地影响不同估计方法的性能。

- 误差项与回归量之间的统计关系在确定估计过程是否具有可取的抽样属性（如无偏差和一致性）方面起着重要的作用。
- $X$ 中预测变量的排列或概率分布对 $\beta$ 的估计精度有重要影响。实验的抽样和设计是高度发达的统计学子域，为收集数据提供指导，以达到 $\beta$ 的精确估计。

## 11.7    线性回归模型结果的解释

可以使用拟合的线性回归模型来确定模型中所有其他预测变量"固定"时单个预测变量 $x_j$ 和响应变量 $y$ 之间的关系。具体来说，$b_j$ 的解释是当其他协变量被固定时，对于 $x_j$ 的单位变化时，$y$ 的期望变化，即 $y$ 对 $x_j$ 的偏导数的期望值。这有时被称为 $x_j$ 对 $y$ 的单独效应。相比之下，$x_j$ 对 $y$ 的边际效应可以使用相关系数或与 $x_j$ 相关联的简单线性回归模型进行评估；该效应是 $y$ 相对于 $x_j$ 的总导数。

解释回归结果的时候必须注意，因为有的回归量在其他变量不能保持固定的时候，不允许边际改变（比如哑变量，或者截距项）。（回忆一下 11.2.2 小节中的多项式拟合的例子：不可能同时"固定 $t_i$"和改变 $t_i^2$ 的值。）

即使边际效应较大，单独效应也可能接近零。这可能意味着其他一些协变量捕获 $x_j$ 中的所有信息，所以一旦该变量出现在模型中，则 $x_j$ 对 $y$ 的变化没有贡献。相反，$x_j$ 的单独效应可能很大，而其边际效应几乎为零。如果其他协变量解释了 $y$ 的大部分变化，那么这种情况就会发生，但它们主要是以与 $x_j$ 所捕获变化互补的方式来解释变化。在这种情况下，包括模型中的其他变量减少了与 $x_j$ 无关的 $y$ 的可变性部分，从而加强与 $x_j$ 的明显关系。

"保持固定"的意思也许取决于预测变量的值是如何出现的。如果实验人员直接根据实验设计给预测变量赋值，那么兴趣的比较可以对应于实验者的预测变量被"固定"的单位之间的比较。相反，"保持固定"可以表示在数据分析中的一种选择。在这种情况下，我们通过将注意力限制在给定的预测变量的公共值的子集上，来"保持一个变量固定"。这是在观察性研究中对"保持固定"的唯一可用的解释。

当研究一个复杂系统的时候，该系统中有多个相互关联的成分影响着响应变量，那么"单独效应"的概念就很有吸引力了。在一些情况下，它可以从字面意义上解释为与预测变量值相关联的干预的因果效应。然而，有争论认为，在许多情况下，当预测变量互相关联且没有在研究设计后指定时，多元回归分析没能够弄清楚响应变量和预测变量之间的关系。

代码 **"ISP_simpleModels.py"** [1] 展示了一个例子。

## 11.8    Bootstrapping

另一种类型的建模方法是 bootstrapping。有时我们有描述一个分布的数据，但不

---

[1]    https://github.com/thomas-haslwanter/statsintro_python/tree/master/ISP/Code_Quantlets/11_Line arModels/simpleModels。

知道它是什么类型的分布。那么，如果我们想要找出例如平均值的置信度，那我们该怎么做呢？

答案是 bootstrapping。Bootstrapping 是一种重采样的方法，即从初始样本中重复抽取额外的样本，以提供其可变性的估计。在初始样本分布未知的情况下，bootstrapping 是特别有用的，因为它提供了关于分布的信息。

由 Constantine Evans 提供的 scikits.bootstrap 软件包大大方便了 Python 中的 bootstrapping 应用。

**代码 "ISP_bootstrapDemo.py"**[1]：bootstrapping 样本分布均值的置信区间的示例。

## 11.9 练习

### 11-1 相关性

从 Data/data_others/AvgTemp.xls 文件中，首先读入奥地利最高气象观测站 Sonnblick 的年平均温度数据。然后计算 Pearson 和 Spearman 相关性，以及对温度与年份的 Kendall's tau 关系。

### 11-2 回归

对于相同的数据，假定随时间呈线性增长，计算出每年的温度上升。增加是否显著？

### 11-3 检查正态性

对于回归模型的数据，通过测试残差是否正常分布（例如，通过使用 Kolmogorov-Smirnov 检验）来检查模型是否正常。

---

1　https://github.com/thomas-haslwanter/statsintro_python/tree/master/ISP/Code_Quantlets/11_Line arModels/bootstrapDemo。

# 第12章
# 多元数据分析

当从两个变量变为多个变量时，相关系数被相关矩阵所取代。如果我们想要并且预测许多其他变量的值，则线性回归必须被多重线性回归替代，有时也被称为多元线性回归。

然而，在处理许多变量的时候，很多陷阱都会出现！考虑下面的例子：通常比较富裕的人玩高尔夫；并且还知道平均而言，儿童的数量随着收入的增加而下降。换句话说，我们在打高尔夫球和儿童人数之间有很强的负相关关系，人们可能会（错误地）得出结论：打高尔夫球可以降低生育率。但事实上，这是更高的收入导致的两种影响。Kaplan（2009）很好地描述了这些问题来自哪里，以及如何最好地避免这些问题。

## 12.1 可视化多元相关

### 12.1.1 散点图矩阵

如果我们有 3 ～ 6 个可能相互关联的变量，我们可以使用散点图来显示不同变量之间的相关性（图 12.1）。

```
import seaborn as sns
sns.set()

df = sns.load_dataset("iris")
sns.pairplot(df, hue="species", size=2.5)
```

### 12.1.2 相关性矩阵

可视化大量变量之间的相关性的优雅方式是相关性矩阵。使用 seaborn，以下示例显示了如何实现相关性矩阵。在该示例中，np.random.RandomState 的参数是随机数生成的种子。数据是正态分布的虚拟数据，模拟来自 30 个不同变量的 100 个记录。命令 sns.corrplot 计算和可视化每个可能的变量组合之间的相互关系（图 12.2）。

```
import numpy as np
import seaborn as sns
import matplotlib.pyplot as plt
sns.set(style="darkgrid")
```

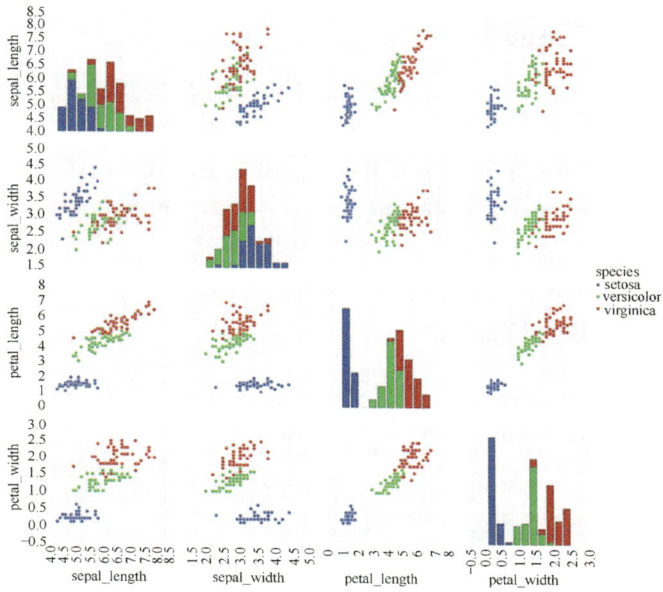

图 12.1　散点图矩阵

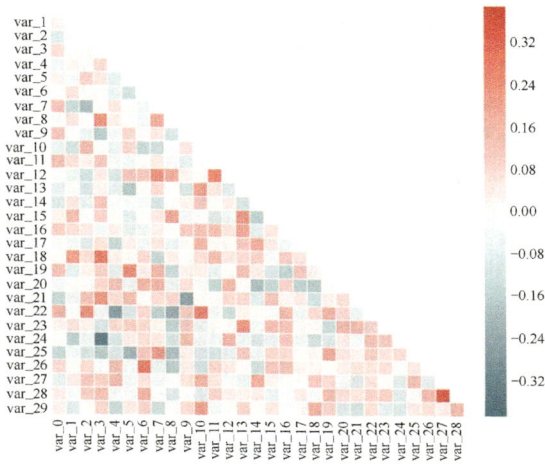

图 12.2　可视化相关性矩阵

```
rs = np.random.RandomState(33)
d = rs.normal(size=(100, 30))
f, ax = plt.subplots(figsize=(9, 9))
cmap = sns.diverging_palette(220, 10, as_cmap=True)
sns.corrplot(d, annot=False, sig_stars=False,
             diag_names=False, cmap=cmap, ax=ax)
f.tight_layout()
```

## 12.2 多重线性回归

如果我们有真正的独立变量，则多重线性回归（或多元回归）是简单线性回归的简单扩展。

例如，让我们来看一下带有协变量（即自变量）$w_i$ 和 $x_i$ 的多重回归。假设数据为 7 个观察值，而对于每个观测到的值（$y_i$），还有两个被观察到的协变量，即 $w_i$ 和 $x_i$。要考虑的模型是：

$$y_i = \beta_0 + \beta_1 w_i + \beta_2 x_i + \epsilon_i \tag{12.1}$$

该模型可以写成矩阵的形式：

$$\begin{bmatrix} y_1 \\ y_2 \\ y_3 \\ y_4 \\ y_5 \\ y_6 \\ y_7 \end{bmatrix} = \begin{bmatrix} 1 & w_1 & x_1 \\ 1 & w_2 & x_2 \\ 1 & w_3 & x_3 \\ 1 & w_4 & x_4 \\ 1 & w_5 & x_5 \\ 1 & w_6 & x_6 \\ 1 & w_7 & x_7 \end{bmatrix} \begin{bmatrix} \beta_0 \\ \beta_1 \\ \beta_2 \end{bmatrix} + \begin{bmatrix} \epsilon_1 \\ \epsilon_2 \\ \epsilon_3 \\ \epsilon_4 \\ \epsilon_5 \\ \epsilon_6 \\ \epsilon_7 \end{bmatrix} \tag{12.2}$$

图 12.3 显示了如何将两个协变量的数据集可视化为三维曲面。c12_2_multipleregression. py 代码示例说明如何生成三维图，以及如何找到相应的回归系数。

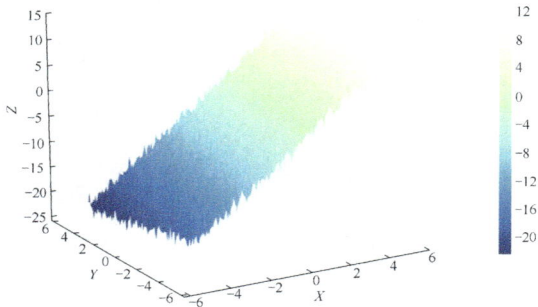

图 12.3　多重线性回归的可视化

代码 "ISP_multipleRegression.py"[1]：多元回归的例子，包括回归系数的求解和可视化。

---

1　https://github.com/thomas-haslwanter/statsintro_python/tree/master/ISP/Code_Quantlets/12_Mul tivariate/multipleRegression。

# 第13章
# 离散数据的检验

由于不同的原因，数据可以是离散的。一个原因是数据是以离散的方式获得的（比如，问卷中的水平）。另一个原因是（研究）范式只给出了离散的结果（比如掷骰子）。对于分析这样的数据来说，我们可以利用前面已经介绍过的等级资料的分析工具。将该分析扩展到等级资料的统计学模型上时，需要引入广义线性模型（GLM）。本章介绍如何用 Python 提供的工具实现 logistic 回归，这是一种常用的 GLM 的应用。

## 13.1  等级资料的组间比较

有序数据有明确的排名，例如，"没有—很少——一些—很多—非常多"。然而它们不是连续的。对于这样的有序等级数据我们可以使用在第 8 章所描述的排序方法。

**两组**  当比较两组有序等级资料时，我们可以使用 Mann-Whitney 检验（8.2.3 小节）。

**3 组或多组**  当比较 3 组或 3 组以上的有序等级资料时，我们可以使用 Kruskal-Wallis 检验（8.3.3 小节）。

假设检验允许定量假设可能性的定量概率。线性回归模型允许作出预测，并给出依赖于给定输入的输出变量的置信区间。但是大量的问题超出了这些要求。例如，假设我们根据一个病人接受的麻醉量计算他/她在手术中存活的概率，我们想找出我们能给病人多少麻醉剂，使存活的概率至少为 95%。

这个问题的答案包括统计建模和 logistic 回归工具。如果涉及超过两个序数（即自然排序）水平，则使用所谓有序 logistic 回归。

为了涵盖这些问题，引入了广义线性模型（GLM），将线性回归技术扩展到大量的其他问题。GLM 的一般涵盖范围超出了本书的目标，但可以在 Dobson 和 Barnett（2008）的优秀书籍中找到。虽然 Dobson 只在 R 和 Stata 中提供解决方案，但我已经为该书中几乎所有的示例（https://github.com/thomas-haslwanter/dobson）开发了 Python 解决方案。

下面我将介绍一个常用的案例，logistic 回归及其对有序 logistic 回归的扩展。这里给出的 Python 解决方案允许读者自己解决类似的问题，并且读者应该对广义线性模型有一个简要的了解。

## 13.2    Logistic 回归

目前为止我们处理的都是线性模型，其中输入的线性变化导致对应输出的线性变化（图 11.2）：

$$y = k \times x + d + \epsilon \qquad (13.1)$$

但是，对于许多的应用，这个模型并不适合。假设我们想要基于一个病人接受麻醉剂量，计算他 / 她在手术后存活的概率。这个概率在两端都是有界的，因为它必须是 0 ～ 1 之间的值。

但是，如果我们不直接使用公式 13.1 的输出，而是用另一个函数包装它，我们就可以达到这种有界的关系。这里我们用常用的 logistic 函数来实现。

$$p(y) = \frac{1}{1 + e^{\alpha + \beta y}} \qquad (13.2)$$

### 例子：挑战者号灾难

logistic 回归的一个很好的例子是，航天飞机发射时 O 形环失效概率作为温度的函数的模拟。在这里，我们用 logistic 回归模型来分析它，而下一章我们将用贝叶斯建模工具来研究它。

1986 年 1 月 28 日，美国航天飞机计划的第 25 次飞行以一场灾难告终，当时挑战者号航天飞机的一枚火箭助推器升空后不久爆炸，7 名机组人员全部遇难。事故的总统委员会得出结论说，这是由于火箭助推器上的一个 O 形接头的 O 形环的失效造成的，这一故障是由于一个错误的设计，使得 O 形环对包括外界温度在内的许多因素高度敏感而造成的。

之前的 24 次航天飞行，可用的数据中有 O 形环故障的有 23 起（1 个在海上遗失了），这些数据在挑战者号发射之前一天晚上被讨论了，但不幸的是，对应的数据上只有 7 次航天飞行的损坏的事件被认为是重要的，而这些损坏被认为没有显示明显的趋势（见图 13.1 上顶行的点）。然而，完整的数据表明在温度较低的情况下有 O 形环失效的趋势。完整的数据集如图 13.1 所示。

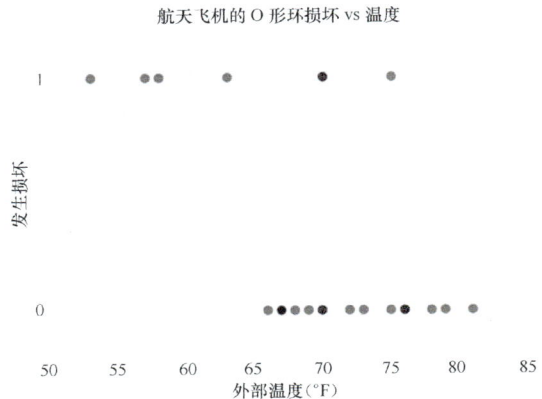

图 13.1    航天飞机发射时 O 形环的失效是温度的函数
（注：摄氏度 =（华氏度 −32）/1.8）

为了模拟 O 形环失效的概率，我们可以使用 logistic 函数（公式 13.2）。

对于给定的 $p$ 值，二项分布（6.2.2 小节）确定了给定值 $n$ 次航天飞机发射的概率质量函数。这告诉我们在这 $n$ 次发射中，发生 $0$，$1$，$2$，$\cdots$ 次失败的可能性。

**清单 13.1　L13_1_logitShort.py**

```python
# 引入标准包
import numpy as np
import os
import pandas as pd

# 额外的包
from statsmodels.formula.api import glm
from statsmodels.genmod.families import Binomial

# 得到数据
inFile = 'challenger_data.csv'
challenger_data = np.genfromtxt(inFile, skip_header=1,
                    usecols=[1, 2], missing_values='NA',
                    delimiter=',')

# 去除 NaNs
challenger_data = challenger_data[~np.isnan(challenger_data
    [:, 1])]

# 创建数据框，带有合适的用于拟合的列  df = pd.DataFrame()
df['temp'] = np.unique(challenger_data[:,0])
df['failed']= 0
df['ok'] = 0
df['total'] = 0
df.index = df.temp.values

# 计算发射和失败的次数
for ii in range(challenger_data.shape[0]):
    curTemp = challenger_data[ii,0]
    curVal = challenger_data[ii,1]
    df.loc[curTemp,'total'] += 1
    if curVal == 1:
        df.loc[curTemp, 'failed'] += 1
    else:
        df.loc[curTemp, 'ok'] += 1

# 拟合模型

# --- >>> 开始统计 <<< ---
model = glm('ok + failed ~ temp', data=df, family=Binomial())
```

```
    .fit()
# --- >>> 结束统计 <<< ---

print(model.summary())
```

**代码 "ISP_logisticRegression.py"** [1]：展示了图 13.2 的完整代码。

总结一下，在我们的模型中有 3 个元素。

（1）概率分布，确定给定试验结果的概率（这里是二项分布）。

（2）将协变量（这里是温度）与变量（O 形环的故障 / 成功）相关联的线性模型。

（3）一种将线性模型包起来以产生概率分布的参数（这里是 logistic 函数）的连接函数。

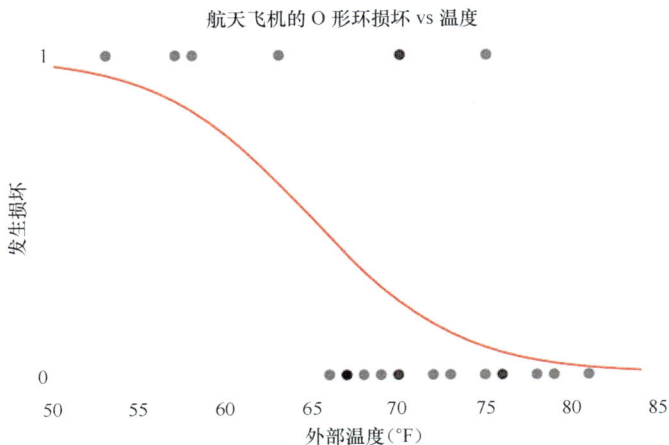

图 13.2　O 形环失效的概率

## 13.3　广义线性模型

以上模型是广义线性模型（GLM）的一个例子。GLM 是一个强大的分析各种统计模型的工具。这里只描述一般原则。详情请参阅 Dobson 和 Barnett（2008）的优秀书籍。

一个 GLM 包含 3 个元素：

（1）指数族的概率分布；

（2）一个线性预测器 $\eta = X \cdot \beta$ ；

（3）一个连接函数 $g$，比如 $E(Y) = \mu = g^{-1}(\eta)$。

---

1　https://github.com/thomas-haslwanter/statsintro_python/tree/master/ISP/Code_Quantlets/12_Mul tivariate/multipleRegression。

### 13.3.1　指数族分布

指数族是下面指定的某种形式的概率分布集合。选择这种特殊形式是为了数学上方便，由于它们有一些有用的代数特性以及通用性，因为指数族在某种意义上是非常自然的分布集。指数族包括许多最常见的分布，包括正态、指数、卡方、伯努利、泊松分布等。（不是指数族的常见分布是 $t$ 分布。）

在数学术语中，指数族的分布具有下列一般形式：

$$f_X(x \mid \theta) = h(x)g(\theta)\exp(\eta(\theta) \cdot T(x)) \tag{13.3}$$

其中，$T(x)$、$h(x)$、$g(\theta)$ 和 $\eta(\theta)$ 是已知的函数。而公式 13.3 是极其抽象的，它为大量不同统计模型的共同一致性处理提供了理论依据。

### 13.3.2　线性预测器和连接函数

GLM 中的线性预测器和线性模型中用的一样。不幸的是，由此产生的术语相当混乱。

**一般线性模型**　是形如 $y=X \cdot \beta + \epsilon$ 的模型，其中 $\epsilon$ 是正态分布的（见 11 章）。

**广义线性模型**　包括了更广泛类型的模型，包括指数族的所有分布和连接函数。线性预测器 $\eta = X \cdot \beta$ 现在"只是"分布函数中的一个元素了，这给 GLM 带来了灵活性。

连接函数可以是任意函数，唯一的要求是它必须是连续且可逆的。

## 13.4　有序 Logistic 回归

### 13.4.1　问题定义

13.2 节已经展示了一个 GLM 的例子，logistic 回归。在本小节中，我想要展示如何进行进一步的推广，从一个是 / 否的决定到一个一对多组（Group₁/Group₂/Group₃）的决定，并引向数值优化的领域。

20 世纪 80 年代初，McCullagh（McCullagh　1980 和 Nelder　1989）引入了有序 logistic 回归模型 [1]，也称为比例概率模型，它是一种广义线性模型，专门针对预测有序变量，即是离散的（如分类），但可以排序（如回归）的变量。它可以被看作上述 logistic 回归模型对有序数的延伸（图 13.3）。

$$P(y \leqslant j|X_i) = \phi(\theta_j - w^{\mathrm{T}} X_i) = \frac{1}{1 + \exp(w^{\mathrm{T}} X_i - \theta_j)} \tag{13.4}$$

其中，$w$ 和 $\theta$ 是从数据估计的向量，$\phi$ 是 logistic 函数，定义为 $\phi(t) = \dfrac{1}{1 + \exp(-t)}$。

---

1　该部分来自 Fabian Pedregosa 的博客，已获得授权。

和多分类 logistic 回归比较，我们给所有分类都加上了一个限制，即分割不同分类的超平面是平行的，也就是 $w$ 向量通常穿过各个类别。为了决定 $X_i$ 将会预测为哪一类，我们使用了向量 $\theta$ 作为阈值。如果有 $K$ 个不同的分类，$\theta$ 是一个 $K$-1 大小的非递减向量（即，$\theta_1 \leqslant \theta_2 \leqslant \cdots \leqslant \theta_{K-1}$），如果其预测值 $w^\mathrm{T}X$（记住这是个线性模型）在区间 $[\theta_{j-1}, \theta_j]$ 中，我们就将其赋值为第 $j$ 类。为了保持在极端分类下定义的一致性，我们定义 $\theta_0 = -\infty$，$\theta_K = +\infty$。

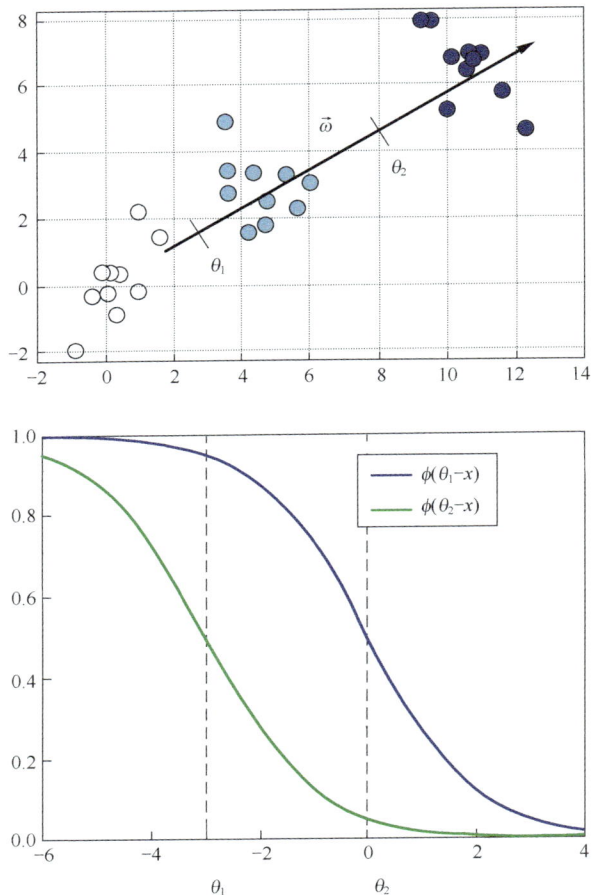

图 13.3    不同颜色表示的 3 个类别的玩具示例。还显示了系数 $w$ 和阈值 $\theta_0$ 和 $\theta_1$ 的向量。
（图片来自 Fabian Pedregosa，已获得许可）

直觉的理解，我们要寻找一个 $w$ 向量，使得 $X \cdot w$ 会产生一系列的值，这些值被不同的阈值 $\theta_i$ 分隔在不同的类别中。我们选择 logistic 函数对概率 $P(y \leqslant j \mid X_i)$ 进行建模，但是也可能是其他选择。在比例风险模型（McCullagh 1980）中，被建模的概率是

$$-\log(1 - P(y \leqslant j|X_i)) = \exp(\theta_j - \boldsymbol{w}^{\mathrm{T}} X_i) \tag{13.5}$$

只要满足 $link(P(y \leqslant j|X_i)) = \theta_j - \boldsymbol{w}^{\mathrm{T}} X_i$，其他的连接函数也是可能的。在这个框架下，有序 logistic 回归模型有一个 logistic 连接函数，比例风险模型有一个对数 - 对数连接函数。

有序 logistic 回归模型也叫作比例概率模型，因为两个不同样本 $X_1$ 和 $X_2$ 对应的概率的比例是 $\exp(\boldsymbol{w}^{\mathrm{T}}(X_1 - X_2))$，并且其不取决于类别 $j$，而是取决于样本 $X_1$ 和 $X_2$ 之间的差。

## 13.4.2 优化

模型估计可以认为是个优化问题，在这里，我们将模型的损失函数最小化，我们定义损失函数为负的对数似然值。

$$\mathcal{L}(\boldsymbol{w}, \boldsymbol{\theta}) = -\sum_{i=1}^{n} \log(\phi(\theta_{y_i} - \boldsymbol{w}^{\mathrm{T}} X_i) - \phi(\theta_{y_i-1} - \boldsymbol{w}^{\mathrm{T}} X_i)) \tag{13.6}$$

在这个求和中，每一项都对 $\boldsymbol{w}$ 是凸函数，因此整个损失函数对 $\boldsymbol{w}$ 也是凸的。我们使用 scipy.optimize 中的 fmin_slsqp，在 $\boldsymbol{\theta}$ 是单调非减向量的限制下，来对 $\mathcal{L}$ 进行优化。

通过公式 $\log(\phi(t))' = (1 - \phi(t))$，我们可以计算出损失函数的梯度为

$$\nabla_{\boldsymbol{w}} \mathcal{L}(\boldsymbol{w}, \boldsymbol{\theta}) = \sum_{n=1}^{n} X_i(1 - \phi(\theta_{y_i} - \boldsymbol{w}^{\mathrm{T}} X_i) - \phi(\theta_{y_i-1} - \boldsymbol{w}^{\mathrm{T}} X_i))$$

$$\nabla_{\boldsymbol{\theta}} \mathcal{L}(\boldsymbol{w}, \boldsymbol{\theta}) = \sum_{i=1}^{n} e_{y_i} \left( 1 - \phi(\theta_{y_i} - \boldsymbol{w}^{\mathrm{T}} X_i) - \frac{1}{1 - \exp(\theta_{y_i-1} - \theta_{y_i})} \right)$$

$$+ e_{y_i-1} \left( 1 - \phi(\theta_{y_i-1} - \boldsymbol{w}^{\mathrm{T}} X_i) - \frac{1}{1 - \exp(-(\theta_{y_i-1} - \theta_{y_i}))} \right)$$

其中 $e_i$ 是第 $i$ 个正则向量。

## 13.4.3 代码

附带的代码示例用 scipy 的 optimize.fmin_slsqp 函数实现了该算法的 Python 版本。它接受三个参数，分别是损失函数，之前提到的梯度，以及当满足 $\boldsymbol{\theta}$ 的不等式时函数值大于 0 的一个函数。

## 13.4.4 性能

Fabian Pedregosa 在波士顿房价数据集上用平均绝对误差为指标比较了这些模型的预测准确率。为了得到有序的变量，他将值四舍五入至最近的整数，最后得到有 46 个目标值的 $506 \times 13$ 的尺寸（图 13.4）。尽管在准确率上没有很大的提升，但该模型在这个数据集上确实获得了更好的结果。

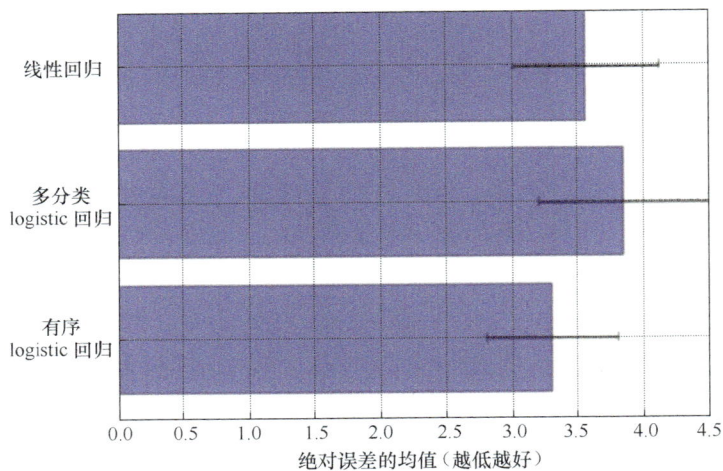

图 13.4　三种不同的模型预测波士顿房价的误差。有序 logistic 回归预测的最好。
图来自 Fabian Pedregosa，已获得授权

此处，有序 logistic 回归模型表现得最好，紧接着是线性回归模型和"一对所有"的 logistic 回归模型，均在 scikit-learn 中实现。

代码 "ISP_ordinalLogisticRegression.py" [1]：Fabian Pedregosa 的对应代码。

---

1　https://github.com/thomas-haslwanter/statsintro_python/tree/master/ISP/Code_Quantlets/13_Log isticRegression/OrdinalLogisticRegression。

# 第14章
## 贝叶斯统计学

计算概率只是统计学的一个部分。另一个部分是对它们的解释，以及随着不同解释而产生的后果。

到目前为止，我们将自己限制在频率学派的解释中，将 $p$ 解释为出现的频率：如果一个实验的结果有着 $p$ 的概率，那意味着如果实验重复 $N$ 次（其中 $N$ 是个很大的数），那么我们会观察到 $N \times p$ 次该结果。或者换句话说：给定一个模型，我们看看找到所观察到的数据集的可能性。

贝叶斯学派对 $p$ 的解释非常不同，它将 $p$ 解释为我们对于一个特定结果可能性的信心。此处我们将观察到的数据固定下来，观察找到特定模型参数的可能性。对于一些事件而言，这更有意义。例如，一次总统选举是一个"只发生一次"的事件，我们永远不会有一个很大的 $N$ 次重复。

## 14.1  贝叶斯学派与频率学派的解释

除了解释上的不同，贝叶斯方法有另一个优势：在计算概率 $p$ 的时候通过应用贝叶斯定理，引入了先验知识。

它最一般的形式是：

$$P(A|B) = \frac{P(B \mid A)P(A)}{P(B)} \tag{14.1}$$

在贝叶斯的解释中，概率测量的是置信度。贝叶斯定理将考虑一个证据之前和之后的对一个提议的置信度联系起来了。例如，假设我们有 50% 的程度相信一个硬币正面朝上的概率是背面朝上的 2 倍。如果硬币抛了很多次，并且观察到了结果，那么基于这个结果，置信度可能上升、下降或保持不变。

John Maynard Keynes 是一个伟大的经济学家和思想家，他曾经说过："当事实改变了，我也改变我的想法。你会怎么做呢？"这句话反映了贝叶斯学派在看到证据的时候改变自己信念的方式。

对于提议 $A$ 和证据 $B$：

- $P(A)$，先验概率，是对 $A$ 最初的置信度；
- $P(A|B)$，后验概率，是考虑了 $B$ 之后的置信度，它可以被读作"在 $B$ 的情

况下，$A$ 的概率"；

■ 商值 $P(B|A)/P(B)$ 表示 $B$ 为 $A$ 提供的支持。

如果可用的数据点很多，解释上的差异通常不会显著改变结果。然而，如果数据点很少，引入外部知识的可能性可能会显著地提高 $p$ 的估计值。

## 贝叶斯的例子

假设有个男人告诉你他在火车上和一个人很聊得来。在不知道这段对话的任何信息的情况下，他和一个女性聊天的概率是 50%（假定这个人与男性和女性对话的可能性相同）。现在假设他告诉你，和他聊天的人有着长发。那么现在他更可能和一个女性聊天，因为女性比男性更有可能有长发。贝叶斯定理可以用来计算对方为女性的概率。

来看这是如何做的，让 $W$ 代表和女性聊天的事件，$L$ 表示和长发的人聊天的事件。可以假定在这个例子中，女性占了总体的一半。所以在不知道其他信息的情况下，$W$ 发生的概率是：$P(W)=0.5$。

假设已知 75% 的女性有长发，表示为 $P(L|W)=0.75$（读作：在 $W$ 事件发生的情况下，$L$ 事件的概率是 0.75，意思是，我们已经知道一个人是女性（"$W$ 事件"）的情况下，该人有长发（"$L$"事件）的概率）。类似的，假设知道 15% 的男性有长发，或 $P(L|M)=0.15$，其中 $M$ 是 $W$ 事件的补集，即，和男性聊天的事件（假定每个人不是男性就是女性）。

我们的目标是计算，当一个人有长发的时候，这个人是女性的概率，或者用我们的记号表示，$P(W|L)$。使用贝叶斯定理，我们得到：

$$P(W|L) = \frac{P(L|W)P(W)}{P(L)} = \frac{P(L|W)P(W)}{P(L|W)P(W) + P(L|M)P(M)}$$

其中我们使用了全概率法则来扩展 $P(L)$。我们可以将上面的值带入公式得到数值结果（代数乘法用 "*" 表示），这会得到：

$$P(W|L) = \frac{0.75 * 0.50}{0.75 * 0.50 + 0.15 * 0.50} = \frac{5}{6} \approx 0.83$$

即，当和我们聊天的人有长发时，其是女性的概率大概是 83%。

下面是另一个计算方法。最开始，聊天对象是男性和女性的可能性是相同的，所以先验比为 1:1。男性和女性有长发的概率分别是 15% 和 75%。女性有长发的概率是男性的 5 倍。我们可以说似然比或贝叶斯因子是 5:1。概率形式的贝叶斯定理，也叫作贝叶斯法则，告诉我们这个人为女性的后验概率也是 5:1（先验概率 1:1，乘以似然比 5:1）。用一个公式来总结：

$$\frac{P(W|L)}{P(M|L)} = \frac{P(W)}{P(M)} \cdot \frac{P(L|W)}{P(L|M)}$$

# 14.2 计算机时代的贝叶斯方法

贝叶斯定理是以牧师托马斯·贝叶斯（1701—1761）命名的，他研究了如何计算二项分布的概率参数的分布。所以它已经存在很长时间了。贝叶斯定理近年来在统计学上如此流行的原因是可以使用大量廉价的计算能力了。这允许对每一个新证据进行一次一次的后验概率的经验计算。这一点，再结合诸如马尔可夫链蒙特卡洛（MCMC）模拟等统计方法，形成了全新的统计分析程序，并导致了不同哲学追随者之间的所谓"统计壕沟战"。如果你不相信我的话，请在万维网上查看相应的讨论。

关于这个主题，请参见下述信息。

- 维基百科，在"贝叶斯"词条下有着很好的解释。
- 《贝叶斯方法》（*Bayesian Methods for Hackers*），一本免费的、非常好的书，提供了使用 PyMC（见下文）的实战介绍。
- PyMC 用户指南（PyMC User's Guide）：PyMC 是一个非常强大的 Python 包，使得应用 MCMC 技术变得非常简单。
- 《模式分类》，没有避免数学的出现，而是以务实的方式使用它来帮助您更深入地了解最重要的机器学习技术（Duda 2004）。
- 《模式识别和机器学习》，一本由 Bishop（2007）所著，综合又不失技术性的书。

# 14.3 例子：用马尔可夫链蒙特卡洛模拟分析挑战者号灾难

在下文中，我们将重新分析上一章已经使用的挑战者灾难的数据，但这次使用马尔可夫链蒙特卡洛（MCMC）模拟。（本节是《贝叶斯方法》（Pilon，2015 年，获得作者许可）的摘录。）

依然来自挑战者号灾难（见 13.2.1 小节）。我们将使用 PyMC 进行模拟，这是一个实现了贝叶斯统计学模型和拟合算法的 Python 模块，它包括了 MCMC 模拟。该模块的灵活性和扩展性使其适应于大量的问题。除了核心的抽样功能外，PyMC 还包括了总结输出、绘图、拟合优度和收敛诊断的方法。

PyMC 提供的功能让我们尽可能无痛地使用贝叶斯分析。下面是其特性的简短列表。

- 使用 MCMC 和其他算法拟合贝叶斯统计学模型。
- 包括了大量文档齐全的统计学分布。
- 包含了一个对高斯过程建模的模块。
- 创建包括表格和绘图的汇总。
- 分析过程可以以纯文本、Python pickles、SQLite 或 MySQL 数据库、HDF5

档案的格式存储在硬盘上。

- 扩展性：能以很好的定制化方法和不常见的概率分布配合。
- MCMC 循环可以嵌入大型程序，并且可以用 Python 所有强大的功能分析结果。

为了模拟 O 形环损坏的概率，我们需要一个从 1 到 0 的函数。我们再次使用 logistic 函数：

$$p(t) = \frac{1}{1 + e^{\alpha + \beta t}}$$

在该模型中，$\beta$ 变量描述的是函数从 1 到 0 变化有多快，$\alpha$ 表示的是变化的位置。

使用 Python 的 PyMC 包，可以相当容易地实现该模型的蒙特卡洛模拟。

```
# --- 进行 MCMC 模拟 ---
temperature = challenger_data[:, 0]
D = challenger_data[:, 1]# defect or not?

# 定义 alpha 和 beta 的先验分布
# 设定 'value' 为模拟开始的参数
# 第二个正态分布的参数是
# "precision"，即，标准差的倒数
beta = pm.Normal("beta", 0, 0.001, value=0)
alpha = pm.Normal("alpha", 0, 0.001, value=0)

# 定义温度的模型函数
@pm.deterministic
def p(t=temperature, alpha=alpha, beta=beta):
    return 1.0 / (1. + np.exp(beta * t + alpha))

# 通过伯努利随机变量
# 连接我们的观测值和 "p" 中的概率
observed = pm.Bernoulli("bernoulli_obs", p, value=D,
                            observed=True)

#将值汇总到一个模型中
model = pm.Model([observed, beta, alpha])

# 进行模拟
map_ = pm.MAP(model)
map_.fit()
mcmc = pm.MCMC(model)
mcmc.sample(120000, 100000, 2)
```

从这个模拟中，我们不仅获得了 $\alpha$ 和 $\beta$ 的最佳估计，还得到了关于这些值的不确定性的信息（见图 14.1）。

变量 $\alpha$、$\beta$ 的后验分布

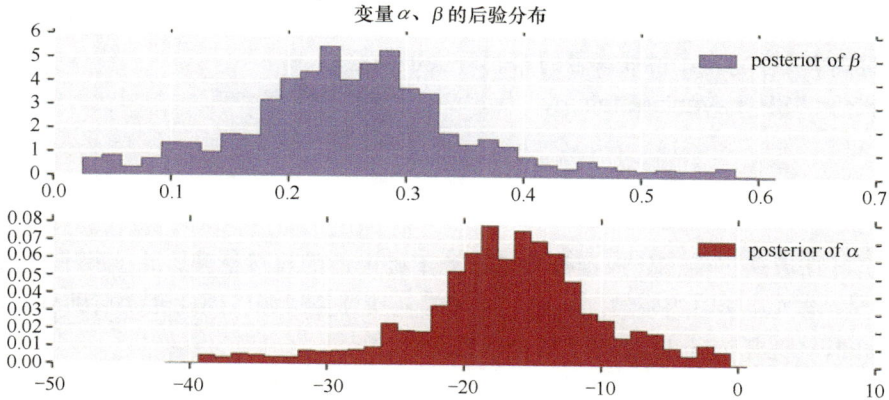

图 14.1　$\alpha$ 和 $\beta$ 的概率，来自 MCMC 模拟

O 形环损坏的概率曲线，见图 14.2。

损坏概率的后验期望值，加上实现

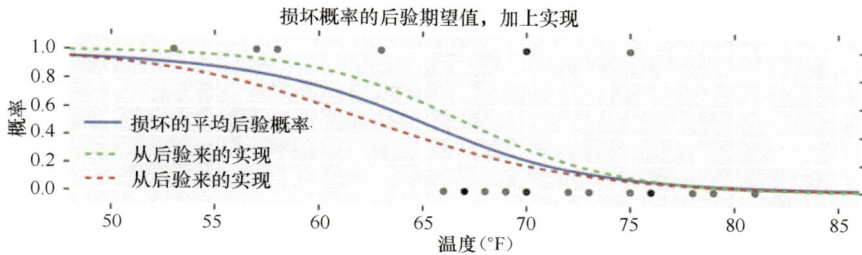

图 14.2　O 形环损坏的概率，作为温度的函数。（注：摄氏度 =（华氏度 −32）/1.8）

MCMC 的优势之一是其提供了概率的置信区间（图 14.3）。

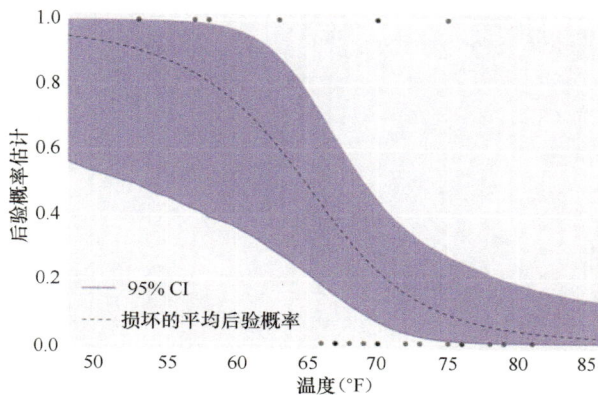

图 14.3　O 形环损坏概率的 95% 置信区间

挑战者号灾难的那天，外部的温度是 31℉（–0.56℃）。在这个温度下，出问题的后验概率几乎肯定了挑战者号的 O 形环会出问题。

**代码 "ISP_bayesianStats.py"** [1]：MCMC 模拟的完整实现。

## 14.4    总结

贝叶斯方法提供了处理参数和模型的不确定性的自然框架，它变得非常流行，尤其是在像机器学习等领域。然而，它非常耗费计算资源，因此通常借助现有的工具，如 PyMC 或 scikit-learn 等工具进行实现。

这也说明了像 Python 这样的自由开放语言的优点之一：它们提供了一种建立在科学社区现有工作基础上的方法，只需要您的热情和奉献精神。因此，我想通过感谢 Python 社区在开发 Python 核心和 Python 包中所做的大量工作来结束这本书。希望这本书能将一些我对这种充满活力的语言的热情分享给你。

---

1    https://github.com/thomas-haslwanter/statsintro_python/tree/master/ISP/Code_Quantlets/ 14_Bayesian/ bayesianStats。

# 参考答案[1]

## 第 2 章的问题

### 2-1　数据输入

### 清单 15.1　S2_python.py

''' 数据输入练习的解答 '''

# 作者 Thomas Haslwanter, 日期 Oct-2015

```python
import numpy as np
import matplotlib.pyplot as plt
import pandas as pd
import urllib
import io
import zipfile

def getDataDobson(url, inFile):
    ''' 从压缩包中释放文件 '''

    # 得到 zip 压缩包
    GLM_archive = urllib.request.urlopen(url).read()

    # 以数据流的形式使用压缩包
    zipdata = io.BytesIO()
    zipdata.write(GLM_archive)

    # 从归档文件中解压需要的文件，作为 pandas XLS 文件
    myzipfile=zipfile.ZipFile(zipdata)
    xlsfile=myzipfile.open(inFile)

    # 用 Pandas 将 xls 文件读入 Python，并返回释放的数据
    xls = pd.ExcelFile(xlsfile)
    df = xls.parse('Sheet1', skiprows=2)

    return df
```

---

1　在 Thomas Haslwanter 2015 的授权下出版 。在 "创作共用 - 署名 - 相同方式分享" (CC BY-SA 4.0) 国际许可下出版。

```
if __name__== '__main__':
    # 1.1 Numpy --------------------
    # 读入 CSV 文件，并在顶部展示
    inFile1 = 'swim100m.csv'
    data = pd.read_csv(inFile1)
    print(data.head())

    # 读入 Excel 文件，并在顶部展示
    inFile2 = 'Table 2.8 Waist loss.xls'

    xls = pd.ExcelFile(inFile2)
    data = xls.parse('Sheet1', skiprows=2)
    print(data.tail())

    # 从万维网读入压缩数据
    url = r'http://cdn.crcpress.com/downloads/C9500/GLM_data. zip'
    inFile = r'GLM_data/Table 2.8 Waist loss.xls'

    df = getDataDobson(url, inFile)
    print(df.tail())
```

## 2-2  pandas 的第一步

### 清单 15.2  S2_pandas.py

```
''' pandas 的第一步的练习解答：
使用 pandas 的数据框生成正弦和余弦波
并将其写入外部文件
'''

# 作者：Thomas Haslwanter, 日期：Sept-2015

import numpy as np
import pandas as pd

# 设定参数
rate = 10
dt = 1/rate
freq = 1.5

# 得到的数量
omega = 2*np.pi*freq

# 生成数据
```

```
t = np.arange(0,10,dt)
y = np.sin(omega*t)
z = np.cos(omega*t)

# 将其组合成一个数据框
df = pd.DataFrame({'Time':t, 'YVals':y, 'ZVals':z})

# 展示前 5 个值
print(df.head())

# 将 y 和 z 的 10-15 行的值存入一个外部文件
outfile = 'out.txt'
df[9:15][['YVals', 'ZVals']].to_csv(outfile)
print('Data written to {0}'.format(outfile))
input('Done')
```

# 第 4 章的问题

## 4-1　展示数据

### 清单 15.3　S4_display.py

```
''' “数据展示” 练习的解答
读入新生儿的体重数据，基于婴儿的性别分析数据 '''

# 作者: Thomas Haslwanter, 日期: Oct-2015

import numpy as np
import matplotlib.pyplot as plt
from scipy import stats
import pandas as pd
import seaborn as sns
import os

def getData():
    ''' 从文本文件中读入数据，并将它们返回为带标签的数据框 '''

    # 设定目录和读入的文件
    dataDir = '.'
    inFile = 'babyboom.dat.txt'

    # 读入数据，并将其加上标签
    os.chdir(dataDir)
```

```python
    data = pd.read_csv(inFile, sep='[ ]*', header=None,
        engine='python',
                        names= ['TOB', 'sex', 'Weight', ' Minutes'])

    # 去掉 "Minutes"，因为它是冗余的
    df = data[['Minutes', 'sex', 'Weight']]

    return(df)

def showData(df):
    ''' 图形化数据展示 '''

    # 展示数据：首先展示全部
    plt.plot(df.Weight, 'o')

    plt.title('All data')
    plt.xlabel('Subject-Nr')
    plt.ylabel('Weight [g]')
    plt.show()

    # 为了让绘图更加易读，用 " 女性 / 男性 " 代替 "1/2"

    df.sex = df.sex.replace([1,2], ['female', 'male'])

    # 接下来展示分组绘图
    df.boxplot(by='sex')
    plt.show()

    # 展示数值化的统计学信息
    grouped = df.groupby('sex')
    print(grouped.describe())

    # 这样更加精致一些：带有标签和单独符号的散点图。
    symbols = ['o', 'D']
    colors = ['r', 'b']

    fig = plt.figure()
    ax = fig.add_subplot(111)

    # "enumerate" 提供了一个计数器，如果用 tuple 作为每个 for 循环的输入，那么
    #     "enumerate" 可以一次性把名字赋给变量。
    for (ii, (sex, group)) in enumerate(grouped):
        ax.plot(group['Weight'], marker = symbols[ii],
            linewidth=0, color = colors[ii], label=sex)
```

```
    ax.legend()
    ax.set_ylabel('Weight [g]')
    plt.show()

    # 精致的结尾: 一个 kde 图
    df.Weight = np.double(df.Weight)        # kdeplot requires doubles

    sns.kdeplot(grouped.get_group('male').Weight, color='b', label='male')
    plt.hold(True)
    sns.kdeplot(grouped.get_group('female').Weight, color='r'
        , label='female')

    plt.xlabel('Weight [g]')
    plt.ylabel('PDF(Weight)')
    plt.show()

# 统计学: 数据是否正态分布?
def isNormal(data, dataType):
    ''' 检查数据是否正态分布 '''
    alpha = 0.05
    (k2, pVal) = stats.normaltest(data)
    if pVal < alpha:
        print('{0} are NOT normally distributed.'.format( dataType))
    else:
        print('{0} are normally distributed.'.format(dataType
            ))

def checkNormality(df):
    ''' 检查所选择的数据的正态性 '''

    grouped = df.groupby('sex')

    # 执行检查男性和女性组
    isNormal(grouped.get_group('male').Weight, 'male')
    isNormal(grouped.get_group('female').Weight, 'female')

if __name__ == '__main__':
    ''' 主程序 '''

    df = getData()
    showData(df)
    checkNormality(df)

    # 在退出前等待输入
    input('Done - Hit any key to continue')
```

# 第 6 章的问题

## 6-1  样本标准差

### 清单 15.4  S6_sd.py

```
''' "样本标准差" 的习题解答 '''

# 作者：Thomas Haslwanter，日期：Sept-2015

import numpy as np

x = np.arange(1,11)
print('The standard deviation of the numbers from 1 to 10 is
    {0:4.2f}'.format(np.std(x, ddof=1)))
```

## 6-2  正态分布

### 清单 15.5  S6_normDist.py

```
''' "正态分布" 的练习解答 '''

# 作者：Thomas Haslwanter，日期：Sept-2015

import numpy as np
import matplotlib.pyplot as plt
from scipy import stats
import pandas as pd
import seaborn as sns

# 生成均值为 5、标准差为 3 的 PDF
nd = stats.norm(5,3)

# 从该分布中生成 1000 个数据
data = nd.rvs(1000)

# 标准误
se = np.std(data, ddof=1)/np.sqrt(1000)
print('The standard error is {0}'.format(se))

# 直方图
plt.hist(data)
plt.show()

# 95% 置信区间
```

```python
print('95% Confidence interval: {0:4.2f} - {1:4.2f}'.format(
    nd.ppf(0.025), nd.ppf(0.975)))

# 臀部植入物的 SD

nd = stats.norm()
numSDs = nd.isf(0.0005)
tolerance = 1/numSDs
print('The required SD to fulfill both requirements = {0:6.4f
    } mm'.format(tolerance))
```

## 6-3  其他连续性分布

### 清单 15.6  S6_continuous.py

```python
'''" 连续性分布函数 " 的习题解答 '''

# 作者: Thomas Haslwanter, 日期: Oct-2015

import numpy as np
import matplotlib.pyplot as plt
from scipy import stats

# t- 分布
# -------------------------------------------------
# 输入数据
x = [52, 70, 65, 85, 62, 83, 59]
''' 注意，"x" 是一个 Python 列表，不是数组！数组是 numpy 包附带的，只能包含相同类型
    的元素。列表可以混合不同类型的元素，比如 "x = [1, 'a', 2]"
'''

#
# 生成 t 分布: 注意自由度是数据的长度减去 1。
# 在 Python 中，一个对象 x 的长度可以用 "len(x)" 得到。
td = stats.t(len(x)-1)
alpha = 0.01

# 从 t 分布中，你可以使用 "PPF" 函数，并且将其乘以标准误。
tval = abs( td.ppf(alpha/2)*stats.sem(x) )
print('mean +/- 99%CI = {0:3.1f} +/- {1:3.1f}'.format(np.mean
    (x),tval))

# 自由度为 3 的卡方分布
# -------------------------------------------------
# 定义正态分布
```

```
nd = stats.norm()

# 从该分布中生成三组随机变数
numData = 1000
data1 = nd.rvs(numData)
data2 = nd.rvs(numData)
data3 = nd.rvs(numData)

# 展示这些随机数据的平方和的直方图
plt.hist(data1**2+data2**2 +data3**2, 100)
plt.show()

# F- 分布
  ---------------------------------------------
apples1 = [110, 121, 143]
apples2 = [88, 93, 105, 124]
fval = np.var(apples1, ddof=1)/np.var(apples2, ddof=1)
fd = stats.distributions.f(len(apples1),len(apples2))
pval = fd.cdf(fval)
print('The p-value of the F-distribution = {0}.'.format(pval)
    )
if pval>0.025 and pval<0.975:
    print('The variances are equal.')
```

## 6-4　离散分布

### 清单 15.7　S6_discrete.py

```
''''" 离散分布函数 " 的练习解答 '''

# 作者: Thomas Haslwanter, 日期: Sept-2015

from scipy import stats

# 二项分布
  ---------------------------------------------
# 生成该分布
p = 0.37
n = 15
bd = stats.binom(n, p)

# 选择有趣的数字，并计算 " 概率质量函数 "
x = [3,6,10]
y = bd.pmf(x)
```

```python
# 我们使用 "zip" 函数来生成数对，并输出结果。
for num, solution in zip(x,y):
    print('The chance of finding {0} students with blue eyes
        is {1:4.1f}%.'.format(num, solution*100))

# 泊松分布
# -------------------------------------------------
# 生成该分布
# 注意不要除整数，因为 "3/4" 在 Python 2.x 中会得到 "0"
prob = 62./(365./7)
pd = stats.poisson(prob)

# 选择有趣的数字，计算 PMF，并输出结果。
x = [0,2,5]
y = pd.pmf(x)*100
for num, solution in zip(x,y):
    print('The chance of haveing {0} fatal accidents in one
        week is {1:4.1f}%.'.format(num,solution))

# 最后一行只是确保当该程序在命令行运行的时候，该程序没有关闭。
input('Done! Thanks for using programs by thomas.')
```

# 第 8 章的问题

## 8-1　比较一组或两组

### 清单 15.8　S8_twoGroups.py

```python
'''" 比较组 " 的练习解答 '''

# 作者: Thomas Haslwanter, 日期: Sept-2015

import numpy as np
import matplotlib.pyplot as plt
from scipy import stats
import scipy as sp
import os

def oneGroup():
    ''' 检验一组数据的均值 '''

    print('Single group of data
        =====================================')
```

```python
# 首先，获取数据
data = np.array([5260, 5470, 5640, 6180, 6390, 6515,
    6805, 7515, 7515, 8230, 8770], dtype=np.float)
checkValue = 7725        # 用于和 data 比较的值

# 4.1.1. 正态性检验
# 我们不需要第一个参数，所以我们将输出赋值给哑变量 "_"
(_, p) = stats.normaltest(data)
if p > 0.05:
    print('Data are distributed normally, p = {0}'.format (p))

# 4.1.2. 进行单样本 t 检验
t, prob = stats.ttest_1samp(data, checkValue)
if prob < 0.05:
    print('With the one-sample t-test, {0:4.2f} is
        significantly different from the mean (p={1:5.3f})
        .'.\
    format(checkValue, prob))
else:
    print('No difference from reference value with
        onesample t-test.')

# 4.1.3. 实施 Wilcoxon 检验来检查一个向量的数据和 0 的 "差异"。
(_,p) = stats.wilcoxon(data-checkValue)
if p < 0.05:

    print('With the Wilcoxon test, {0:4.2f} is
        significantly different from the mean (p={1:5.3f})
        .'.\
    format(checkValue, p))
else:
    print('No difference from reference value with
        Wilcoxon rank sum test.')

def twoGroups():
    ''' 比较两组的均值 '''

    print('Two groups of data
      =====================================')

    # 输入数据
    data1 = [76., 101., 66., 72., 88., 82., 79., 73., 76.,
        85., 75., 64., 76., 81., 86.]
    data2 = [64., 65., 56., 62., 59., 76., 66., 82., 91.,
```

```
        57., 92., 80., 82., 67., 54.]

# 正态性检验
print('\n Normality test
    ---------------------------------------------')

# 对两个数据集进行检验，用 "(…,…)" 生成一个 tuple，用 "enumerate
# 加上一个计数器，在数据集之间迭代
for ii, data in enumerate((data1, data2)):
    (_, pval) = stats.normaltest(data)
    if pval > 0.05:
        print('Dataset # {0} is normally distributed'.
            format(ii))

# 独立样本 t 检验
print('\n T-test of independent samples
    ---------------------------------------')

# 对独立样本进行 t 检验
t, pval = stats.ttest_ind(data1, data2)
if pval < 0.05:
  print('With the T-test, data1 and data2 are
      significantly different (p = {0:5.3f})'.format( pval))
else:
  print('No difference between data1 and data2 with T- test.')

# Mann-Whitney 检验
    --------------------------------------------------
print('\n Mann-Whitney test
    --------------------------------------------------
    ')
# 注意：关键词 "alternative" 是 scipy 0.17 引入的，默认为 "two-sided"

if np.int(sp. version .split('.')[1]) > 16:
    u, pval = stats.mannwhitneyu(data1, data2,
        alternative='two-sided')
else:
    u, pval = stats.mannwhitneyu(data1, data2)
    pval *= 2 # 因为默认是单侧 p 值
if pval < 0.05:
    print('With the Mann-Whitney test, data1 and data2
        are significantly different(p = {0:5.3f})'.format
        ( pval))
else:
    print('No difference between data1 and data2 with
```

```
                    Mann-Whitney test.')

if __name__ == '__main__':
    oneGroup()
    twoGroups()

    # 在最后，即使程序是从命令行运行的，也要确保结果显示出来了。
    input('\nDone! Thanks for using programs by thomas.\nHit
        any key to finish.')
```

## 8-2　多组比较

### 清单 15.9　S8_multipleGroups.py

```
''' "多组比较"的习题解答 '''

# 作者：Thomas Haslwanter，日期：Sept-2015

# 载入所需模块
# ------------------------------------------------------------
# 标准模块
import numpy as np
import matplotlib.pyplot as plt
from scipy import stats
import pandas as pd

# 数据分析模块
from statsmodels.formula.api import ols
from statsmodels.stats.anova import anova_lm
from statsmodels.stats import multicomp

# 处理 Excel 文件的模块
import xlrd

def get_ANOVA_data():
    ''' 获得方差分析的数据 '''

    # 首先我们必须将 Excel 数据导入 Python。这可以通过 "xlrd" 包完成。
    # 你必须确保你选择了你计算机上的可用位置！
    inFile = 'Table 6.6 Plant experiment.xls'
    book = xlrd.open_workbook(inFile)
    # 我们假定你的数据在第一个 sheet 中。
    # 这样可以避免 " 表格 /Sheet" 的语言问题。
    sheet = book.sheet_by_index(0)
```

```python
    # 选择你想要的列和行：
    # "处理"信息在 "E" 列，即你必须跳过前面 4 列。
    # "体重"信息在 "F" 列，即你必须跳过前面 5 列。
    treatment = sheet.col_values(4)
    weight = sheet.col_values(5)

    # 数据从第 4 行开始，即你必须跳过前 3 行
    # 我使用了一个 "pandas" 数据框，这样我就可以给变量命名了。
    data = pd.DataFrame({'group':treatment[3:], 'weight':
        weight[3:]})

    return data

def do_ANOVA(data):
    '''4.3.2. 对数据进行方差分析 '''

    print('ANOVA:
      -----------------------------------------')

    # 首先，我用公式语言 "pasty" 对数据拟合了一个 "普通最小二乘"统计学模型。
    # 该公式 "weight ~ C(group)" 说的是 :"weight" 是分类变量 "group" 的一个函数，
      数据来自数据框 "data"，其中包含了 "weight" 和 "group"
    model = ols('weight ~ C(group)', data).fit()

    # "anova_lm"（其中 "lm" 表示 "线性模型"）从拟合的模型中得到方差分析的参数
    anovaResults = anova_lm(model)
    print(anovaResults)

    if anovaResults['PR(>F)'][0] < 0.05:
        print('One of the groups is different.')

def compare_many(data):
    ''' 多重比较：哪一个是不同的？ '''

    print('\n MultComp:
      ----------------------------------')

    # 方差分析是一个假设检验，只回答这个问题： "所有的组都是来自同样分布吗？ " 这并没
      有告诉你哪一个是不同的。
    # 因为我们现在相互比较了很多组，我们必须校正 p 值来确保我们不会犯一类错误。
    # 对此，我们使用 statscom 模块 "multicomp"
    #
    mc = multicomp.MultiComparison(data['weight'], data[' group'])

    # 有许多方法进行多重比较。在这里，我们选择 "Turkeys Honest 显著差异 " 检验。输
```

出的第一个元素（"0"）是一个包含结果的表格。

```python
#
print(mc.tukeyhsd().summary())

# 显示组名
print(mc.groupsunique)

# 生成输出 ----------------

res2 = mc.tukeyhsd()          # 获取数据

simple = False
if simple:
    # 你可以用一行进行绘图，但是这看起来还不够好看
    res2.plot_simultaneous()
else:
    # 或者你可以用更难的方式来做，比如手动来做。

    # 绘制值和误差条图
    xvals = np.arange(3)
    plt.plot(xvals, res2.meandiffs, 'o')
    errors = np.ravel(np.diff(res2.confint)/2)
    plt.errorbar(xvals, res2.meandiffs, yerr=errors, fmt=
        'o')

    # 设定 x 轴 - 界限
    xlim = -0.5, 2.5
    # "*xlim" 把变量 "xlim" 的每个元素逐个传入 "hlines" 函数
    plt.hlines(0, *xlim)
    plt.xlim(*xlim)

    # 绘制标签（这里有点棘手）
    # 首先，"np.array(mc.groupsunique)" 用组的名字生成一个数组；
    # 接着，"np.column_stack(res2[1][0])" 把正确的组放到一起。

    pair_labels = mc.groupsunique[np.column_stack(res2.
        _multicomp.pairindices)]
    plt.xticks(xvals, pair_labels)

    plt.title('Multiple Comparison of Means - Tukey HSD,
        FWER=0.05' +
    '\n Pairwise Mean Differences')
plt.show()

def KruskalWallis(data):
```

```
''' 组间的非参数比较 '''

print('\n Kruskal-Wallis test
    -------------------------------------------------')

# 首先，我从数据框获得值
g_a = data['weight'][data['group']=='TreatmentA']
g_b = data['weight'][data['group']=='TreatmentB']
g_c = data['weight'][data['group']=='Control']

# 注意：这也可以用 pandas 中的 "groupby" 函数完成。
#groups = pd.groupby(data, 'group')
#g_a = groups.get_group('TreatmentA').values[:,1]
#g_c = groups.get_group('Control').values[:,1]
#g_b = groups.get_group('TreatmentB').values[:,1]

# 接着进行 Kruskal-Wallis 检验
h, p = stats.kruskal(g_c, g_a, g_b)
print('Result from Kruskal-Wallis test: p = {0}'.format(p
    ))

if __name__== '__main__':
    data = get_ANOVA_data()
    do_ANOVA(data)
    compare_many(data)
    KruskalWallis(data)

    input('\nThanks for using programs by Thomas!\nHit any
        key to finish')
```

# 第 9 章的问题

## 9-1　女士品茶

**清单 15.10　S9_fisherExact.py**

```
'''
" 分类数据 "" 女士品茶 " 的练习解答
'''

# 作者: Thomas Haslwanter, 日期: Sept-2015

from scipy import stats
obs = [[3,1], [1,3]]
```

```
_, p = stats.fisher_exact(obs, alternative='greater')

#obs2 = [[4,0], [0,4]]
#stats.fisher_exact(obs2, alternative='greater')

print('\n--- A Lady Tasting Tea (Fisher Exact Test) ---')
print('The chance that the lady selects 3 or more cups
    correctly by chance is {0:5.3f}'.format(p))
```

## 9-2   卡方列联表检验

### 清单 15.11   S9_chi2Contingency.py

```
''' "分类数据"：频数表的卡方检验的练习解答 '''

# 作者：Thomas Haslwanter, 日期：Sept-2015

from scipy import stats

obs = [[36,14], [30,25]]
chi2, p, dof, expected = stats.chi2_contingency(obs)

print('--- Contingency Test ---')
if p < 0.05:
    print('p={0:6.4f}: the drug affects the heart rate.'. format(p))
else:
    print('p={0:6.4f}: the drug does NOT affect the heart rate.'.format(p))

obs2 = [[36,14], [29,26]]
chi2, p, dof, expected = stats.chi2_contingency(obs2)
chi2, p2, dof, expected = stats.chi2_contingency(obs2,
    correction=False)


print('If the response in 1 non-treated person were different
    , \n we would get p={0:6.4f} with Yates correction, and p
    ={1:6.4f} without.'.format(p, p2))
```

## 9-3   单因素卡方检验

### 清单 15.12   S9_chi2OneWay.py

```
'''"分类数据"练习解答 '''

# 作者：Thomas Haslwanter, 日期：Sept-2015

from scipy import stats
```

```
# 单因素卡方检验
obs = [4,6,14,10,16]
_, p = stats.chisquare(obs)

print('\n--- Chi2-oneway ---')
if p < 0.05:
    print('The difference in opinion between the different
        age groups is significant (p={0:6.4f})'.format(p))
else:
    print('The difference in opinion between the different
        age groups is NOT significant (p={0:6.4f})'.format(p))

print('DOF={0:3d}'.format(len(obs)-1))
```

## 9-4　McNemar 检验

### 清单 15.13　S9_mcNemar.py

```
''' "分类数据"McNemar 检验的练习解答 '''

# 作者: Thomas Haslwanter, 日期: Sept-2015

from scipy import stats
from statsmodels.sandbox.stats.runs import mcnemar

obs = [[19,1], [6, 14]]
obs2 = [[20,0], [6, 14]]

_, p = mcnemar(obs)
_, p2 = mcnemar(obs2)

print('\n--- McNemar Test ---')
if p < 0.05:
    print('The results from the neurologist are significanlty
        different from the questionnaire (p={0:5.3f}).'.
        format(p))

else:
    print('The results from the neurologist are NOT
        significanlty different from the questionnaire (p
        ={0:5.3f}).'.format(p))

if (p<0.05 == p2<0.05):
    print('The results would NOT change if the expert had
        diagnosed all "sane" people correctly.')
else:
```

```
print('The results would change if the expert had
    diagnosed all "sane" people correctly.')
```

# 第 11 章的问题

## 11-1　相关

### 清单 15.14　S11_correlation.py

```
''' 第 11 章 " 相关 " 的练习解答 '''

# 作者: Thomas Haslwanter, 日期: Oct-2015

import numpy as np
import pandas as pd
from scipy import stats
import matplotlib.pyplot as plt
import seaborn as sns

def getModelData(show=True):
    ''' 从 Excel 文件中获取数据 '''

    # 首先, 定义 in-file 并获取数据
    in_file = 'AvgTemp.xls'

    # 当数据整理得很简洁, 它们可以用 pandas 函数直接读入
    # 用 "ExcelFile" 你可以打开文件
    xls = pd.ExcelFile(in_file)

    # 用 "parse", 你可以从文件的特定 Excel-sheet 中获取数据。
    data = xls.parse('Tabelle1')

    if show:
        data.plot('year', 'AvgTmp')
        plt.xlabel('Year')
        plt.ylabel('Average Temperature')
        plt.show()

    return data

if __name__=='__main__':
    data = getModelData()

    # 相关
    --------------------------------------------------
```

```
# 计算并展示不同的相关系数
print('Pearson correlation coefficient: {0:5.3f}'.format(
    data['year'].corr(data['AvgTmp'], method = 'pearson')
    ))
print('Spearman correlation coefficient: {0:5.3f}'.format
    ( data['year'].corr(data['AvgTmp'], method = 'spearman ') ))

print('Kendall tau: {0:5.3f}'.format ( data['year'].corr
    ( data['AvgTmp'], method = 'kendall') ))
```

## 11-2　回归

### 清单 15.15　S11_regression.py

```
''''' 回归 " 的练习解答 '''

# 作者: Thomas Haslwanter，日期: Sept-2015

import numpy as np
import matplotlib.pyplot as plt
from scipy import stats
import seaborn as sns
import statsmodels.formula.api as sm

# 我们用不着重复发明轮子 ;)
from S11_correlation import getModelData

if __name__ =='__main__':

    # 获取数据
    data = getModelData(show=False)

    # 回归
    # ----------------------------------------------------------
    # 对于 " 普通最小二乘 " 模型，你可以直接用 pandas 来生成模型
    #model = pd.ols(x=data['year'], y=data['AvgTmp'])

    # 或者你可以使用 statsmodels 中的公式化的方法：
    # 偏置项自动包含在模型中
    model = sm.ols('AvgTmp ~ year', data)
    results = model.fit()
    print(results.summary())

    # 可以用 seaborn 可视化地将置信区间显示出来
    sns.lmplot('year', 'AvgTmp', data)
    plt.show()
```

```python
# 倾斜是否显著?
ci = results.conf_int()

# 这一行有点棘手: 如果二者同时大于 0 或小于 0, 乘积则为正:
# 我们观察描述和 "year" 相关关系的系数。
if np.prod(ci.loc['year'])>0:
    print('The slope is significant')
```

## 11-3    正态性检查

### 清单 15.16    S11_normCheck.py

```python
''' 第 11 章中 " 正态性检查 " 的练习解答 '''

# 作者: Thomas Haslwanter, 日期: Sept-2015

from scipy import stats
import matplotlib.pyplot as plt
import statsmodels.formula.api as sm
import seaborn as sns

# 我们不用重复发明轮子 ;
from S11_correlation import getModelData

if __name__== '__main__':

    # 获取数据
    data = getModelData(show=False)

    # 拟合模型
    model = sm.ols('AvgTmp ~ year', data)
    results = model.fit()

    # 正态性检查
    # -------------------------------------------------
    res_data = results.resid      # 获得残差的值

    # QQ 图, 用于可视化检查
    stats.probplot(res_data, plot=plt)
    plt.show()

    # 定量检查正态性:
    _, pVal = stats.normaltest(res_data)
    if pVal < 0.05:
        print('WARNING: The data are not normally distributed
            (p = {0})'.format(pVal))
    else:
        print('Data are normally distributed.')
```

# 术语表

**偏差** 样本统计量和总体参数之间的系统偏离。经常由糟糕的个体选择造成。

**区组** 为了减少一个无法随机化的变量的变异程度，而固定它。

**箱形图** 一种常见的数据分布的可视化，用箱体内里有线的箱子，和顶部和底部的须来表示。箱体指示了第一个和第三个四分位数，以及样本数据的中值。须可以指示数据的范围或在 1.5× 四分位数范围内的极端值。

**病例对照研究** 一种观察性研究，其中两个结果不同的群体在某些假定的因果属性的基础上被识别和比较。（"先处理，后选择"）

**分类数据** 具有有限的、通常是固定数量的可能值的数据，没有自然顺序。（"均值"是没意义的。）

**队列研究** 一种观察性研究，您首先选择患者，然后跟踪他们的发展。例如，在医学中，队列研究首先从危险因素的分析开始。然后，这项研究跟踪一群没有这种疾病的人。最后，使用相关性来确定受试者收缩的绝对风险。（"先选择，后处理"）

**置信区间** 总体参数的区间估计，其包含具有定义的百分比可能性（例如，95%-CI）的参数的真实值。

**相关** 两个或更多随机变量不再独立。

**交叉研究** 一项纵向研究，其中所有受试者接受一系列的不同治疗。

**累积分布函数** 找到值低于给定值的随机变量的概率。

**自由度** 自由度的数量是最终计算中的统计量中可以自由变化的值。

**密度** 一个连续函数，描述随机变量对给定值的相对可能性。例如，核密度估计（KDE）或概率密度函数（PDF）。

**设计矩阵** 在回归模型 $y = X \cdot \beta + \epsilon$ 中的数据矩阵 $X$。

**分布** 为随机实验的可能结果的每个可测量子集分配概率的函数。

**实验研究** 研究对象的选择以及研究条件在研究者的控制之下的研究。

**因素** 也称为处理或独立变量，是实验者操纵的解释变量。

**函数** 接受输入数据的 Python 对象，用它们执行命令和计算，并返回一个或多个返回对象。

**假设检验** 用于统计假设检验的统计推断方法。

IPython  IPython 内核是一个交互式的 shell，它允许立即执行 Python 命令，并使用 "魔术功能"（例如 "%cd" 或 "%whos"）来扩展它们，这有助于交互工作。它已经非常成功，它的开发分为两个独立的项目：IPython 现在处理计算内核；Jupyter 提供了前端。这允许 IPython 在终端模式（其本身很少使用，但允许在其他应用程序中嵌入 IPython）中执行。在 Jupyter QtConsole 中，允许在命令窗口中显示帮助和图形输出；而在 Jupyter 笔记本中，基于浏览器可以实现：支持代码、富文本、数学表达、内嵌图和其他富媒体。

**峰度**  测量分布的峰值。正态分布的数据大约为 3。"超出峰度"是相对于正态分布的峰度。

**线性回归**  用线性预测函数来对标量（因变量）建模。位置的模型参数从数据中进行估计。

简单线性回归：$y=k*x+d$

多元线性回归：$y = k_1 * x_1 + k_2 * x_2 + ... + k_n * x_n + d$

**位置**  移动概率分布均值的参数。

logistic 回归  也称为 logit 回归。使用 logistic 函数，将描述单个试验的可能结果的概率建模为解释（预测变量）变量的函数：$f(x) = \dfrac{L}{1 + e^{-k(x-x_0)}}$

**马尔可夫链**  一个过程的随机模型，其中每个状态的概率只取决于先前的状态。

Matplotlib  一个提供生成 2D 和 3D 图形能力的 Python 包。这包括绘图命令以及不同输出媒体的功能，也称为后端。可以输出到，例如 Jupyter Notebook，转换为 PDF 文件，也可以到单独的图形窗口。

**最大似然**  对于一组固定的数据和潜在的统计模型，最大似然法的方法选择最大化似然函数的模型参数的值集合。直观地，这使所选模型与观察数据的 "一致" 最大化，并且对于离散随机变量，它确实最大化了在所得分布下的观测数据的概率。

**中位数**  将数据样本的上半部分与下半部分分开的值。

**最小化**  与随机化密切相关。因此，取一个受试者数目最少的处理，并以大于 0.5 的概率将这种处理分配给下一个患者。

**众数**  连续或离散概率分布的最高值。

**模块**  一个包含了 Python 变量和函数定义的文件。

**蒙特卡罗模拟**  基于随机变量的重复抽样重复模拟某些参数的行为。

**数值数据**  可由（连续或离散）数字表示的数据。

numpy  用于数值数据操作的 Python 包。对向量和两维或更多维数组进行数学运算的有效处理。

**观察性研究**  个体被分配到处理组还是对照组并不受调查员的控制。

**配对检验**  当两个数据集中的值之间存在以下一对一关系时，两个数据集配对：

（1）每个数据集具有相同数量的数据点。（2）一个数据集中的每个数据点与另一个数据集中的一个（且仅为 1 个）数据点相关。

**分位数**　也叫百分位数，大于等于 $p$ % 的数据的值，其中 $1 \leqslant p < 100$。

**总体**　数据集中的所有元素。

**效能分析**　计算所需的最小样本量，以便可以合理地检测到给定大小的影响。

**功效**　和灵敏度一样。由 $1-\beta$ 表示，其中 $\beta$ 是二类错误的概率。

**概率密度函数（PDF）**　一种连续函数，定义了找到具有一定值的随机变量的可能性。在给定间隔内找到随机变量的值的概率是该间隔上的概率密度函数的积分。

**概率质量函数（PMF）**　定义在实验或观察中获得给定数量事件的概率的离散函数。

**前瞻性研究**　前瞻性研究在研究期间观察结果，如疾病的发展，并将其与其他因素（如疑似风险或保护因素）相关联。

**pylab** pylab 是一个方便的 Python 模块，它在单个命名空间中批量导入 matplotlib.pyplot（用于绘图）和 numpy（用于数学和使用数组）。

**包（package）**　一个包括了一个或多个 Python 模块和"__init__"文件的文件夹。

**分位点（Quantile）**　大于等于 $p*100$% 的数据值，其中 $0 < p \leqslant 1$。

**四分位数（Quartile）**　大于或等于数据的 25%/50%/75% 的值（第一 / 第二 / 第三四分位数）。第二个四分位数相当于中位数。

**随机化**　通过将同一组受试者分为对照组（不接受治疗）和处理组，消除研究结果偏差的一种方法。

**有序数据**　编号数据，其中数字对应于数据的等级，即有序数据的序列中的数字，而不是连续值。

**正则表达式**　定义搜索模式的字符序列，主要用于与字符串进行模式匹配。适用于 UNIX、Python、Perl、Java、C++ 和许多其他编程语言。

**残差**　观测值与估计函数值的差值。

**回顾性研究**　回顾性研究回顾性地检查暴露和疑似危险 / 保护因素在研究开始时确定的结果之间的关系。

**样本**　来自总体的一个或多个观测。

**Scale（尺度）**　控制概率分布方差的参数。

**scipy**　基于 numpy 的科学计算 Python 包。

**灵敏度**　正确识别的实际阳性的比例（例如，被正确识别为有疾病的病人的百分比）。

**形状参数**　除了位置和尺度之外的控制概率分布形状的参数，不常用。

**偏度**　度量分布的不对称性。

**特异度**　正确识别的实际阴性的比例（例如，被正确识别为没有疾病的健康人的百分比）。

**标准差**　方差的平方根。

**标准误**　常用作均值的标准误的简写。统计量的方差的平方根。

Treatment（处理）和因素相同

**一类错误**　当零假设为真时拒绝它，会出现 I 类错误。I 类误差的概率是假设检验的显著程度，通常用 $\alpha$ 表示。

**二类错误**　当备择假设为真时，拒绝了它（无法拒绝零假设），会发生二类错误。因此，它取决于备择假设。二类错误的概率通常表示为 $\beta$。

**非配对检验**　两组独立数据的检验。

**方差**　测量一系列数字分散得有多远。数学上说，它是偏离均值的平方的期望值：$Var(X) = E[(X - \mu)^2]$。样本的方差为总体方差提供了一个有偏估计，偏离系数为 $\dfrac{n-1}{n}$。对总体方差的最佳无偏估计是 $s^2 = \dfrac{1}{n-1}\sum_{i=1}^{n}(y_i - \overline{y})^2$，这叫作（无偏的）样本方差。

# 参考文献

Altman, D. G. (1999). *Practical statistics for medical research*. New York: Chapman & Hall/CRC.

Amess, J. A., Burman, J. F., Rees, G. M., Nancekievill, D. G., & Mollin, D. L. (1978).

Megaloblastic haemopoiesis in patients receiving nitrous oxide. *Lancet, 2*(8085):339–342.

Bishop, C. M. (2007). *Pattern recognition and machine learning*. New York: Springer.

Box, J. F. (1978). *R. A. Fisher: The life of a scientist*. New York: Wiley.

Dobson, A. J., & Barnett, A. (2008). *An introduction to generalized linear models* (3rd ed.). Boca Raton: CRC Press.

Duda, R. O., Hart, P. E., & Stork, D. G. (2004). *Pattern classification* (2nd ed.). Hoboken: Wiley- Interscience.

Ghasemi, A., & Zahediasl, S. (2012). Normality tests for statistical analysis: a guide for non-statisticians. *International Journal of Endocrinology and Metabolism, 10*(2):486–489. doi:10.5812/ijem.3505.

Harms, D., & McDonald, K. (2010). *The quick python book* (2nd ed.). Greenwich: Manning Publications Co.

Holm, S. (1979). A simple sequentially rejective multiple test procedure. *Scandinavian Journal of Statistics, 6*:65–70.

Kaplan, D. (2009). *Statistical modeling: A fresh approach*. St Paul: Macalester College.

Kaplan, R. M., & Irvin, V. L. (2015). Likelihood of null effects of large nhlbi clinical trials has increased over time. *PLoS One, 10*(8):e0132382. doi:10.1371/journal.pone.0132382.

Klamroth-Marganska, V., Blanco, J., Campen, K., Curt, A., Dietz, V., Ettlin, T., Felder, M., Fellinghauer, B., Guidali, M., Kollmar, A., Luft, A., Nef, T., Schuster-Amft, C., Stahel, W., & Riener, R. (2014). Three-dimensional, task-specific robot therapy of the arm after stroke: a multicentre, parallel-group randomised trial. *The Lancet Neurology,*

*13*(2):159–166. doi:10.1016/S1474-4422(13)70305-3.

McCullagh, P. (1980). Regression models for ordinal data. *Journal of the Royal Statistical Society.Series B (Methodological), 42*(2):109–142.

McCullagh, P. & Nelder, J. A. (1989). *Generalized linear models* (2nd ed.). New York: Springer.

Nuzzo, R. (2014). Scientific method: Statistical errors. *Nature, 506*(7487):150–152. doi:10.1038/506150a.

Olson, R. (2012). *Statistical analysis made easy in python.*

Open Science Collaboration (OSC). (2015). Psychology. Estimating the reproducibility of psychological science. *Science, 349*(6251):aac4716. doi:10.1126/science.aac4716.

Pilon, C. D. (2015). *Probabilistic programming and Bayesian methods for hackers.*

Riffenburgh, R. H. (2012). *Statistics in medicine* (3rd ed.). Amsterdam: Academic Press.

Rosenbaum, P. R., & Rubin, D. B. (1983). The central role of the propensity score in observational studies for causal effects. *Biometrika, 70*(1):41–55.

Scopatz, A., & Huff, K. D. (2015). *Effective computation in physics.* Sebastopol: O'Reilly Media.

Sellke, T., Bayarri, M. J., & Berger, J. O. (2001). Calibration of p values for testing precise null hypotheses. *The American Statistician, 55*:62–71.

Sheppard, K. (2015). *Introduction to python for econometrics, statistics and data analysis.*

Wilkinson, G. N., & Rogers, C. E. (1973). Symbolic description of factorial models for analysis of variance. *Applied Statistics, 22*:, 392–399.